让数学"动"起来

——动感数学的实践研究

杨丽娟　周小明　徐建英
范　莉　周晓秋　贾未蕾　◎著

河海大学出版社
HOHAI UNIVERSITY PRESS
·南京·

图书在版编目(CIP)数据

让数学"动"起来：动感数学的实践研究 / 杨丽娟等著. -- 南京：河海大学出版社，2024.12. -- ISBN 978-7-5630-9532-2

Ⅰ.G633.602

中国国家版本馆 CIP 数据核字第 2025604YW4 号

书　　名	让数学"动"起来——动感数学的实践研究
	RANG SHUXUE "DONG" QILAI—DONGGAN SHUXUE DE SHIJIAN YANJIU
书　　号	ISBN 978-7-5630-9532-2
责任编辑	谢业保
文字编辑	殷　梓
特约校对	程　畅　李纳纳
装帧设计	徐娟娟
出版发行	河海大学出版社
地　　址	南京市西康路 1 号(邮编：210098)
电　　话	(025)83737852(总编室)　(025)83786651(编辑室)
	(025)83722833(营销部)
经　　销	江苏省新华发行集团有限公司
排　　版	南京布克文化发展有限公司
印　　刷	广东虎彩云印刷有限公司
开　　本	718 毫米×1000 毫米　1/16
印　　张	19
字　　数	341 千字
版　　次	2024 年 12 月第 1 版
印　　次	2024 年 12 月第 1 次印刷
定　　价	58.00 元

序言

　　数学是思维的科学,数学知识的呈现是抽象的、静态的,而对于初中阶段的学生而言,他们更喜欢直观的、动态的学习,这就很容易导致学生的学习与知识的呈现出现不协调的现象。杨丽娟老师带领团队立足于学生的认知、经验和心智特点,提出了"动感数学"的理念,优化了数学教学方式,借助数学软件和实物工具让数学"动"起来,改造数学原有的高度抽象、逻辑严密等呈现形态,把抽象原理变得直观易懂,使概念容易理解,让解法巧妙简便,使之更适宜于教学和学习。

　　让数学"动"起来,鼓励学生多感官参与数学学习活动,提倡动眼看、动耳听、动手做、动口说、动脑思、动情享,辨析表面不同问题间的内在联系、共同规律,找出共同的数学特征,提出变化前后可能的因果关系猜想,在去除无关因素和表面信息后,建立起准确的、一般性的概念和规则。通过操作、观察、猜想、验证、表述、应用等一系列沉浸式活动,让学生更深入地了解数学概念、规律的形成过程;通过动作思维和逻辑思维的完美结合,让学生更真切地感悟知识的发生机制,理解知识的生成过程,更好地明白知识最终的呈现结果。基于"动"起来的学习过程,让数学知识以动态方式呈现出来,增加了课堂趣味性,提高了学习实效。

　　在"动"起来的数学学习过程中,教师通过引导学生对数学知识进行加工改造,包括改变概念的呈现方式,形成更简易更有力的思考方法,可以激发学生的好奇心、想象力、探求欲,积极发挥学生的主体作用,使学生掌握数学学习方法。在这个意义上,让数学"动"起来,是形式、是过程,更是方法论上的创新。"动"起来的数学内容与学生的思维有效协同,发展了学生的数学素养,这个素养直接指向了核心素养当中数学思维的学科本质。

　　2022年,杨丽娟老师入选"苏教名家"培养工程培养对象,我有幸成为她的导师组成员,对她的了解更进一步。我知道她多年来矢志不渝,为实现让数学"动"起来的理想,开展了一系列的理论研究,进行了大量的实践探索,用一个"动"字把研究活动串起来,引导学生体验数学、理解数学、发现数学、运用数学,提高了学生的创新意识与探索精神,培养了他们适应社会发展的关键能力。她本人也通过再继续、再探索、再实践,收获了一种新的教育教学经验,创造了一种新的数学教学方法,形成了自己的教学理念与教育思想。

在杨丽娟老师看来，让数学"动"起来，要注重实践研究。为此她非常关注学生的心理、认知，包括认知特点、认知风格的研究。通过引进认知科学，她利用心理实验研究学生的心理，并用实证研究的方式创设研究基础、建构逻辑关系，有计划、有目的地观察、分析教师在教学过程中和学生在学习过程中的变化，并以这些变化数据为出发点，以学生的学习质量及个性发展水平为参照依据，做出有针对性、有价值的评价，进而调整、优化教学过程。

在做好实践研究的同时，杨丽娟老师也非常重视教学资源的建设。为此她积极为学生提供经历知识形成过程的载体，构建了符合新时代教育现实、适合学生实际的"动"起来的数学课程体系，对课程内容的目标定位、内容选取、教学安排等方面进行详细的规划，通过对教学实践的研究，形成课程内容清单，实现数学内容的结构化。并在日常教学中将动感数学与现有的国家课程、教材、课堂有机整合，在课堂教学过程中有效落实，最终形成常态化的教学样态。

杨丽娟老师作为"苏教名家"培养对象，目前正在带领她的江苏省初中数学名师工作室成员，积极开展江苏省基础教育前瞻性教学改革实验项目《让数学"动"起来：提升学生数学思维力的教学实践》的研究工作，这样的平台和抓手，可以提供更多进行系统的实践和展示的机会，深入的梳理和研究。团队成员致力于创造"动"的形式、"动"的材料、"动"的方式，形成开放式的研究过程，吸纳师生的智慧。

如今，让数学"动"起来改变了"教"与"学"的传统育人结构，使学生的学习体验从"单一"走向"多维"，教师的教育理念从"授业"转向"传道"，学校的发展样态从"独行"趋向"共远"。让数学"动"起来，探索出了一条重素养、优能力、重实践、强科研的教师成长新路径，其经验不仅为教育发展注入了源源不断的动力，同样为区域课程发展提供了鲜活的实践样本，堪称教学改革的先行示范。《中国教育报》2024年1月9日发表报道《让数学"动"起来 让学生爱上数学》，肯定了杨丽娟老师和她的团队的实践经验，认为其首创"动"起来的数学，不仅推动了学校的教学质量提升，教师的专业发展，学生的幸福成长，更是为区域乃至全国提供了鲜活的教改样本，为教育高质量共建铺设了新路。

感佩杨丽娟老师多年来持之以恒的坚守与探索，感叹其在动态数学研究与实践上所取得的成就，也希望她的教学成果与研究成果得到学术界和一线教师的广泛关注，乃不揣浅陋，聊作数言，权以为序！

（南京大学教育研究院教授，博士生导师）

2024 年 6 月

目 录

第一章 动感数学的基本认识

第一节 动感数学的内涵解析 ………………………………………… 2
  （一）动感数学的定义 ……………………………………… 3
  （二）教师的教学理解 ……………………………………… 5
  （三）学生的学习过程 ……………………………………… 8

第二节 动感数学的基本特征 ………………………………………… 11
  （一）情境性 ………………………………………………… 11
  （二）直观性 ………………………………………………… 16
  （三）实践性 ………………………………………………… 18
  （四）互动性 ………………………………………………… 20
  （五）可视化性 ……………………………………………… 22
  （六）主体性 ………………………………………………… 25

第三节 动感数学的实践样态 ………………………………………… 29
  （一）动感数学的实践变革 ………………………………… 29
  （二）感知理解的实践样态 ………………………………… 31
  （三）探索发现的实践样态 ………………………………… 40
  （四）问题解决的实践样态 ………………………………… 48

第四节 动感数学的教育价值 ………………………………………… 55
  （一）完善数学认知发展的途径 …………………………… 55
  （二）还原数学知识产生的过程 …………………………… 59
  （三）对数学课程开发的有效补充 ………………………… 61
  （四）实现数学学科育人的追求 …………………………… 68

第二章 动感数学的内容设计

第一节 动感数学内容设计的理念 …………………………………… 76
  （一）形成以"动"促"思"的过程观 …………………… 76

　　　　（二）注重知识呈现的课程观 …………………………………… 79
　　　　（三）建构以行动为导向的学习观 ……………………………… 81
　　　　（四）确立育人为本的评价观 …………………………………… 82
　　第二节　动感数学内容设计的原则 ……………………………………… 83
　　　　（一）科学性原则 ………………………………………………… 83
　　　　（二）可行性原则 ………………………………………………… 84
　　　　（三）简易性原则 ………………………………………………… 85
　　　　（四）趣味性原则 ………………………………………………… 86
　　　　（五）真实性原则 ………………………………………………… 87
　　第三节　动感数学的内容选择与安排 …………………………………… 88
　　　　（一）内容选择 …………………………………………………… 88
　　　　（二）内容安排 …………………………………………………… 103

第三章　动感数学的教学实施

　　第一节　动感数学的实施原则 …………………………………………… 112
　　　　（一）亲历性原则 ………………………………………………… 112
　　　　（二）自主性原则 ………………………………………………… 113
　　　　（三）合作性原则 ………………………………………………… 114
　　　　（四）探究性原则 ………………………………………………… 115
　　　　（五）多样性原则 ………………………………………………… 116
　　第二节　动感数学的教学设计 …………………………………………… 117
　　　　（一）目标的设定 ………………………………………………… 117
　　　　（二）工具的选择 ………………………………………………… 118
　　　　（三）过程的设计 ………………………………………………… 119
　　　　（四）学生的指导 ………………………………………………… 123
　　第三节　动感数学的实施方式 …………………………………………… 125
　　　　（一）嵌入式 ……………………………………………………… 125
　　　　（二）主题式 ……………………………………………………… 135
　　　　（三）专题式 ……………………………………………………… 142
　　第四节　动感数学的课例实录 …………………………………………… 146
　　　　（一）实物模型类操作课例实录 ………………………………… 147
　　　　（二）数学软件应用类课例实录 ………………………………… 160

第四章　动感数学的教学评价

- 第一节　动感数学教学评价的含义 ········· 180
  - （一）评价的描述与原则 ········· 180
  - （二）评价的核心环节 ········· 183
  - （三）评价的依据 ········· 188
- 第二节　动感数学教学评价的维度 ········· 190
  - （一）结果评价 ········· 190
  - （二）过程评价 ········· 191
  - （三）增值评价 ········· 192
  - （四）综合评价 ········· 194
- 第三节　动感数学教学评价的内容和方法 ········· 195
  - （一）评价的内容 ········· 195
  - （二）量化评价表 ········· 196

第五章　动感数学的资源建设

- 第一节　动感数学的实物工具开发 ········· 214
  - （一）已有实物工具介绍 ········· 214
  - （二）实物工具开发的基本原则 ········· 224
  - （三）实物工具开发的思路与类型 ········· 228
  - （四）实物工具开发的设计模式 ········· 230
- 第二节　动感数学的软件功能开发 ········· 234
  - （一）计算器软件功能开发与应用 ········· 235
  - （二）GeoGebra 功能开发与应用 ········· 240
  - （三）网络画板功能开发与应用 ········· 243
- 第三节　动感数学的专用教室建设 ········· 247
  - （一）专用教室建设案例 ········· 247
  - （二）专用教室建设的必要性 ········· 249
  - （三）专用教室建设的可行性 ········· 251
  - （四）专用教室建设发展方向思考 ········· 253

第六章 动感数学对师生发展影响的研究

- 第一节 动感数学教学效能的研究过程 ········· 256
  - （一）研究思路 ········· 256
  - （二）研究方法 ········· 257
  - （三）研究目的 ········· 257
  - （四）研究对象 ········· 258
  - （五）研究工具 ········· 258
  - （六）统计方法 ········· 259
- 第二节 动感数学对学生发展的影响研究 ········· 259
  - （一）数据整理与统计分析 ········· 259
  - （二）对激发学生数学学习兴趣的效能分析 ········· 264
  - （三）对转变学生数学学习方式的效能分析 ········· 266
  - （四）对培养学生数学推理能力的效能分析 ········· 270
  - （五）对提升数学表达能力的效能分析 ········· 273
  - （六）对提高问题解决能力的效能分析 ········· 277
- 第三节 动感数学对教师发展的影响研究 ········· 280
  - （一）对更新教师教学理念的效能分析 ········· 281
  - （二）对提升教师解读能力的效能分析 ········· 283
  - （三）对教师创新教学设计的效能分析 ········· 285
  - （四）对转变教师教学方式的效能分析 ········· 286
  - （五）对改善师生关系的效能分析 ········· 287
  - （六）对教师专业发展的效能分析 ········· 288

参考文献 ········· 291

后记 ········· 294

第一章

动感数学的基本认识

数学是最古老的科学之一，数学自身的高度抽象性、严谨逻辑性、广泛应用性，让我们感觉数学非常学术化，使得初中数学教学普遍存在过程形式化、目标功利化等教育偏差，将数学教学关注点放在"知识"上，教学目标仅仅是把知识"教会"，强调的是认知结果。

随着数学教学的发展，我们发现，学生通过自身活动获得的对知识与能力的理解，远比外力强加的要透彻，所获知识的实用性更加突出。事实上，数学教学过程中充满着观察、思考、表达。数学并不死板，我们可以通过现实生活中的实践体验让学生经历完整的学习过程，凭借计算机、AI技术等，让数学"动"起来，即让数学知识动态呈现出来。

通过"动"起来的数学，形成动感数学，利用其情境性、直观性、实践性、互动性、可视性、主体性等基本特征，通过创造实际的、重复经历的学习机会，呈现或再现还原教学内容，让学生通过亲历操作与感知、观察与猜测、验证与概括、交流与应用等学习方式，理解知识并建构知识体系、提升能力、产生情感、形成素养。在教学中生成可传承的教学观和实践样态，体现动感数学的教育价值。

第一节　动感数学的内涵解析

数学是一门研究数量关系和空间形式的科学，具有严密的符号体系、独特的公式结构、形象的图像语言。因此，在学生眼里，数学是静态的、冰冷的、枯燥的，易产生学习上的障碍，造成学生对数学学习的畏惧。

我国汉字的象形创造以及如戏剧、歌舞等形式的传统文化表达，体现了事物呈现方式对学习与传承的重要性，"动感数学"理念是受此启发，其立足于学生的认知、经验和心智，结合学习内容，借助数学软件和实物工具，在外部操作的影响下动态化呈现研究对象的数据特征或空间关系，鼓励学生"多感官"参与教学活动，对数学知识进行理解应用、梳理辨析，主张让数学"动"起来，追求展现完整的学习过程。动感数学，改造了数学原有的呈现形态，让抽象原理变得直观易懂，使概念容易被理解,其使用的解法更加巧妙简便,目标指向思维发展、提升数学核心素养,因而更适用于教学和学习。

(一)动感数学的定义

数学是所有学科的基础,其高度抽象、逻辑严谨、广泛应用的知识特点,使数学给人一种学术化的感觉,让学生感觉数学是冷漠的。动感数学作为一种学习活动与方式,立足于学生的认知、经验和心智,结合学习内容,借助于数学软件和实物工具,在外部操作的影响下,引导学生行为、思维、情感共同参与学习活动,以此激发学生的好奇心与求知欲,使数学产生亲和力。动感数学,通过辨析表面不同问题间的内在联系、共同规律,在去除无关因素和干扰信息后,建立准确的、一般性的概念和规则,探索出反映一类问题的原理和模型,找到解决问题的方法和思想,形成数学知识结构和体系。在表层知识的接受过程中,让学生感受完整的学习过程,动态呈现知识的产生与发展。

数学具有高度抽象的知识特点。数学是从研究的对象或问题中,对大量的关于其空间形式和数量关系的直观背景材料,通过去粗取精、去伪存真、由此及彼、由表及里的加工和制作,提炼数学概念、构造数学模型、建立数学理论。数学是从研究对象或问题中抽取出数量关系或空间形式,而舍弃其他的属性,借助定义和推理进行逻辑构建的思维过程和方法,是借助于抽象建立并发展起来的。比如在数学家看来,五个石头、五座大山、五朵金花与五条毒蛇之间,并没有什么区别,数学家关心的只是"五"。又如几何中的"点""线""面"的概念,代数中的"集合""方程""函数"等概念都是抽象思维的产物。实际上,理论上的"点""线""面"在现实中是不存在的,只有充分发挥自己的空间想象力才能真正理解。数学的抽象撇开了对象的具体内容,而仅仅保留数量关系和空间形式,具有高度的抽象性。

数学具有逻辑严谨的知识特点。数学对逻辑的要求不同于其他科学,因为数学的研究对象是具有高度抽象性的数量关系和空间形式,是一种形式化的思想材料。数学具有严谨的逻辑性,任何数学结论都必须经过逻辑推理的严格证明才能被承认。许多数学结论,很难找到具有直观意义的现实原型,往往是在理想情况下进行研究的。数学结论的叙述必须精练、准确,而对结论的推理论证和系统安排都要求严格周密,即使是一些最基本、最常用,甚至不能借助逻辑方法直观描述和加以定义的原始概念,也要求用公理来加以确定,所以必须满足"独立性""相容性"和"完备性"的严格要求。因此,在学习数学时,要认真理解数学概念,准确运用数学知识,进行严格的数学推导,才能正确有效地解答数学问题。

数学具有广泛应用的知识特点。数学作为一种工具或手段,几乎在任何一门科学技术及一切社会领域中都被运用。各门科学的"数学化",是现代科学发展的一大趋势,特别是在科学技术飞速发展和电脑技术不断更新的今天,数学已渗透到现代科学、技术的各个领域,国民经济相关的各个部门。毫不夸张地说,如果没有数学,就不可能有现代科学技术和现代社会文明,数学具有广泛的应用性。

综上,数学确实更多地表现为静态的知识体系,它的表现形式是冰冷的、枯燥的。数学知识大体上是指数学概念、数学命题、数学方法、数学史知识四类,在现行的初中数学教材中,大约有400多个重要的数学概念,这些数学概念都是以静态文字的形式呈现给学生的。因此,很多教师在数学概念教学时,往往采取"呈现概念—讲解概念—理解概念—巩固概念"这一静态化的流程进行教学,长此以往,学生感觉数学是静态的、冰冷的、枯燥的,形成学习数学的障碍,造成学生对数学学习的畏惧。学生渴望教师能根据自己的年龄特征、思维特点与学习需求,设定学习内容与学习方式。

潘菲尔德(Wilder Graves Penfield)等人对大脑皮层机能定位的大量研究显示,人的眼、耳与大脑皮层对应的区域很小。所以,只靠"听"和"看"对大脑皮层的刺激很有限,带来的学习效果自然也会很有限。而如果将眼、耳、鼻、舌、口、躯体和双手都动员起来,刺激大脑皮层的区域会加大很多。实验表明,一个人靠"听"能记住的知识只有10%左右,靠"看"能记住的知识在30%～50%,而如果亲身参与,在"动感"中学习和体验,能轻松记住70%以上的知识。因此,我们提出动感数学的教学主张,追求教学内容与教法、学法的整合与转换,实现抽象思维向形象思维转化。

动感数学,不是数学概念,而是一种学习活动与方式。它结合学习内容,借助数学工具,以学生"多感官参与"为活动形式,让行为、思维、情感共同参与,以此激发学生的好奇心与求知欲,让学生感受完整的学习过程,动态呈现知识的产生与发展。动感数学,旨在唤醒学生的主体意识,促进学生对数学的理解,启发学生抓住本质,在复杂中见简单、直观中见抽象,体现学习主体的互动性,同时引导学生学会与他人合作交流,从而学会学习数学、学会学习,形成高阶思维,进而提升学生数学核心素养。

动感数学,立足于学生的认知、经验和心智,鼓励学生动眼看、动耳听、动手做、动口说、动脑想、动情享,促进学生的多感官参与数学学习,让学生通过教学活动直观、生动、有趣地学习,在轻松、愉悦的情境下记忆、理解、掌握知识,在交流、展示、互评中树立自信,在联系实际解决问题中找到学习的乐趣,产生无尽的学习动力。教师在教学中采用多种教学手段,以丰富多彩的形式激发学生的学习探究热情,积极创设鼓励学生"多感官参与"的学习场景,引导学生自主地在体会、感悟中得出学习结论。

动感数学,通过细致观察对象,辨析表面不同问题间的内在联系、共同规律,找出共同的数学特征,提出变化前后可能的因果关系猜想,在去除无关因素和干扰信息后,建立起准确的、一般性的概念和规则,探索出反映一类问题的原理和模型,找到解决问题的方法和思想,形成数学知识结构和体系。于是,对于静态呈现、抽象表述的数学知识,我们借助教与学的行为动作,利用数学软件和实物工具的动态演示,让它"动"起来,动态呈现事物的变化规律以更好地感知事物的动态发展,以此引起学生对学习对象的兴趣,从而改变数学知识静态冰冷的呈现方式,以及建立更简易更有力的方法,使之变得更加形象直观,再结合大量的感知感悟,使之更容易理解和掌握。

动感数学,既注重操作与实践,也重视思考与解决,学生"多感官参与"数学学习的活动,经历知识"从哪来""是什么""到哪去"的完整学习过程,通过抽象概括、空间想象、数学推理、数学建模等方式发展学生的数学思考和理性思维,促进学生思维能力的提升,形成基本数学素养。

(二) 教师的教学理解

数学教学应结合学生的认知发展水平和已有的知识经验展开,为学生提供充分参与数学活动的机会,帮助他们在自主探索和合作交流的过程中真正理解和掌握数学的基础知识和基本技能,形成数学思维,积累数学基本活动经验,发展核心素养。

动感数学,转变了教师的教育教学观念,重视学生的学习体验和学习过程。在教学方式上,借助数学软件和实物工具,鼓励学生"多感官参与"教学活动,提出让数学"动"起来的教学主张,追求展现完整的学习过程。

1. 教学追求:展现完整的学习过程

《义务教育数学课程标准(2022 年版)》在描述数学知识技能时,除使用了"了解""理解""掌握""运用"等描述结果目标的行为动词外,还使用了"经历""体验""感悟""探索"等关于数学活动水平的描述过程目标的行为动词,这足以说明数学教学应重视知识形成的过程。

鉴于初中数学教材向学生展示的是静态的数学知识,教师在教学中只有引导学生经历知识形成的探索过程,才能赋予静态的数学知识以鲜活的生命。而且对于学生而言,经历这样的探索过程,不仅能够主动建构知识,更重要的是在这一过程中能够发展思维,开启智慧。布鲁纳认为,只有学生自己发现的知识才是真正属于他自己的东西。因此,数学课堂教学不应是"结果"的教学,而应是"过程"的教学。在数学学习的过程中,要让学生经历知识技能形成与巩固的过程,经历数学思维发展的过程,经历应用数学能力解决问题的过程,从而对数学形成积极的情感与态度,这就要求教师应设法对教学内容进行深加工,使之展示知识呈现的完整过程。

在动感数学课堂教学中,通过对数学知识进行二次加工,把过程、方法视为课堂教学的重要目标,强调让学生理解概念、结论产生的背景、应用,体会其中所蕴含的数学思想方法。教学时把知识的形成、发展过程展现给学生,也就是把问题的提出过程、分析过程、解决过程、深化过程及知识的获取过程、结论的探索过程等展现出来,让学生经历知识"从哪来""是什么""到哪去"的完整学习过程。

所以,在动感数学教学中注重展示知识的来龙去脉,展现"知识背景—知识形成—揭示联系"的过程;激发学生的兴趣,运用数学知识解决问题,适当体现"问题情境—建立模型—求解验证"的过程,培养学生的数学思考和理性思维,形成基本数学素养。动感数学教学设计能体现知识的形成过程,让学生按照"操作—感知—观察—猜想—验证—概括—交流—应用"的学习过程来体验数学、发现数学、理解数学,让学生从"已知"构建"新知",消除学生学习新知识的障碍。

2. 教学主张:让数学"动"起来

动感数学教学,主张让数学"动"起来,主要坚持在两个方面"动"起来,一是坚持让学生"多感官"参与教学活动,二是坚持动态呈现教学内容。其实质就是结合学习内容,借助数学软件及实物工具,以问题为中心,以学生"多感官参与"为活动形式,把静态的知识转化为动态的探索对象,动态呈现数学知识的发生、形成、发展过程,让学生在这个过程中积淀感觉、积累经验,从而从感性发展到理性、从感知表现发展到概括本质,从学知识发展到学方法。

让数学"动"起来,立足于学生的认知、经验和心智,借助数学软件和实物工具,动态化呈现研究对象的数据特征或空间关系,对数学知识进行加工改造、梳理辨析,让它变得更容易理解和掌握,包括改变概念的呈现方式,以及建立更简易、更有力的方法。在"动"起来的数学教学过程中,教师需深入分析教学内容的内涵,精心设计有价值的操作活动,通过"动"起来的数学教学内容和学生思维的有效协同,让学生亲历数学知识、数学思想方法的形成过程,经历有意义的学习建构过程,让学生在外在操作活动与内在思考的碰撞中促进自己的认知发展。

让数学"动"起来,是学生通过操作活动,理解抽象事物的数量特征和图形特征,它在"听""看"的基础上增加"做",变"被动接受"为"主动探究",学生在这个过程中获得新的数学学习经验,并逐步构建、完善、发展自己的数学认知结构,感悟数学的真谛、体验数学学习的乐趣、积累基本的活动经验,从而了解数学的价值,欣赏数学的美,提高学习数学的兴趣,建立学好数学的信心,养成良好的学习习惯,形成质疑问难、自我反思和勇于探索的科学精神。

让数学"动"起来,能够引起学生的注意,让学生的学习过程成为自己探索和发现的过程,尽量让学生体验"发现"的乐趣,增强求知欲,从而提高学习能力。教学中,把学习的权利和探索的空间留给学生,让学生自己选择学习的方式,设计活动方案,安排学习程序,通过观察、操作、猜测、思考、讨论、验证等多种活动,让学生在活动中获取知识,同时养成自主学习的能力和刻苦钻研精神,真正成为认知的主体。

让数学"动"起来,教师能对学生学习活动中的表现进行系统的观察与管理,跟踪学生的学习行为并记录相应的学习数据,结合活动过程检测学生的学习能力,并根据学生的学习能力和需要引导学生选择合适的学习内容。教师能根据学生的学习记录分析学生的错误根源和评价学生是否达到学习目标,决定学生是否开始后续内容的学习并提供有关学习方法的建议,以此促进学生思维能力的提升,培养学生的实践能力、创新意识和创新精神。

所以,动感数学课堂教学激发了学生的好奇心和求知欲,让行为、思维、情感共同参与,使学生获得适应未来生活和进一步发展所必需的数学基础知识、基本技能、基本思想、基本活动经验,体验数学知识之间、数学与其他学科之间、数学与生活之间的联系,在探索真实情境所蕴含的关系中发现问题和提出问题,应用数学和其他学科的知识与方法分析问题和解决问题。

3. 教学方式:以"多感官参与"为支架

意大利教育家玛利亚·蒙台梭利创立的"多感官教学"法,认为大多数人在全身心地参与和动手实践时,会学得更好。通向大脑的有六个主要通道:所看、所听、所学、所嗅、所触、所做。有些人是视觉学习者,喜欢看照片或图画;有些人是听觉学习者,喜欢听;有些人是触觉学习者,通过触觉会学得更好;有些人是动觉学习者,通过移动身体或其他动作会学得更好;有些人偏好于阅读文字,通过读书能轻而易举地学会东西;有些人是"群体互相影响"的学习者,在与其他人相互影响时会学得更好。动感数学提倡"多感官参与"教学活动,其精髓在于要充分发挥学生学习的主动性和探索性,让学生的视觉、听觉、感觉、触觉等实现充分的发挥,并进行有效的协调,让学生在学习的过程中能够将眼、耳、手、口、脑等感官一起调动起来,尽可能地提高学习的有效性。

动感数学主张充分调动学生的多种感官,在课堂教学中要多给学生提供动手操作的机会,让学生通过多种感官参与知识的探究发现。通过自己动手演示或操作,能有效地把抽象的知识具体化、形象化,激发学生的想象力,促进学生自主发现问题、解决问题,让学生对知识进行再创造,达到智慧的增长和创造力的凸显。

多感官参与,要求"教"与"学"同"做"结合起来,同实质的生活、活动结合起来,即教师在教学过程中将教学内容与学生实际操作相结合,通过让学生亲身参与实践和实际操作,在实践中学习、在操作中理解,从而加深对知识的理解和记忆,有效提高学生的学习兴趣和学习效果,促使学生主动学习,培养学生的实践能力和解决问题的能力。

多感官参与,可以使抽象的数学概念具象化。比如,在直线概念教学中,可以让学生动手使用直尺绘制直线,通过观察直线和操作直尺,学生可以直观地理解直线的性质和特点。再如,在平行线概念教学中,可以让学生观察铁轨、电线等平行线的实际应用。通过实际操作和观察,帮助学生理解和记忆概念。

多感官参与在教学中需遵循:教的方法根据学的方法,学的方法根据做的方法。教师要从学生的生活经验和知识背景出发,给学生提供充分参与数学实践活动的机会,让学生动眼、动耳、动手、动口、动脑、动情,经历数学知识形成的过程。学生群体的最大特点是互补性,学生与学生之间的互动与影响,是教学中发挥学生主体地位的一种重要方式,学生在相互研讨、探究、交流、评价的环境中会获取许多书本中没有的知识,从中学习到其他同学的学习方法与思维方式,从而体会到一个问题的探究是怎样逐步深入进行的。

(三) 学生的学习过程

学习过程在学校教育活动中是指学生在教学情境中通过与教师、同学以及教学信息的相互作用而获得知识、技能的过程。初中学生的学习过程主要是以理性认识为主导,以个体经验为基础,并始终伴随着情感和意志活动,受到个人的意向调节,其相应的心理状态不是自发的,而是在教学环境影响下出现的。

动感数学认为数学教学不应是一系列技巧的传授,而是借助数学软件和实物工具,改变数学教学内容的呈现方式,让学生经历"操作与感知—观察与猜测—验证与概括—交流与应用"的学习过程,提高学习数学的兴趣,积极进行数学的深度思考,从而学会用数学的眼光观察现实世界、用数学的思维思考现实世界、用数学的语言描述现实世界。

1. 操作与感知

操作是指按照一定的程序和技术要求进行活动,是人用手活动的一种行为,也是一种技能,一般是指劳动、劳作,或者是按照一定的规范和要领实施动作。

感知即意识对内外界信息的觉察、感觉、注意、知觉的一系列过程。感知可分为感觉过程和知觉过程。感觉过程中被感觉的信息包括有机体内部的生理状态、心理活动,也包含外部环境的存在以及存在关系信息。知觉过程是对感觉信息进行有组织的处理,对事物存在形式进行理解认识。学生感知数学世界的主要途径有:视觉系统感知环境中的视觉信息,并进行处理和理解;听觉系统感知声音,对周围环境做出反应;触觉感知压力、温度、振动等。

动感数学以"多感官参与"为支架,借助数学软件和实物工具,改变数学教学内容的呈现方式,让学生通过实际操作获得亲身体验,通过感觉器官对客观事物现象及外部联系的认识形成感性经验;或者借助信息技术,通过感受事物的相关信息,积累感性经验,学会体验数学。

2. 观察与猜测

观察是有目的、有计划、有方向、比较持久的知觉。它是以视觉为主,融其他感觉为一体的综合感知,是知觉的一种高级形式。观察中包含着积极的思维活动,因此,人们也把它称为思维的知觉。

观察是人们认识世界、获取知识的一个重要途径,也是科学研究的重要方法。一切科学实验及科学的新发现、新规律,都是建立在周密、精确、系统的观察基础之上的。巴甫洛夫一直把"观察、观察、再观察"作为座右铭,并告诫学生:不学会观察,就永远当不了科学家。学生的学习也离不开观察,只有运用观察,学生才能对学习对象获得鲜明、生动、具体的感性认识,积累丰富的感性经验,通过抽象概括达到理性认识。

猜测是基于直觉和已有的知识和经验做出一个结论,需要不断的实验证实其正确性。著名数学家波利亚曾说过:"在数学领域中,猜想是合理的,是值得尊重的,是负责任的态度。"在有些情况下,教猜想比教证明更重要,有了猜想,更能激发学生的探索欲望。

动感数学教学中,需要学生对学习对象进行大量、细致的观察,抓住其中的关键要素,发现规律,然后开展猜测,获取初步的数学结论,学会发现数学。

3. 验证与概括

验证是通过反复的实验，检验某个学说或理论的准确性和普适性。数学教学中，科学的验证过程又是怎样的呢？比如，在推导运算律时，引导学生列出一个个算式，寻找反例；在解决证明题时，学生根据已有知识不断推导证明……这些严谨的过程是验证。通过猜测获得的结论一般具有偶然性，验证是针对通常情况下，查验猜测所获得的结论是否真实存在，验证是为得出结论服务的，是与结论紧密结合的。要让学生意识到验证的重要作用。验证有可能证明猜想是对的，也有可能反驳猜想。

概括是思维过程的一种，是人脑在比较和抽象的基础上，把抽象出来的事物的共同的本质特征综合起来，并推广到同类事物上去的过程。如儿童经常看到鸟，并把它和其他动物进行比较，逐渐分清鸟的本质特征（有羽毛、卵生、会飞等）和非本质特征（大小、颜色等）；在此基础上，就能把这些本质特征综合起来，并把具有这些本质特征的动物都称为鸟。根据概括水平的不同，分为初级概括和高级概括。初级概括是指在感知觉或表象水平上的概括，表现为根据具体经验抽取事物的共同特征或联系，总结出某类事物的共同属性，是概括的初级形式，有益于个体逻辑思维的发展，但因受具体经验的局限而难以概括事物的本质属性，如幼儿把会飞的动物叫做鸟。高级概括是指在把握事物的本质特征的基础上进行的概括，是概括的高级形式。所有的数学概念和定理都是高级概括的产物。

动感数学教学强调学习数学概念、性质等内容，对于重要的结论，学生通过系列活动捕捉到信息并进行严谨验证，证明其是科学存在的，为了让这些内容得以传承，就需要对大脑已摄入的知识进行再加工，用文字语言或数学符号重新组织，进行概括表述，学会表达数学。

4. 交流与应用

交流是信息互换的过程，即通过沟通交流使信息流动传播，彼此把自己有的信息提供给对方的过程。交流的意义非常广泛，有意识层面的，也有物质层面的。数学交流可以从听、说、读、写、做等几方面着手，拓宽学生间的交流渠道，为学生提供更多"听数学""说数学""读数学""写数学"和"做数学"的机会，以提高学习数学的能力。

动感数学教学中，借助情感交流有意识地营造适宜的课堂氛围，激励学生针对课堂所获各抒己见，允许学生标新立异，使课堂真正成为教师与学生共同商讨的场所，学生畅所欲言、尽情讨论，学生的意见得以展现，学生的思想得以交流，学生的潜力得以挖掘，学生的创新能力就会得到培养。

应用意识主要表现在认识到现实生活中蕴含着大量的数学信息。数学在现实世界中有着广泛的应用。应用意识的表现还包括面对实际问题时，能主动尝试着从数学的角度，运用所学知识和方法寻求解决问题的策略；面对新的数学知识时，能主动地寻找其实际背景，并探索其应用价值。

培养数学应用意识的最有效的办法是让学生有机会亲自动手实践。在动感数学教学中，教师努力为学生应用数学知识创造条件和机会，鼓励学生自己主动在现实生活中寻找用数学知识和数学思想方法来解决问题的机会，并努力去实践，培养应用意识。这样，当生活实际中的情景再现时，学生就会回忆学习知识时的情景来解决数学问题。比如，学了比例的基本性质后，学生可以利用同一地点、同一时刻，在太阳光照射下，物高和影长是成比例的这一特征，针对生活中的实际问题进行测量计算，学会理解数学。

第二节　动感数学的基本特征

动感数学是一种融合了知识、认知和情感的学习活动与方式，是一种教学组织形式。动感数学教学，尊重学生的认知特点和规律，借助数学软件和实物工具，师生共同创设更贴近生活实际和社会发展需要的数学研究内容，提供更具有清晰数学结构的数学教学材料，学生经历对数学研究内容的信息收集、整理加工和分析处理的全过程。动感数学注重学习过程中情感的体验，鼓励学生抓住数学的本质，在复杂中见简单、直观中见抽象，体现学习主体的互动性，同时引导学生学会与他人合作交流，从而学会学习数学、学会学习，实现高阶思维的形成，进而提升学生数学核心素养。因此，动感数学具有情境性、直观性、实践性、互动性、可视化性、主体性等特征。

（一）情境性

情境，是指在一定时间内各种情况的相对的或结合的境况，即情感氛围。情境创设是数学教学中常见的一种手段，它有利于解决数学知识的抽象性与学生思维的具体性之间的矛盾。

让数学"动"起来——动感数学的实践研究

动感数学是为了激发学生探求知识的好奇心,让学生找到学习的起点,感受知识生成的过程,丰富感性体验。教师在教学过程中会根据教学内容,借助现代化教学手段,创设情感氛围,演示数学情境,使学生产生身临其境的感受,让数学内容形象化,从而激发学生探求知识的兴趣。所以动感数学的情境性符合学生的认知特点,让学生经历数学观察、数学思考、数学表达、概括归纳、迁移运用等学习过程,体会数学是认识、理解、表达真实世界的工具、方法和语言,增强认识真实世界、解决真实问题的能力,树立学好数学的自信心,养成良好的学习习惯。

动感数学教学要根据需要创设各种不同的情境:生活化情境、科学化情境、模拟化情境、探索性情境……以此引发学生认知冲突,激发学生学习动机,促进学生积极探究。

1. 生活化情境

数学生活化的意义在于找到数学学习的"起点",使学生的思维能够基于已有经验,帮助学生内化掌握的知识,其实质是要揭露生活世界与科学世界的关系。动感数学注重联系学生的现实生活,在学生鲜活的日常生活环境中发现、挖掘学习情境的资源,引发学生进行数学思考,自觉经历学习过程。

例如,在 2012 苏科版数学七年级上册"余角、补角、对顶角"的教学中,可以设计这样的情境:如图 1-2-1 所示,长江护堤底部用石块堆积而成,量角器无法伸入护堤底部,如何测量护堤坡面的倾斜角∠1?

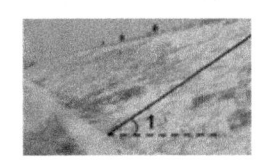

图 1-2-1 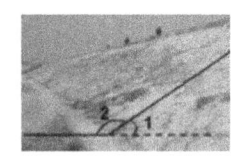　　　　　图 1-2-2 　　　　　图 1-2-3

学生通过讨论,获得解决问题的两种方法:(1) 如图 1-2-2 所示,在地面上反向延长∠1 的一边,与∠1 的另一边构成∠2,则∠1+∠2=180°,利用纸片将∠2 按照实际大小"做"出来,用量角器测量∠2 的大小,可以算出∠1,由此引入"互补"的概念;(2) 如图 1-2-3 所示,过∠1 的顶点做地面的垂线,即以∠1 在地面上的一边为直角边作直角,另一直角边与∠1 的另一边构成∠2,则∠1+∠2=90°,利用纸片将∠2 按照实际大小"做"出来,用量角器测量∠2 的大小,可以算出∠1,由此引入"互余"的概念。

数学概念(知识)来源于生活,服务于生活,通过创设生活化的、可操作的教学情境,引导学生交流解决实际问题的方法,引入"互补""互余"的概念,提高学生学习数学的兴趣,培养创新思维,获得学习数学的成就感。

生活化情境能够让学生在分析生活现象中获得数学学习体验,培养创新思维。

2. 科学化情境

科学是一种素养,科学让人终身受益,这是因为它对待这个物质世界有着独特而又通达的态度、观念和思想方法。动感数学主张创设内含问题的、有价值的教学情境,让学生通过疑问产生好奇、激发兴趣,有效地引发学生的思考,借助情境提供多种感觉表征的可能性,运用动眼、动耳、动手、动口、动脑、动情等手段帮助学生形成关联性经验,结合探究活动发现数学规律,引入"科学"的概念。

例如,教学"有理数的乘方"内容时,对 2012 苏科版数学七年级上册教材 50 页"试一试"例题进行改动设计:一张 A4 纸厚 0.1 毫米,将一张纸对折一下,有几层?有多厚?再对折……直到无法对折为止,请用算式表示你已对折出来的报纸层数及厚度。

学生将手中的纸按要求对折并进行测量,记录每一次对折后纸张的层数及厚度,列出这样一份表格(表 1-2-1)。对折一次,纸张层数为 2,用算式表示为 2^1,厚 0.2 毫米;对折两次,纸张层数为 4,用算式表示为 2^2,厚 0.4 毫米;对折三次,纸张层数为 8,用算式表示为 2^3,厚 0.8 毫米……对折六次,纸张层数为 64,用算式表示为 2^6,厚 6.4 毫米;对折七次时,学生发现很难再进行对折,所以无法准确测量对折后纸的厚度。如果要进行对折八次及以上的操作,学生无法对折,也就不可能进行厚度测量,如何解决问题?

根据问题情境,结合数据变化得到科学性规律,对折一次纸张数为 2^1,对折两次纸张数为 2^2,对折三次纸张数为 2^3……对折 n 次纸张数为 2^n,利用科学性规律引入"乘方"概念。

表 1-2-1 对折后纸张的层数及厚度

对折次数	1	2	3	4	5	6	…	n
纸张层数	2	$4=2^2$	$8=2^3$	$16=2^4$	$32=2^5$	$64=2^6$	…	2^n
纸张厚度 (单位:毫米)	0.2	0.4	0.8	1.6	3.2	6.4	…	$0.1×2^n$

数学规律的抽象性通常以直观的想法为背景,动感数学主张通过动手操作,将抽象化为直观、形象,在操作过程中让学生发现数学规律,增进对知识的理解,培养抽象概括能力。

3. 模拟化情境

随着科技的发展,各种数学软件被广泛应用于数学学习中。动感数学利用多媒体资源、虚拟实验室等方式,为学生创设更加丰富多样的学习情境,在教学中拨动学生的心弦,激发兴趣,引发联想,多角度进入问题并进行解释,唤起长时记忆中的有关知识、经验,完成对知识意义的建构。特别是空间观念,这是数学核心素养的主要表现之一,指在空间感知的基础上形成的,对物体的形状、大小和相互位置关系的观察、想象、比较、综合和抽象分析。不断向前发展的认识客观事物的过程,是学生学习数学的一个难点。动感数学能够借助数学软件等技术支撑创设生动、直观、形象的学习情境,模拟演示物体运动的轨迹,使教学直观化、模型化、动态化,进而完成知识的"同化"和"顺应"。通过动态演示引起学生的注意,调动多种器官感知表象,使抽象、不易理解的知识变得生动有趣,增加学生对空间的感受,使所学的知识化难为易,提高学生学习效率。

例如,2012 苏科版数学九年级上册教材 53 页"操作与思考",探究圆周角定理,教材以三种不同的位置关系:圆心在圆周角的一边上、圆心在圆周角的内部、圆心在圆周角的外部,分别进行推理论证,得到结论"圆周角的度数等于它所对弧上的圆心角度数的一半",费时费力,学生也不容易掌握。如果借助数学软件移动不同元素的位置,动态展示圆心与圆周角的位置变化(图 1-2-4),可以让知识的呈现变得生动有趣、直观形象。变化 1:点 C 沿圆周运动,直接演示圆心 O 与圆周角的三种位置关系;变化 2:点 B 沿圆周运动,改变角的大小,随着角的变化同时动态演示圆心 O 与圆周角的三种位置关系;变化 3:圆的大小变化,随着圆的变化同时动态演示圆心 O 与圆周角的三种位置关系。对每种情况即时显示弧度、圆心角、圆周角对应的数值,由数字揭示圆周角的度数与它所对弧上的圆心角度数之间的数量关系,非常直观。

变化1
C点沿圆周运动
变化2
B点沿圆周运动
变化3
圆的大小变化

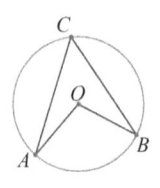

$\overset{\frown}{AB}=104.10°$
$\angle AOB=104.10°$
$\angle ACB=52.05°$

图 1-2-4

动感数学利用数学软件辅助重组资源,提供有助于培养学生思维的技术化情境活动,其信息化教学设计紧密结合着各种信息技术和信息资源,使得教学情境的创设更为实际、简便和高效。模拟化情境在呈现运动变化中丰富空间观念，培养学生数据处理能力，使学生具有应用数字表示具体数据和数量关系的能力，具有选择适当的方法实施计算的经验。

4. 探索性情境

心理学中有个名词叫做启动效应，如果学生对所创设的情境感到熟悉，他们的心理就容易得到"启动"，从而产生学习的内驱力，否则就会起到抑制作用。动感数学基于学生所熟悉的、已有的经验创设情境，引入问题，激发学生的学习动机，让学习成为学生的主观需求。通过组织一系列探究性活动，让学生发现数据的变化，探究数量之间的关系，提出猜想并进行验证，实现数学学习过程的完整体现。

例如，2015苏科版数学实验手册八年级下册实验课"数格点 算面积"的教学中，设计问题情境：兄弟分地。如图1-2-5所示。哥哥说："我的地一圈只有15棵树，而弟弟的地一圈有17棵树，弟弟的面积大！"弟弟说："我的地里只有16棵树，而哥哥的地里有17棵树，哥哥的面积大！"到底谁的话有道理？

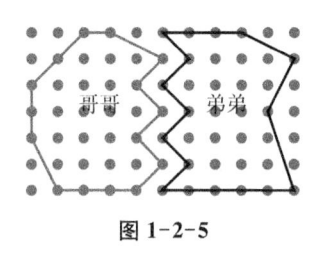

图 1-2-5

此例中，哥哥和弟弟的判断都是出于经验，两个人似乎都有道理。为了证实到底谁的地面积大，我们需要根据创设的情境，探究格点多边形的面积 S 与多边形边上的格点数 L 及它内部的格点数 N 之间的数量关系，为此，设计四个探究活动。

活动一：当格点多边形内部的格点数 $N=0$ 时，不限制多边形边上的格点数 L，让学生画符合条件的格点多边形，探究格点多边形的面积 S 与边上的格点数 L 之间的数量关系，发现 S 与 L 之间存在数量关系 $S=\frac{1}{2}L-1$。

活动二：当格点多边形内部的格点数 $N=1$ 时，不限制多边形边上的格点数 L，让学生画符合条件的格点多边形，探究格点多边形的面积 S 与边上的格点数 L 之间的数量关系，发现 S 与 L 之间存在数量关系 $S=\frac{1}{2}L$。

活动三：当格点多边形内部的格点数 $N=2$ 时，不限制多边形边上的格点数

L，让学生画符合条件的格点多边形，探究格点多边形的面积 S 与边上的格点数 L 之间的数量关系，发现 S 与 L 之间存在数量关系 $S=\frac{1}{2}L+1$。

活动四：当格点多边形内部的格点数 $N=3$ 时，不限制多边形边上的格点数 L，让学生画符合条件的格点多边形，探究格点多边形的面积 S 与边上的格点数 L 之间的数量关系，发现 S 与 L 之间存在数量关系 $S=\frac{1}{2}L+2$。

结合分类讨论，获得格点多边形的面积 S 与边上的格点数 L 之间的数量关系，发现 S 与 N、L 之间存在数量关系 $S=\frac{1}{2}L+N-1$。然后对通过动手操作、猜想获得的数学结论再利用"数学工具"及计算进行逻辑验证，得到"皮克定理"。利用皮克定理分别计算哥哥和弟弟的土地面积，$S_{哥}=23.5$，$S_{弟}=23.5$，得出哥哥和弟弟的土地面积一样大的结论，从而解决问题，在此过程中培养学生严谨的理性分析能力。

教师提出的问题基于学生已有的经验，将环境与学生活动的有机联系，教育环境变得亲密、熟悉，就能改变学生被动接受知识的僵局，充分发展学生的潜在能力。学生在"多感官参与"的条件下进行数学探索，经历画图测算、发现规律、验证结论、表述应用等一系列操作，这样的学习过程完整展示了知识的动态呈现，凸显理性分析，从感性经验上升到理性认知，加强了学生对数学的理解，发展了学生的逻辑推理能力。

（二）直观性

直观性本是艺术的属性之一，是指审美对象能够使欣赏者从中进行直接观照的特性，是审美对象区别于科学对象的重要标志之一。我们通常所说的直观，是指通过对客观事物的直接接触而获得的感性认识，指人们在实践中对客观事物的、直接的、生动的反映，用感官直接可以接受的事物的属性，形容事物很容易辨别。

动感数学教学中，通过引导学生直接感知事物、模型或通过教师语言形象描绘学习对象，使学生获得感性认识，实现从感性到理性的认识发展规律。让数学"动"起来，促使具体形象与抽象概念相结合，减少理解抽象概念的困难，激发学生学习兴趣和热情，有助于发展学生的观察能力、形象思维能力，促进对知识的理解巩固。

直观性主要表现在两个方面：一是具体性，任何审美对象都可使人们凭借自己的审美感官和心灵进行最具体的感受，并在脑海中展现出具体的审美意象；二是直接性，人们在欣赏美的对象时，无须进行反复持久的逻辑思考即可在精神上、情感上获得难以言传的审美愉悦。直观教学，是指利用教具作为感官传递物，向学生展示相关内容，以达到提高学习效率或效果的一种教学方式。直观教学包括实物直观、模象直观和言语直观。实物直观通过直接感知实际事物而进行；模象直观指对实物的模拟性形象直接感知；言语直观是在形象化的语言作用下，通过学生对语言的物质形式（语音、字形）的感知及对语义的理解而进行的一种直观形式。

著名的教育理论家夸美纽斯认为，一切知识都是以感官的感知开始的。抽象的数学教学，对学生来说是很枯燥的；相反，对于看得见、摸得着的东西，以及生动形象的事物，学生就很容易接受。动感数学通过设计实物工具操作课程、数学软件应用课程，将学生的情感与认知、感受与理解、动手与动脑、学习主体与教师主导有机结合起来，使学生直接感知实际实物，获得实物模拟形象，进而理解语义，可以化抽象为直观，增加了数学的趣味性，大大降低了教学的难度，能促进学生数学智能整体而和谐地发展。

例如，2013 苏科版数学八年级上册"6.1　函数"中，这样介绍"函数"概念：一般地，在一个变化过程中的两个变量 x 和 y，如果对于 x 的每一个值，y 都有唯一的值与它对应，那么我们称 y 是 x 的函数（function），x 是自变量。这个概念非常抽象，作为章节第一课时，要由常量教学到变量教学过渡，是在数学思维上的一次飞跃，学生难以适应；对于两个变量之间一一对应的关系，学生也无法理解。教学时，可以从丰富多彩的实际背景入手，利用汽车加油这个生活实例，鼓励学生到加油站拍摄加油小视频，通过观看小视频，注意汽车加油时，加油位表上的示数变化，并将其中几个示数截屏展示：单价 7.95 元/升、加油量 0 升、加油金额 0 元；单价 7.95 元/升、加油量 7.49 升、加油金额 59.55 元；单价 7.95 元/升、加油量 10.20 升、加油金额 81.09 元；单价 7.95 元/升、加油量 14.13 升、加油金额 112.33 元（图 1-2-6）。根据观察结果思考问题。

图 1-2-6

问题1：在加油过程中，涉及哪些量？
问题2：在加油过程中，哪些量没有变化？哪些量不断变化？
问题3：当加油量取一个确定的值时，对应金额的取值是否唯一确定？
学生思考得到：
①在加油过程中，涉及汽油的单价、加油量、加油金额；
②在加油过程中，汽油的单价不变，加油量、加油金额不断变化；
③加油金额随着加油量的变化而变化，当加油量取一个确定的值时，对应金额的取值也唯一确定。

教师引导学生通过动态呈现的加油过程，直观感受加油时加油量与加油金额的动态变化，在变化过程中进行直观感知，感知加油量与加油金额都在不断变化，但两者之间又有着对应关系，认识到加油金额随着加油量的变化而变化，当加油量取一个确定的值时，对应金额的取值也唯一确定，以此逐步地揭示函数的本质特征，通过填表、列式、图像的方式，让学生了解常量、变量的意义，以及两个变量之间关系满足的特征：①一个变化过程；②两个变量；③一个变量变化时，另一个变量也随之变化；④一个变量确定时，另一个变量也唯一确定。让学生体会到函数是揭示事物变化规律的有效手段，是研究运动变化的数学模型，在此基础上抽象出函数的概念，进而认识和理解函数的意义。

动感数学，提倡从切合实际生活、学生喜闻乐见的事例出发，通过活动直观地发现知识、理解知识、掌握知识，不仅符合学生学习的感知规律——从感性认知到理性认知，同时，它也符合数学知识高度抽象、难度较大的学科特点。学生在生动、有趣、平等的学习氛围中进行活动，享受学习数学的乐趣。

（三）实践性

实践性是马克思主义哲学最重要的特点和理论品质，在整个马克思主义哲学体系中，实践是贯穿始终的一条中心线索。马克思从"人本"的角度出发，强调了实践在人类自身和社会存在与发展中的决定性作用。通过实践，人类认知了之前并不知道的东西，认知了世界。数学学习一直以来都是一个需要理论与实践相结合的学科，实践性和探索性活动在数学学习中起着重要的作用。

动感数学是相对于传统的接受性学习而提出的一种新的学习方式，主张以生活为本，以问题为载体，让学生主动去收集、分析和处理信息来实际感受和体验知识的产生过程，通过观察、实验、动手操作等实践方式，让学生亲身参与到数学问题的解决过程中，培养学生发现问题、提出问题、分析问题、解决问题的能力。

新课程改革强调培养学生积极主动的学习态度和独立探究获取知识的能力,养成团结协作的合作精神以及积极向上的精神风貌。要实现这一育人目标,在教学中实施实践性学习显得尤为重要。

实践作为一个范畴,不同学科对其有不同的界定。数学教学中的实践性学习,是指在学生原有经验的基础上,引导学生从事积极的"再造"和"再创"活动,进而产生理性发展的一种学习方法。动感数学在教学中通过学生的实践体验让数学学习"动"起来,借助数学软件让数学知识"动"起来,还原教学内容。

例如,对于2013苏科版数学八年级下册"8.3 频率与概率"中做"抛掷质地均匀的硬币试验",学生学习兴趣浓厚。

统计与概率是初中数学的核心内容,在动感数学教学中可以通过收集和分析实际数据的方式来提高学生的数据处理与分析能力。学生可以自行设计问卷并收集数据,然后通过统计图表和数据分析方法进行处理和分析。这样的实践性学习活动可以使学生更好地理解统计的意义,提高数据处理与分析的能力。

方法一:小组合作,汇总数据,获得试验结果。

让学生分组投掷硬币,各组记录好"正面朝上"和"反面朝上"的情况,然后汇总各组试验数据,通过列表、描点、连线,得出结论:当试验数据量很大时,"正面朝上"的频率稳定在0.5左右。在开展抛掷硬币的试验活动时,让学生分别对出现的可能性做出预测,继而让学生通过试验来验证。活动过程中,学生以小组合作的形式分工试验,统计"正面朝上"和"反面朝上"的情况并记录下来,算出百分比。实践过程中,学生也许会发现计算出来的结果与自己的预测存在较大差距,会对自己的预测结果产生怀疑,但如果对其进行认真分析,可以发现实践结果偏离预测结果的原因,进而改进试验条件,这有助于培养学生严谨的科学态度。采用小组合作、汇总数据、获得试验结果的方法进行实践探索,让学生在投掷过程中主动去收集、分析和处理信息,实际感受和体验知识的产生过程,培养了学生团结协作的合作精神。

方法二:计算机模拟,即时显示试验结果。

也可以利用计算机卓越的计算能力,在短时间内进行大量的抛掷硬币模拟试验,并且可以随机选择试验次数,为结论的验证提供充分依据。如图1-2-7所示,选择抛掷硬币594次,计算机模拟试验得到正面的频数是299,反面的频数是295,因此正面朝上的频率约为50.3%。在优化随机数生成的前提下保证试验的准确性,对百分比情况进行统计、观察、分析,感受随着抛掷次数的不断增加,统计的百分比结果呈现出一定的规律,从而通过讨论归纳得出结论:抛掷一枚质地均匀的硬币,当试验数据量很大时,"正面朝上"的频率稳定在0.5左右。

图 1-2-7

  利用计算机模拟抛掷硬币试验，还可以分析抛掷两枚硬币的情况，呈现数据的动态变化，在一定程度上既能保证结果和结论的准确性，又发展了学生的数据分析能力。

  利用实践操作，让学生通过数据分析体验随机性，从中发现规律，使学生体会到统计需要收集数据，应用数据分析可以解决实际生活中的很多问题，感受统计的实际价值，也活跃课堂气氛。教学过程中学生围绕"预测—实验—分析—结论"这条主线，积极进行操作、讨论与合作交流等活动，让学生在实践探索中，经历自主探究问题的过程，激发学习数学的热情，进而掌握科学探究问题的方法。

（四）互动性

  互动是彼此联系、相互作用的过程，日常中互动是指社会上个人与个人之间、群体与群体之间等通过语言或其他手段传播信息而发生的具有相互依赖性的行为过程。课堂教学互动是指师生之间或生生之间互相交流、共同探讨、互相促进的一种教学组织形式。

  对于动感数学来说，教学过程中的师生互动、生生互动是用来解决问题的，这个问题就是预期目标，有了预期目标，互动就不会只流于形式，它能使互动过程有序化。在解决问题的过程中，师生能超越预期目标，发现新的问题，对问题的理解也就更加深入、全面，更能体现师生互动的有效性。

  课堂上有效的互动可以提高教学效果：第一，师生互教互学，形成真正的学习共同体。师生的关系是平等的、民主的，整个教学过程是师生共同开发、探讨、丰富课程的过程。在互动中,学生发挥自己的个性和创造能力。第二,生生间的信息交流可以十分广泛,知识、技能、情感、态度、价值观都可得到充分的交流,通过这些交流,生生间能够相互沟通、相互影响、相互补充,教学过程也就成为学生发现问题、提出问题、分析问题、解决问题的过程。第三,师生共同参与,相互作用,能够创造性地实现教学目标。师生形成合力,促进学生的主动发展,提高课堂效率,达成教学效果的最优化。

在动感数学教学过程中,追求师生平等。教师是学生学习的领路人,教师应当放下"架子",提高师德师风的修养,平等地对待每一个学生。学生在平等的基础上就能打开紧闭的心扉,消除原有的畏惧教师的心理,这样,师生间的心理距离越来越近,师生的互动交流就不再存有障碍。平等的师生关系是民主课堂的基础,有了民主,师生间就能互动起来,而且互动的有效性也有了可靠的保障。尊重学生的人格和品质,真正赋予学生自主学习的时间和空间,学生学习的积极性和创造性就能得到充分的发挥。

例如,2012苏科版数学七年级上册"3.4 合并同类项"中,为了说明同类项概念和合并同类项法则,设计了一个师生合作探究的活动,图1-2-8是某学校校园的总体规划图(单位:m),试从不同角度考虑,计算这个学校的占地面积。

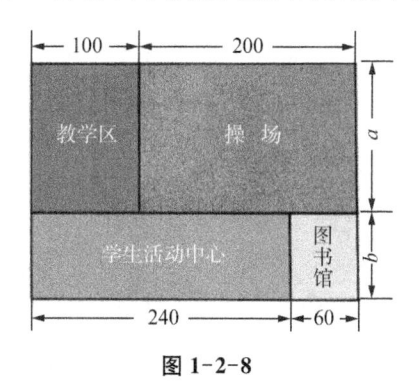

图 1-2-8

从学生层面来看,可将校园的总体规划图看成是一个大长方形,从不同的角度观察,得出这个大长方形面积的不同表示方法。

学生1:"从整体看,大长方形面积可以表示为$(100+200)(a+b)$或$(240+60)(a+b)$。"

学生2:"从局部看,可以看成是4个小长方形面积之和,大长方形面积可以表示为$100a+200a+240b+60b$。"

学生3:"从组成看,可以看成两个横向的长方形面积之和,大长方形面积可以表示为$(100+200)a+(240+60)b$。"

从教师层面来看，设计这个探究活动，符合动感数学的教学意图，数学教学不应是一系列技巧的传授。教师不必急着向学生传授同类项概念和合并同类项法则的相关知识，而是让学生充分地进行数学思考，经历知识产生、发展的过程。

教师："三位同学的回答都正确，这是同学们在原有知识基础上自然生成的，都是在表示这个学校的占地面积，老师把它们整合一下。"

于是，教师将三种表达形式整合成：

$100a+200a+240b+60b=(100+200)a+(240+60)b=(100+200)(a+b)$；

或者

$100a+200a+240b+60b=(100+200)a+(240+60)b=(240+60)(a+b)$。

这样的整合，让学生看到多项式中的某些单项式被合并了，学生必然产生疑问：这些项为什么能够合并？能够合并的单项式有什么特征？

顺着学生的困惑，教师让学生观察可以合并的这些单项式的特征，$100a$ 与 $200a$、$240b$ 与 $60b$，找到共同特点，进而得到同类项的概念：所含字母相同，并且相同字母的指数也相同的项叫做同类项，特别指出几个常数项也是同类项。

多数老师淡化处理这个图形的运用，更有甚者抛弃课本，要求从不同角度考虑求大长方形面积的问题，没有发挥其"解构系统"的作用。运用图形的意义在于：(1) 利用几何图形研究代数问题是学生进入初中阶段的首个学习内容，也为后续用几何图形研究学习整式乘除、乘法公式奠定了基础，是数形结合思想运用的典范；(2) 图形面积不同表示方式的连通，让学生们感受到单项式可以像有理数加法一样进行合并；(3) 图形面积不同表示方式的连通，是实际意义的"恒等"，可以用来解释说明数学意义。在教师的引导下，运用图形，学生从整体上感悟了学习同类项新知识的必要性、必然性。

体验和互动是让数学"动"起来的核心特征，学生只有亲身经历，感受内心体验，才能在各自理解的基础上"度"(广度、深度和高度)量自己的学习状态。教师与学生以平等的身份参与到教学活动中，师生共同讨论，共同解决问题，共同推进教学活动。

教师作为一个"参与者、合作者"，在教学过程中要与学生密切互动，共同学习，共同提高；教师作为一个"引导者、促进者"，要在互动中起到引导、促进学生实践的作用；教师作为一个"指导者、领导者"，要科学指导师生互动、生生互动，艺术化地把握课堂教学过程的走向、引领学生发展的方向。

（五）可视化性

根据感知心理学的研究，人类对图像的认知速度及接受程度要远远大于文字。因此,将复杂的数据、信息、知识等转化为易于理解的、直观的图形、图像或其他表现形式,同时保留原始数据和信息的完整性和细节,实现信息可视化,不仅可以提高人们对知识的理解和分析能力,还可以帮助人们更好地做出决策和交流。

信息可视化,可以把复杂的、隐晦的、朦胧的、甚至学生难以理解的教学信息变得通俗易懂,把隐藏在教学信息中的内在规律以可视化的方式表示出来,便于学生预测、沟通、研究、掌握、传承。信息可视化,主要有数据可视化、知识可视化、思维可视化等。

动感数学借助数学软件或实物工具,追求信息可视化,重点强调知识可视化,重视思维可视化的实现。知识可视化是可以用来构建、传达和表示复杂知识的图形、图像的手段,能传输知识,并帮助他人正确地重构、记忆和应用知识,有助于知识的传播。思维可视化是通过知识这个"媒介"让学生学会学习,强调的是认知过程,关注的是学习方法及学习体验,追求的是思维能力的发展。

在传统教学模式中,知识加工和问题解决的思考过程往往是不可见的,而且教师和学生都更多关注答案,忽视答案的生成过程。然而,学生思维的发展并不来自"答案的累积",而来自生成答案的思维方法和过程。"答案的累积"只是增加学生的感性答题经验,而不能提高学生的理性解题能力,所以当题目或题型一变,学生便无法应对。因此,要提高教学效率,我们就必须变"强调答案"为"强调答案的生成过程",这就要求我们必须要把"看不见的"思维的过程和方法清晰地呈现出来,以便更好地理解、记忆和运用。

知识可视化除了传达事实信息,其目标还在于传输人类的知识,并帮助他人正确地重构、记忆和应用知识。思维可视化是指运用一系列图示技术把本来不可视的思维(思考方法和思考路径)呈现出来,使其清晰可见的过程。思维可视化更侧重于表征知识背后的思维规律、思考方法、思考路径,在可视化的过程中更强调对思考方法及思考路径的梳理及呈现。在信息技术条件下,知识可视化有了新的突破,制作工具越来越多,制作方法更为简易,表现形式更为多样。思维可视化更有利于理解和记忆,可以有效提高信息加工及信息传递的效能。

动感数学提倡借助数学软件和实物工具辅助教学设计,通过视觉表征形式促进知识的传播与创新,将知识呈现可视化及思维过程可视化作为教育理念,促进教师进行反思,形成"以学生为主体、以教师为主导、以知识呈现传承为主线、以思维能力培养为重心"的教学模式。

比如,2013苏科版数学八年级上册"6.3 一次函数的图像"中,探究一次函

让数学"动"起来 ——动感数学的实践研究

数的图像与性质时,借助几何画板呈现要研究的函数图像(图1-2-9),结合学生已有的一次函数学习经验,以动态的图像、开放式的问题驱动师生互动,以合作学习为着力点,自主探究,探索知识主线,挖掘研究思路和方法,促进学生思维能力提升。

教师:"我们学习了一次函数的相关内容,请大家观察图像,能得到图像所对应的函数有哪些性质?小组同学可以先讨论一下。"

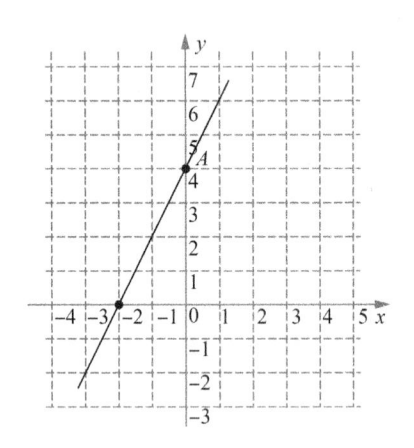

图1-2-9

学生1:"此函数的图像是一条直线,是一次函数,其表达式为 $y=kx+b(k\neq 0)$。"

学生2:"图像呈上升趋势,说明 $k>0$;交 y 轴于正半轴,说明 $b>0$。"

学生3:"图像经过第一、二、三象限,说明 $k>0,b>0$。"

教师:"现在老师利用几何画板,拖动表示 b 的点,让 b 的值逐渐减小,变成0或负数。请大家仔细观察这一过程,有什么新发现?"

学生4:"直线 l 与 y 轴交点位置发生变化。当 $b>0$ 时,直线 l 交 y 轴于正半轴,图像经过第一、二、三象限;当 $b=0$ 时,直线 l 过原点,图像经过第一、三象限;当 $b<0$ 时,直线 l 交 y 轴于负半轴,图像经过第一、三、四象限。"

学生5:"上述直线都是互相平行的关系,k 没有变化,图像在作上下平移运动。"

教师:"回归图1-2-9的起始状态,拖动几何画板中表示 k 的点,让 k 值逐渐减小,直到变成负数。请大家再次仔细观察,有什么新发现?"

学生6:"图像呈下降趋势,说明 $k<0$;交 y 轴于正半轴,说明 $b>0$。"

学生7:"整个过程,直线 l 绕着点 A 顺时针旋转。"

学生8:"直线 l 与 y 轴正半轴的夹角越来越大。"

学生9："直线l图像先经过第一、二、三象限，后来经过第一、二象限，最后经过第一、二、四象限。"

教师："在图像呈下降趋势时，老师再次拖动几何画板中表示b的点，让b值逐渐减小，变成0或负数。大家有什么发现？"

学生10："当$k<0$时，b值的变化使直线l与y轴交点位置发生变化。$b>0$时，直线l交y轴于正半轴，图像经过第一、二、四象限；当$b=0$时，直线l过原点，图像经过第二、四象限；当$b<0$时，直线l交y轴于负半轴，图像经过第二、三、四象限。"

教师："大家观察很细致，获得的结论归纳在一起就是一次函数图像性质，请大家课后梳理一下，形成思维导图。我们也有一些意外的收获，譬如旋转、夹角变化。请大家回顾刚才的过程，再次思考，我们探究问题所采用的基本思路是什么？小组同学可以讨论一下。"

学生11："k、b值不确定，所以采用分类讨论思想。"

教师追问："函数有两个参数k和b，大家有没有注意，我们的探索过程有条不紊，请问我们是怎么做到的呢？"

学生12："先假设$k>0$，移动b；再假设$k<0$，移动b。"

教师追问："这种探索方法，物理学习过程中有接触过吗？"

学生13："有，好像叫'控制变量法'。"

通过"几何画板"演示k、b的变化对函数图像的影响，师生、生生之间有效互动，以动态视角实现可视化，整体透视一次函数的本质，梳理一次函数图像与性质的学习方法和路径，构建知识体系，让学生切实感受到数形结合思想在探究函数问题中的必要性，提升学生认知高度。学生亲身经历探索的过程，感悟研究函数问题常用的方法——控制变量法，而控制变量法也是物理学中常用的方法，以此达到学科间的融合。

动感数学教学设计，主张设计系列层次递进的问题，让学生积极主动地将新授知识纳入已有的认知结构，鼓励学生积极主动地参与，提高课堂教学效率，实现思维可视化呈现与发展。

（六）主体性

主体性是指人在实践过程中表现出来的能力、作用、个人看法以及地位，即人的自主、主动、能动、自由、有目的地活动的地位和特性。学习活动是学习者的一种个体认识活动，它不能由任何人替代完成，这就决定了学生是学习的主体，

让数学"动"起来 ——动感数学的实践研究

教师不可能将知识和思想直接强行注入学生的大脑,一切知识和思想只有通过学生自身的活动才能内化为他的认知模式和道德品质的一部分。学生学习的主体性一般包括以下几个方面的内涵:自主性、独特性、能动性、创造性和整体性。

初中学生正处于对事物充满好奇、乐于探究的欲望时期,动感数学强调学生的身体力行,鼓励学生敢于突破与创新,重视学生的素养提升。动感数学在教学中力求做到创设情境,重视情感体验,体现学生学习的主体性;提倡动手操作,提供自主探究的机会,发挥学生学习的主体性;重视过程,追求思维发展,实现学生学习的主体性。

学生作为学习活动的主体,所具有的自主性、独特性、能动性、创造性和整体性等内在特性,是学生主体得以确立的内在依据和根本标志。

学生学习的自主性,表明学生有权对自己的活动进行自我选择和自我决定,学生在学习过程中的一切行为,包括能否接受教育、如何接受教育,都会受到自身意识的支配。

学生学习的独特性,就是学生在学习活动中表现出来的差异性,表明在现实的学习生活中,每一个学生都是具有自己内在世界、鲜活、生动、独立、不可重复、不可再造的价值主体,这些个体之间的差异性是由于遗传因素、家庭条件、社会环境和教育作用等方面的不同,在发展过程中逐渐呈现出来的。

学生学习的能动性,主要是指学生在认知活动中所表现出来的一种自觉、积极和主动的特征,学生作为能动的认知主体,经过自己头脑的认识加工,结合自身的实践经验,把外在的知识、信息、要求、影响等内化为自身的东西,形成主体的认知经验和行为品德。

学生学习的创造性,是指学生个体产生新颖的、有社会价值的产品或对问题进行独特解答的能力,是学生主体性的最高表现。表明学生在学习这一特殊的认知活动中,具有探索新知、追求新知的方式和内在意向,具有无限潜力。

学生学习的整体性,是指学生在认知实践活动中表现出来的生理与心理、智力与非智力、认识与行为等方面的特征,它是学生主体性形成的基础所在。主体的发展,不仅指某个方面或部分的片面发展,而是受教育者在德、智、体、美、劳等几方面都得到发展,成为有社会主义觉悟的、有文化的劳动者,是我国教育目的的基本内涵和实质。

在动感数学教学过程中,学生在明确的教学目标的指导下,运用科学的方法,在民主、宽容的课堂环境中,积极主动、具有创造性地介入教学活动的每一个环节,比如亲自参与活动的设计、计划、执行的过程,从而接受教育、获取知识并发展能力。

　　动感数学教学法的理论依据主要是心理学的内在激励与外在激励关系的理论以及弗洛姆的期望理论,其是一种合作式或协作式的教学法,这种方法以学生为主体,充分应用灵活多样、直观形象的教学手段,鼓励学生积极参与教学过程,加强师生之间、生生之间的信息交流和反馈,让学生有自由思考、运用自己智慧的时间和机会,使学生能深刻地领会和掌握所学知识,并能将这种知识运用到实践中去。

　　例如,研究"利用锐角三角函数测量教室高度"可以进行以下活动。

　　活动一:利用手里现有的工具,测量一下我们教室的高度

　　学生1:拿出直尺尝试测量,但长度不够,失败。

　　学生2:拿出卷尺尝试测量,长度够,但因卷尺材质较软,失败。

　　在这个活动中,因测量工具有限,学生无法直接度量教室的高度,不能完成任务,从而引发学生进一步寻求解决的方案,引起了学生继续探究的好奇心与欲望,使其学习的自主性、能动性得以激发。

　　教师:(拿出测角仪)"光用卷尺没有办法准确测量我们教室的高度,给大家介绍一样新工具,测角仪。"并详细介绍测角仪使用方法。

　　学生第一次接触测角仪,只有认真听教师介绍才能动手操作、正确使用,这不同于常规课堂教学的灌输,实际操作能体现学生学习的独特性、创造性。

　　活动二:利用测角仪、皮尺等工具测量教室的高度

　　学生设计活动方案并画出示意图,先独立思考,再小组讨论交流,最后全班交流、分享、优化设计方案。

　　学生3:展示小组设计方案(图1-2-10)。

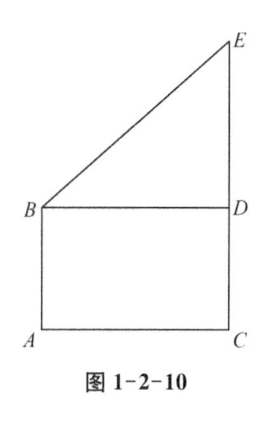

图 1-2-10

　　学生4:"我们需要首先选定同学 Z 站在教室 A 处,用卷尺测得此时 A 与墙

壁 C 点之间的距离 AC,同时,同学 Z 手拿测角仪测得此时眼睛 B 看教室顶部 E 的仰角的度数,用卷尺测得 Z 同学的身高 AB。"

学生 5:"在 Rt△BDE 中,

∵ $\tan\angle EBD = \dfrac{DE}{BD}$,

∴ $DE = BD \cdot \tan\angle EBD$,

又 $BD = AC$,

∴ $DE = AC \cdot \tan\angle EBD$,

∴教室高度 $EC = CD + DE = AB + BD \cdot \tan\angle EBD$。"

学生 6:"在测∠EBD 的度数的时候,测角仪放置在眼睛的位置,所以,AB 不应该是同学 Z 的身高,而是眼睛离地的距离。"

教师:"大家同意吗?"

学生(全体):"同意!"

进行活动二时,学生利用各种活动资源,抓住各种学习时机,多方合作(图 1-2-11),完成了测量教室高度的任务,在自主、合作、探究中学会学习、学会思考,在发现问题、探索问题、得出结论的过程中培养缜密的思维能力,体现了学生学习的整体性。

图 1-2-11

我们知道,知识的学习必须通过主体的积极参与,才能纳入已有的认知结构。让学生经历策划、设计测量方案的过程,启发学生关于测量高度的思考,让学生主动利用直角三角形边角关系构造出实际问题背后的几何图形,学生在参与设计方案的思考过程中,提高了数学应用能力和综合分析能力,培养了数学建模的思想,从而发展了数学应用意识和解决问题的能力。

第三节　动感数学的实践样态

随着科技的不断发展和教育理念的不断更新,教学方式也在不断演变。传统的教学模式已经无法满足当今学生的需求。因此,我们需要打造一种新的教学样态,注重培养学生的创造能力和实践能力,以适应时代的需求。传统的教学模式注重知识的传授和记忆,而新样态的教学应该更加注重培养学生的学习能力与应用能力。

数学学习不仅要学得知识,更为重要的是在学习中获得数学活动经验、数学思维品质和数学思想方法等,即发展数学核心素养。动感数学主张让数学"动"起来,需要关注实施路径和目标指向两个维度,实施路径主要是利用数学软件和实物工具,目标指向主要是实现感知理解、探索发现、问题解决。

本节针对初中数学的知识体系,结合多年的教学实践,根据动感数学的基本特征及其关注的实施路径与目标指向,梳理出动感数学三种常见的实践样态:感知理解的实践样态、探索发现的实践样态、问题解决的实践样态。其中感知理解的实践样态注重培养学生的抽象能力、推理能力、运算能力;探索发现的实践样态注重培养学生的几何直观能力、空间观念、数据观念;问题解决的实践样态注重培养学生的模型观念、应用意识、创新意识。

（一）动感数学的实践变革

传统的教学模式注重学科知识的传授,而动感数学借助数学软件和实物工具让数学"动"起来,更加关注数学思考,引导学生通过观察、猜想、分析、探索和归纳等方式来感受数学、体验数学、发现数学、理解数学,发展质疑问难的批判性思维,形成实事求是的科学态度,初步养成讲道理、有条理的思维品质,逐步形成理性精神。动感数学注重培养学生的综合素养,包括思维能力、沟通能力、合作能力、创新能力等,通过多种形式的教学活动和实践,学生可以全面发展自己的综合素养。传统的教学模式中,教师起主导作用,学生被动接受知识,而动感数学的教学注重学生的参与性和主动性,旨在引导学生的行为、思维、情感共同参与学习过程,激发学生的好奇心与求知欲,唤醒学生的主体意识,促进学生对数学的理解,培养学生善于抓住本质的能力,在复杂中见简单、直观中见抽象,引导学生学会与他人交流合作,从而学会数学。动感数学教学中,教师担任"引导者"和"指导者"的角色,激发学生的学习兴趣和学习动力,引导学生主动参与学习,发挥学生的主观能动性。

随着科技的发展,教育领域在不断更新和变革,教师也需要不断学习和更新自己的专业知识和教学方法,以适应时代的需求。动感数学教学的实施,需要教师积极探索和实践,借鉴先进的教育理念,不断总结经验,努力创造适应时代需求的教育模式和教学方式,为学生提供更好的教育和发展机会,培养出具有创新精神和实践能力的新时代人才。

动感数学通过实践性的学习活动和项目,让学生可以运用所学知识解决实际问题,培养创新思维和解决问题的能力。每个学生都是独特的个体,他们具有不同的学习风格、兴趣爱好和学习能力。动感数学注重个性化教育,教师应根据学生的差异性,灵活调整教学内容和方法,使每个学生都能得到个性化的学习体验和教育资源。

因此,动感数学追求向活动领域延伸、向思想方法拓展,其教学方式是一种全新的"无界教学",主旨是育人,是培育学生的数学核心素养。动感数学无论是教学目标、学习角色、学习时空、学习策略,还是课堂教学结构,都应实现积极的转型,是一种崭新的数学教学实践样态。它实现了知识延展、思维延展、文化延展、精神延展,它让数学知识变得丰富多彩,让知识呈现变得真实可见,让学生的数学学习变得活泼有趣,让数学课堂充满勃勃生机。

1. 知识延展,夯实数学教学之"本"

在动感数学教学中,知识目标不再设"天花板",知识学习不再设"流程图",知识研究不再囿于"一节课",而是向着学生可接受的知识区域延伸、拓展。知识延展,能够夯实数学教学之"本",它既包括横向拓展,如探寻知识间的联系、赋予知识的内涵、形成知识的生活化思考等,也包括纵向深化,如展示知识背景、探寻知识走向、展现知识形成过程等,让学生经历知识"从哪来""是什么""到哪去"完整的学习过程,发展学生的数学思考和理性思维,进而构建、完善、发展学生的数学认知结构、实践能力。

2. 思维延展,挖掘数学教学之"源"

思维延展能够让数学思维真正像体操一样"舞动"起来。动感数学教学中,教师要找准学生数学学习的思维起点,掌握学生数学思维的方向,洞察学生数学思维的方法。让学生通过操作,理解抽象事物的数量特征和图形特征,在"听""看"的基础上增加"做",变"被动接受"为"主动探究",找准学生数学思维的特点,最大限度地激活学生的思维,拓展学生的思维空间。动感数学引领学生思维"触角"多向延伸,让学生的数学思维更开阔、更灵动、更有深度。

3. 文化延展,留住数学教学之"根"

数学课程是人类宝贵的财富,学生的数学文化不是一朝一夕就能培养起来的,而是需要一个长期的循序渐进的过程。动感数学启发于我国汉字的象形创造以及如戏剧、歌舞等形式的传统文化表达,认识到事物呈现方式对学习与传承的重要性,通过让数学"动"起来,改造数学原有的高度抽象、严密逻辑等呈现形态,把概念变得容易理解,把解题方法改进得好用,使之更适宜于教学和学习。动感数学教学不仅给学生带来了全新的知识体验、思维体验,而且能给学生带来鲜活的文化体验、文化渗透、文化延展,能够留住数学教学之"根"。动感数学结合数学文化的特征,把握情境性、直观性、实践性、互动性、可视性、主体性原则,在教学中拓宽学生数学文化视野,提高学生数学文化素养。

4. 精神延展,追寻数学教学之"魂"

数学教学的最高境界是让学生通过数学学习,努力寻找数学学习中能激发学生学习动力的因素,让学生体验数学的魅力,爱上数学,乐于学习数学。动感数学在教与学的过程中,借助数学软件和实用工具,动态呈现数学知识,通过鼓励学生"多感官参与"活动,让学生享受完整的学习过程,激发学生学习数学的积极性。动感数学教学解决了学生认知与情感、动脑与动手、抽象思维与形象思维等发展的不平衡问题,使数学知识的呈现可视化,体现学科特有的教育形态。动感数学教学发展了学生数学分析、评价、创造等高阶思维,提升了理性思维、科学精神和创新能力,培养了正确人生观、价值观、世界观,达成数学学科育人之目标。动感数学教学追寻数学学习的精神引领,像树木扎根一样,让数学之"魂"在学生心中留下根基。

(二)感知理解的实践样态

初中数学以严密的符号体系、独特的公式结构、形象的图像语言等形式呈现,具有高度抽象、严谨逻辑、广泛应用等特点。对数学的感知理解是一种结构化的学习能力,具备过程性、默会性和层次性的特征,它搭建起数学知识与数学能力的桥梁,在教与学中均有重要意义,既存在于学习过程之中,也体现为学习结果。如果从哲学内涵的角度感知理解数学,即明白数学的哲学或内涵上的意义,我们就能更深刻、更本质地感知理解数学。如果从直观图形的角度感知理解数学,即通过直观的方式和图形来感知理解数学,我们就能更具体形象地感知理解数学。如果从逻辑推理的角度感知理解数学,即通过数学理论体系中定理证明和性质运算的方法来感知理解数学,我们就能掌握数学思想和方法论,就能系统化和结构化地感知理解数学理论体系。如果从数学实践应用的角度感知理解数学,即通过数学在各个学科和领域的应用来感知理解数学,我们就能应用数学思维和工具解决问题。

动感数学教学,主张从数学的哲学内涵、直观图形、逻辑推理、实践应用的角度去感知理解数学,形成感知理解的实践样态,引导学生发现数学之美,感受数学之趣,培养学生的抽象能力、推理能力、运算能力。

人们对客观事物的认识要经历从感性认识到理性认识的阶段。因此我们接触事物时,是先通过感官产生感觉和印象,然后在感性认识的基础上反复经过比较、分析、综合、概括、抽象、判断和推理等一系列思维活动,再逐步认识事物的本质和内部联系,从而形成结论,获得认知。由此可见,数学结论是数学理论的核心和精华,因此,理解和掌握基本的数学结论也应该是一个漫长的认识和实践的过程。动感数学强调对数学的认识都要经历实践、认识、再实践、再认识的不断升华的过程,要充分了解结论的来龙去脉,不断感知理解,并学会如何应用这些数学结论来分析和解决数学问题以及实际问题。

例如,对于2012苏科版数学八年级下册"12.1　二次根式"教学内容,在2015苏科版数学实验手册八年级下册实验课"拼正方形"中对"二次根式的性质$(\sqrt{a})^2=a(a\geqslant 0)$"的感知理解进行拓展延伸,借助数形结合,让学生经历感知理解的数学"再发现"的过程,创新教学样态,动态呈现从具体到抽象、从特殊到一般、从简单到复杂、从感性到理性,对结论的本质属性进行感知理解。

【教学目标】

①通过剪纸、拼图将小正方形剪拼成大正方形,体会二次根式性质的几何意义,进一步理解二次根式的性质;

②探索剪拼的具体操作方法和步骤,获得成功的体验,在探究"数到式"的推广过程中感受用字母表示数的优越性和必要性;

③发展学生的创新意识、应用意识与实践能力,感悟数学的思想方法,逐步养成从数学角度观察现实问题的能力。

【教学重点与难点】

重点:在图形直观展示中加深学生对二次根式性质$(\sqrt{a})^2=a(a\geqslant 0)$的

理解。

难点:通过将两个不同的正方形剪拼成一个大正方形,进一步加深学生对二次根式性质$(\sqrt{a^2+b^2})^2=a^2+b^2$的理解。

【教学方法与手段】

通过小组合作交流,探索剪拼问题中所蕴含的数学规律,经历数学"再发现"的过程,让数学知识的呈现可视化。

【教学过程】

(1) 情境引入

一位聪明的木匠,把如图1-3-1所示的一块木板(每个小正方形的边长都为1)锯成三块,拼成一个正方形的桌面(没有浪费木料),想一想他是怎么锯、怎么拼的?

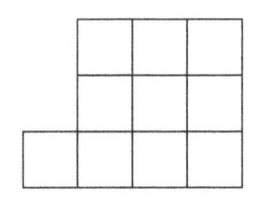

图 1-3-1

【设计意图】

结合生活实际创设情境,设置难题,引发学生分析思考:这块木板由10个小正方形组合而成,面积是10,要将这块木板锯开并拼接成一个正方形,边长将是一个无理数,如何锯?如何拼?设置该生活化情境,激发了学生探求知识的好奇心,引发学生进行数学思考,找到数学学习的起点,自觉经历学习过程。

(2) 问题探究

探究一:利用方格纸拼正方形

操作1:

将如图1-3-2所示的方格纸片(每个小正方形的边长都为1)中的涂色部分剪开,分别拼成一个正方形,粘贴在白纸上。

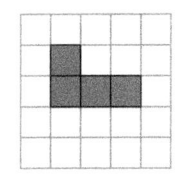

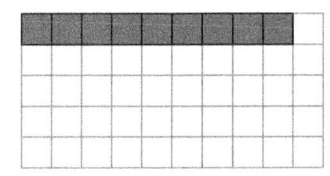

图 1-3-2

拼成的正方形面积各是多少？其边长如何表示？从中你发现了什么？

【设计意图】

第一个涂色部分，面积为4，是一个平方数，因为$2^2=4$，所以将它剪开后拼成一个边长为2的正方形。

第二个涂色部分，面积为9，是一个平方数，因为$3^2=9$，所以将它剪开后拼成一个边长为3的正方形。

利用这两个涂色部分进行正方形剪拼(图1-3-3)，较为简单，该操作主要是鼓励学生动手"做"数学，感受通过剪纸、拼图将小正方形剪拼成大正方形的步骤：先计算大正方形的面积，确定大正方形的边长，然后根据大正方形的边长进行剪拼。因为剪拼的大正方形边长是整数，所以操作比较简单，目的是激发学生的学习兴趣，为后续深入学习做好铺垫。

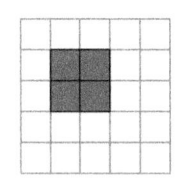

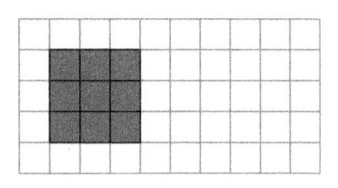

图1-3-3

操作2：

将如图1-3-4所示的方格纸片(每个小正方形的边长都为1)中的涂色部分剪开，拼成一个正方形，粘贴在白纸上。

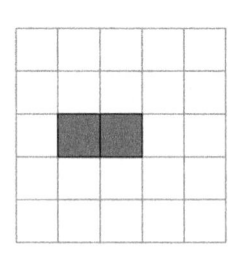

图1-3-4

拼成的正方形面积是多少？其边长如何表示？从中你发现了什么？

【设计意图】

这个涂色部分的面积为2，是一个非平方数，因为$(\sqrt{2})^2=2$，所以将它剪开后拼成一个大的正方形，其边长是一个无理数，为$\sqrt{2}$。对于线段$\sqrt{2}$的构造，需要一个等腰直角三角形，直角边长为1，利用勾股定理，可知其斜边为$\sqrt{2}$。构成这个大正方形的基本图形为 4 个直角边长为 1 的等腰直角三角形(图 1-3-5)。

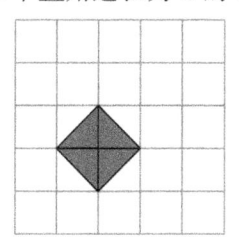

图 1-3-5

操作 3：

①将如图 1-3-6 所示的方格纸片(每个小正方形的边长都为 1)中的涂色部分剪开，拼成一个正方形，粘贴在白纸上。

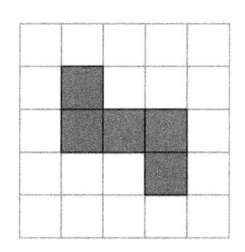

图 1-3-6

拼成的正方形面积是多少？其边长如何表示？从中你发现了什么？

【设计意图】

这个涂色部分的面积为 5，是一个非平方数，因为 $(\sqrt{5})^2 = 5$，所以将它剪开后拼成一个大的正方形，其边长是一个无理数，为 $\sqrt{5}$。对于线段 $\sqrt{5}$ 的构造，需要一个直角三角形，直角边长分别为 1 和 2，利用勾股定理，可知其斜边为 $\sqrt{5}$。所以，构成这个大正方形的基本图形为 4 个直角边长分别为 1 和 2 的直角三角形，以及一个边长为 1 的小正方形(图 1-3-7)。

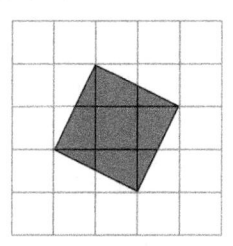

图 1-3-7

②将如图1-3-8所示的方格纸片(每个小正方形的边长都为1)中的涂色部分剪开,拼成一个正方形,粘贴在白纸上。

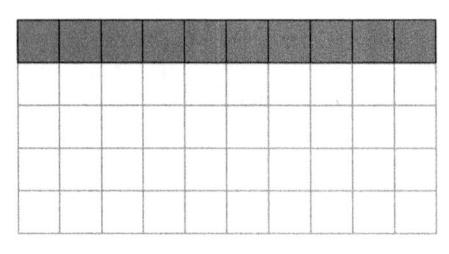

图 1-3-8

拼成的正方形面积是多少?其边长如何表示?从中你发现了什么?

【设计意图】

这个涂色部分的面积为10,是一个非平方数,因为$(\sqrt{10})^2=10$,所以将它剪开后拼成一个的正方形,其边长是一个无理数,为$\sqrt{10}$。对于线段$\sqrt{10}$的构造,需要一个直角三角形,直角边长分别为 1 和 3,利用勾股定理,可知其斜边为$\sqrt{10}$。构成这个大正方形的基本图形为 4 个直角边长分别为 1 和 3 的直角三角形,以及一个边长为 2 的小正方形(图1-3-9)。

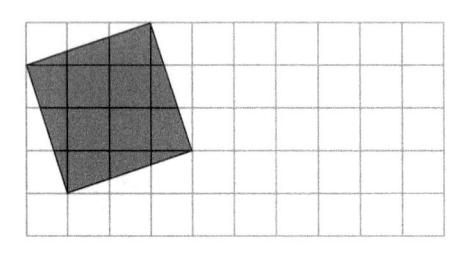

图 1-3-9

操作 4:

将如图 1-3-10 所示的方格纸片(每个小正方形的边长都为 1)中的涂色部分剪开,拼成一个正方形,粘贴在白纸上。

拼成的正方形面积是多少?其边长如何表示?从中你发现了什么?

【设计意图】

这个涂色部分的面积为 8,是一个非平方数,因为$(\sqrt{8})^2=8$,所以将它剪开后拼成一个的正方形,其边长是一个无理数,为$2\sqrt{2}$。对于线段$2\sqrt{2}$的构造,需要一个等腰直角三角形,直角边长为 2,利用勾股定理,可知其斜边为$2\sqrt{2}$。构成

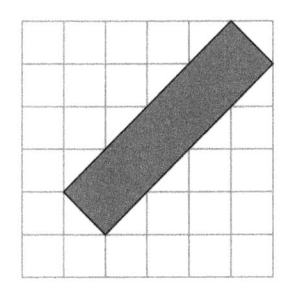

图 1-3-10

这个大正方形的基本图形为 4 个直角边长为 $2\sqrt{2}$ 的等腰直角三角形(图 1-3-11)。

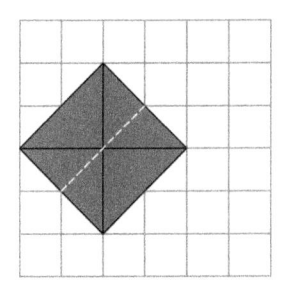

图 1-3-11

【说明】

①通过剪纸、拼图将小正方形剪拼成大正方形,获得剪拼的具体操作方法和步骤:先算提供的方格图形的面积 a(a 为非负数),确定剪拼后的大正方形的边长 $\sqrt{a}$,因为 $(\sqrt{a})^2=a$,在探究"数到式"的推广过程中感受用字母表示数的优越性和必要性。

②根据剪拼过程中出现的各种情况,提取基本图形,进行汇总观察(图 1-3-12),可以发现:基本图形含 4 个直角三角形或 1 个小正方形。其中直角三角形的形状可以根据大正方形的边长 $\sqrt{a}$ 确定,即直角三角形的斜边为 $\sqrt{a}$,设两条直角边分别为 x、y,满足 $\sqrt{x^2+y^2}=\sqrt{a}$。

如果 $x=y$,直角三角形为等腰直角三角形,则不需要正方形,用 4 个等腰直角三角形直角边重合拼起来,就可以成为一个大正方形。

如果 $x\neq y$ 且 $x>y$,则需要一个小正方形,其边长为 $x-y$,将 4 个直角三角形用边长为 x 的直角边与小正方形的边长重合,拼在小正方形的四周,就可以成为一个大正方形。

③通过拼图,利用数形结合,让学生体会二次根式性质的几何意义,发现并

二次根式的性质	基本图形

$(\sqrt{2})^2=2 \quad \sqrt{1^2+1^2}=\sqrt{2}$

$(\sqrt{5})^2=5 \quad \sqrt{1^2+2^2}=\sqrt{5}$

$(\sqrt{10})^2=10 \quad \sqrt{1^2+3^2}=\sqrt{10}$

$(\sqrt{8})^2=8 \quad \sqrt{2^2+2^2}=\sqrt{8}$

$(\sqrt{a})^2=a \quad \sqrt{x^2+y^2}=\sqrt{a}$

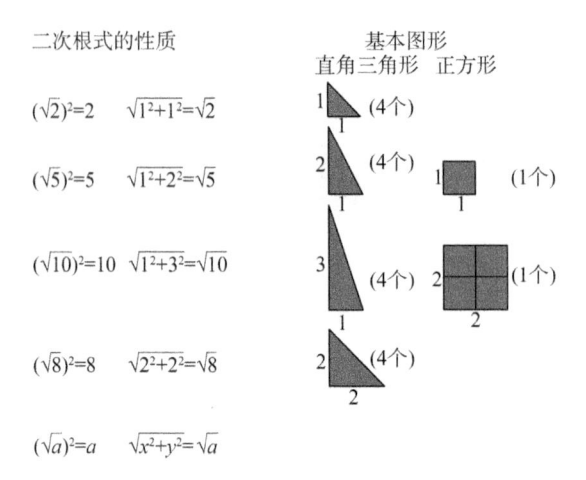

图 1-3-12

感知理解二次根式的性质:$(\sqrt{a})^2=a(a\geqslant 0)$。

探究二:用不同的小正方形拼大正方形

操作 5:

如图 1-3-13 所示的纸片(边长为 a 的一个正方形和边长为 b 的一个正方形,且 $a>b$),你能把它分割剪拼成一个大正方形吗? 如果能,拼成的大正方形的面积和边长分别是多少? 请将拼成的大正方形粘贴在白纸上。

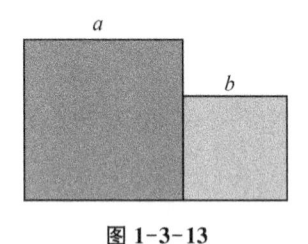

图 1-3-13

【分析】

因为提供的两个正方形的边长分别为 a 和 b,则两个正方形的面积分别为 a^2 和 b^2,即可知剪拼后的大正方形的面积为 a^2+b^2,确定其边长为 $\sqrt{a^2+b^2}$,所以 $(\sqrt{a^2+b^2})^2=a^2+b^2$。

根据前面探究发现的规律,因为 $a>b$,即 $a\neq b$,所以需要一个小正方形,其边长为 $a-b$,还需要四个直角三角形,直角边分别为 a 和 b,利用勾股定理,可知其斜边为 $\sqrt{a^2+b^2}$,即我们需要的大正方形边长。将四个直角三角形用边长为 a 的直角边与小正方形的边长重合,拼在小正方形的四周,就可以成为一个大正方形。但如何剪拼是关键,也是难点。

【操作】

因为需要一个边长为 $a-b$ 的小正方形,而 $a-b$ 是两个正方形的边长差,我们利用这个特征先构造、裁剪这个小正方形,这个小正方形在边长为 a 的正方形的右上角。

观察裁剪后剩余的纸片,发现边长为 a 的正方形被剪过的两边,其中与边长为 b 的正方形紧邻的一边为 b,另一边为 $a-(a-b)$,即也为 b;没有被裁剪的两边,边长保持 a 不变。当数据 a、b 出现,学生豁然开朗。我们需要的四个直角三角形,只要沿着边长为 $a-b$ 的小正方形的竖直裁剪线继续延伸裁剪,先得到两个长为 a,宽为 b 的矩形,将矩形沿对角线剪开,继而得到直角边分别为 a 和 b 的直角三角形,其斜边为 $\sqrt{a^2+b^2}$,裁剪如图 1-3-14 所示。

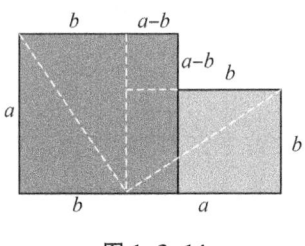

图 1-3-14

按照前面的裁剪线,我们可以进行剪拼,得到一个边长为 $\sqrt{a^2+b^2}$ 的大正方形,如图 1-3-15 所示。

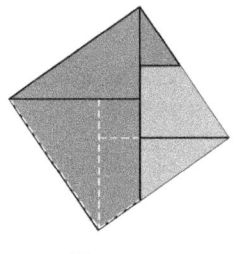

图 1-3-15

利用这次剪拼,我们从数学角度观察,还能发现,大正方形的面积有几种计算方式:①作为一个整体,面积为边长的平方,即 $(\sqrt{a^2+b^2})^2$;②从组合的角度看,是一个小正方形和四个直角三角形的组合,即 $(a-b)^2+4\times\dfrac{1}{2}ab$;③从提供的原始材料看,是两个正方形的面积和,即 a^2+b^2。将①②③结合在一起,帮助学生感知理解二次根式的性质$(\sqrt{a^2+b^2})^2=a^2+b^2$。而剪拼后呈现的图形正是勾股定理的证明方法之一,即《周髀算经》中的赵爽弦图,这张图也是 2002 年第 24 届国际数学家大会(ICM)的会标的灵感来源。本案例在教学中传播了数学文化,让学生感受数学之美,从而爱上数学。

【设计意图】

利用这个操作,学生将两个不同的小正方形剪拼成大正方形,探索归纳出剪拼的具体方法和步骤,获得成功的体验,在探究"数到式"的推广过程中感受用字母表示数的优越性和必要性。同时进一步体会到了二次根式性质的几何意义,深度理解二次根式的性质。

(3) 学以致用

学生通过剪纸、拼图将小正方形剪拼成大正方形,经历了动手操作,总结归纳剪拼的具体操作方法和步骤,最后回到情境引入的问题,利用所获知识解决实际问题。

【操作】

木板的面积为 10,是一个非平方数,因为$(\sqrt{10})^2=10$,所以将它剪开后拼成的一个正方形,其边长是无理数,为$\sqrt{10}$,构成这个大正方形的基本图形为四个直角边长分别为 1 和 3 的直角三角形,以及一个边长为 2 的小正方形。

因为只能锯成三块,所以确定裁剪的方法与拼接的图案如图 1-3-16 所示,可拼成一个正方形的桌面。

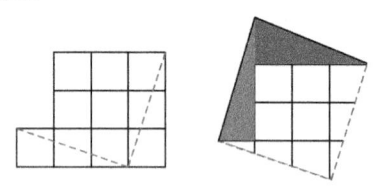

图 1-3-16

【设计意图】

通过解决实际问题,发展学生的创新意识、应用意识与实践能力,感悟数学的思想方法,培养高阶思维,逐步养成从数学角度观察现实问题的能力。

(三) 探索发现的实践样态

由于数学本身的高度抽象、严谨逻辑等特点,让一些初中学生感觉非常枯燥。著名心理学家布鲁纳指出:"探索是数学的生命线。"如果教师能引导学生主动探索，就能激发学生的求知欲，学生就可以在探索中自我发现，对问题进行分析与总结，从中发现有价值的东西，获得数学学习的乐趣。初中学生喜欢在教师的引导下自己去探索、去发现规律，更希望知道的是产生的现象和背后的原因，并通过自己的思考加以判断、归纳，甚至提出不同的看法。但传统的"灌输式"教学往往让学生被动地接受知识。长久下去，学生热衷于探索发现的特性会被抹杀。

动感数学考虑到初中学生的特征，立足于课堂教学实践，提出"探索发现"模式的教学过程，学生在教师创设的教学氛围下，自己独立地去认识、探索、发现、分析、归纳并解决问题，从而在获得知识的同时培养和发展了创造性思维和独立思考的能力。"探索发现"模式的教学过程，注重调动学生的主观能动性，体现学生的主体地位，指导学生在探索过程中发现数学规律，发展学生的几何直观能力、空间观念、数据观念，培养学生成为善于分析问题、归纳问题的新一代创新人才。

《义务教育数学课程标准（2022年版）》指出："学生的学习应是一个主动的过程，认真听讲、独立思考、动手实践、自主探索、合作交流等是学习数学的重要方式。"学生应当有足够的时间和空间经历观察、实验、猜测、计算、推理、验证等活动过程。

动感数学教学，是一种为研究与获得某种数学理论、验证某种数学猜想、解决某种数学问题，运用一定的物质手段，在特定的实验条件下进行数学探索活动，从而发现规律、提出猜想、验证猜想，并形成探索发现的实践样态。动感数学在教学中充分发挥学生的主体作用，使学生充分参与和体验知识技能，由"未知"到"已知"，由"不掌握"到"掌握"，在这一过程中，学生的各种素质得到和谐发展。教学中，学生始终处于一种积极参与、相互合作交流、用理论联系实际的状态，所以学生的思维、表达、实践、合作等能力都得以充分发展，尤其是探索中既需要发散思维，又需要聚合思维，学生的创造性思维能得到充分发展。因此，探索发现的实践样态会成为实施素质教育、改革传统教育模式的一条重要途径。

例如，2015苏科版数学实验手册八年级上册实验课"勾股定理的发现"课堂教学中，利用勾股定理演示器，观察器皿中各组"正方形"液体的变化，探索发现勾股定理。动感数学对于如何帮助学生探索发现数学规律、归纳表述数学规律有如下理解：通过实验操作，学生能够获得感性经验；通过验证实验结果，培养学生推理能力；通过表述实验结论，提升学生数学理解，获得实验感悟，实现课堂价值。

【教学目标】

①通过观察勾股定理演示器中各组"正方形"液体的变化，探索发现勾股定

理,并能应用勾股定理求直角三角形中未知边的长;

②经历用方格纸计算正方形面积的方法验证勾股定理的过程,体会数形结合的思想,感受勾股定理的文化价值;

③发展合情推理的能力,以及有条理地思考与表达的能力。

【教学重点与难点】

重点:通过实验操作,探索发现勾股定理,并进行验证、表述、应用。

难点:针对勾股定理演示器中各组"正方形"液体的变化,感受体、面、边之间的转化。

【教学方法与手段】

通过小组合作交流,鼓励学生"多感官参与"教学活动,探索发现勾股定理,动态呈现数学知识的发生、发展。

【教学过程】

1. 实验观察

勾股定理演示器如图1-3-17所示,由三个图形模型的塑料板组成,观察演示器模型的底面可以发现,其中,中间的图形由一个"直角三角形"以及分别以该"三角形"三条边为边长的"正方形"组成,以两条直角边为边长的"正方形"中注满蓝色液体;类似的,第一个图形中间为"钝角三角形",第三个图形中间为"锐角三角形"。

图 1-3-17    图 1-3-18

(1) 实验操作

如果将演示器倒过来放置,如图1-3-18所示,观察液体的流动,待液体流动稳定后,观察液体的变化,你看到了什么?想到了什么?有什么发现?

学生观察后发现,液体从两个小长方体流向大长方体。其中,中间图形是锐角三角形的,两个小长方体的水注满大长方体后还有多余;中间图形是直角三角形的,两个小长方体的水正好注满大长方体;中间图形是钝角三角形的,两个小长方体的水全部流向大长方体后,还是未能注满大长方体。

【设计意图】

利用实验器材演示液体流动的过程,引起学生的注意,促使学生的学习过程成为自己探索和发现的过程,让学生体验"发现"的乐趣,在操作中获得知识,激发求知欲。

(2)观察思考

根据观察到的液体流动情况,思考以下问题:

①在 3 个模型中,各组"长方体"体积之间分别有怎样的数量关系?

②在 3 个模型中,各组"正方形"面积之间分别有怎样的数量关系?

【分析】

如果将各组的"长方体"体积分别按大小标注为"1""2""3"(图 1-3-19),可以通过完善表 1-3-1,说明各组"长方体"体积之间分别有怎样的数量关系、各组"正方形"面积之间分别有怎样的数量关系。其中,对于各组"长方体"体积之间的数量关系,直接观察液体流向可得;对于各组"正方形"面积之间的数量关系,可利用器皿等高的特点,将体积之间的数量关系转化为面积之间的数量关系。观察表1-3-1中的数量关系,可以发现中间图形是直角三角形的,体积、面积的数量关系均表现为等量关系,需要重点关注。

图 1-3-19

表 1-3-1

中间图形形状		锐角三角形	直角三角形	钝角三角形
数量关系	体积	$V_1+V_2>V_3$	$V_1+V_2=V_3$	$V_1+V_2<V_3$
	面积	$S_1+S_2>S_3$	$S_1+S_2=S_3$	$S_1+S_2<S_3$

【设计意图】

通过实验操作,让学生获得直观感受,根据观察思考获得感性经验,围绕研究对象发现体积之间的数量关系,进而转化为面积之间的数量关系,从而发现中间图形是直角三角形的模型液体流动情况的特殊性,成为重点探究的内容。通过对实验现象进行观察,指导学生抓住本质,在复杂中见简单,在直观中见抽象。

2. 猜想发现

(1)动手操作

根据勾股定理演示器呈现的实验结果,我们将研究对象转化为平面图形进行探究。

如图 1-3-20 所示，方格纸中每个小方格的边长为 1，画一个任意直角三角形（顶点均在格点上），两直角边长分别记为 a、b，斜边长记为 c，分别以这个直角三角形的各边为边向三角形外部画正方形，探索这三个正方形面积之间的数量关系。

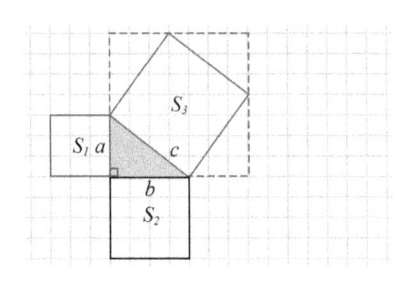

图 1-3-20　　　　　　　　　　图 1-3-21

根据操作要求，学生给出多种画法，其中两条直角边长分别为 3 和 4 的画法居多，我们就以此为例进行探究。分别以这个直角三角形的各边为边向三角形外部画正方形，3 个正方形的面积分别记为 S_1、S_2、S_3（图 1-3-21）。利用直角边长为 3 的边画出的正方形面积 $S_1=9$，利用直角边长为 4 的边画出的正方形面积 $S_2=16$，因为不知道斜边长是多少，所以利用斜边画出的正方形，可以采用割补法求得面积 $S_3=25$，从数字大小的角度发现存在数量关系 $9+16=25$，于是，得出结论 $S_1+S_2=S_3$，即 $a^2+b^2=c^2$。

接着，继续让以其他画法为呈现形式的同学进行交流展示，同样获得结论 $S_1+S_2=S_3$，即 $a^2+b^2=c^2$。

(2) 观察猜想

结合上述通过动手操作得出的结论，我们大胆猜想，如果去除方格纸，失去利用方格纸辅助计算的功能，这个数量关系是否依然存在？即如图 1-3-22 所示，在 Rt△ABC 中，已知 $\angle ACB=90°$，$BC=a$，$AC=b$，$AB=c$，$a^2+b^2=c^2$ 是否同样成立？

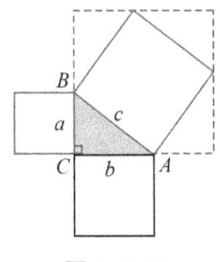

图 1-3-22

【设计意图】

这一环节,结合勾股定理的学习内容,借助实验工具,以学生"多感官参与"为活动形式,鼓励学生通过细致观察研究对象,辨析表面问题的内在联系,即直角三角形的三边关系,进而提出变化前后可能的因果关系猜想,即 $a^2+b^2=c^2$。改变了数学知识静态冰冷的呈现方式,使之更加形象直观。

3. 验证结论

著名数学家波利亚曾说过:"在数学领域中,猜想是合理的,值得尊重的,是负责任的态度。在有些情况下,猜想比教会证明更重要,有了猜想,更能激发学生的探索欲望。"但只有猜想而无法验证的是空想,因此对于在探究活动中猜想出来的结论:在 Rt△ABC 中,已知∠ACB=90°, $BC=a$, $AC=b$, $AB=c$,则 $a^2+b^2=c^2$,还需验证,体现数学的严谨性。

采用在方格纸中计算以斜边为边的正方形面积的方法(图 1-3-22),即用割补法计算正方形的面积,能够证明这一结论的正确性。

以斜边为边的正方形的面积,可以看成是用虚线框出来的大正方形面积减去四个直角三角形的面积,其表达式为 $(a+b)^2-4\times\frac{1}{2}ab=a^2+b^2$;斜边上正方形的面积,表达式为 c^2。结合两种面积的表达形式,得到 $a^2+b^2=c^2$,即验证结论正确:在 Rt△ABC 中,已知∠ACB=90°, $BC=a$, $AC=b$, $AB=c$,则 $a^2+b^2=c^2$。

【设计意图】

对于通过动手操作、猜想得出的数学结论,不可替代推理论证,必须利用"数学工具"再进行逻辑验证。我们通过两种计算以斜边为边的正方形面积的方法,验证 $a^2+b^2=c^2$ 的正确性,在此过程中培养学生严谨的数学推理能力,感受数形结合的思想。

4. 归纳描述

(1) 表述结论

动感数学探究的最终任务,除了对探究过程中所收集的数据进行分析和处理,从而得出某些规律、找到某种关系,准确表述探究得出的结论,也是动感数学探究的一个重要环节。

针对图 1-3-22 推理验证得出的结论,即勾股定理,我们抓住其本质与核心,围绕直角三角形这个研究对象,去除分别以这个直角三角形的各边为边向三角形外部画的三个正方形,得到图 1-3-23,引导学生用语言表述三条边的数量关系。

图 1-3-23

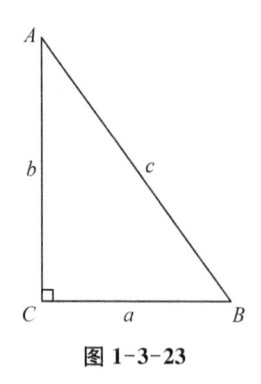

用文字语言表述为：

直角三角形两条直角边的平方和等于斜边的平方。

用数学语言表述为：

在 Rt△ABC 中

∵ $\angle ACB = 90°$

∴ $a^2 + b^2 = c^2$

【设计意图】

数学是包含数字、符号、文字的结构体系，对通过探究得出的数学结论进行语言表述，可以提高学生的概括能力，培养对"数与符号"的理解。尤其是对于具体数学问题的解决而言，数学语言的表述可以帮助读者明白问题的条件与结论，弄清由条件到结论的每一步骤的依据，领悟体会步骤与过程中运用的思想方法，用得出的结论或方法解决其他问题，并作变通与推广，实现用数学的语言描述现实世界。

(2) 数学文化

数学文化是指数学的思想、精神、方法、观点、语言，以及它们的形成和发展。除上述内涵以外，还包含数学家、数学史、数学美、数学教育、数学发展中的人文成分、数学与社会的联系、数学与各种文化的关系等等。当数学文化的魅力真正渗入教材、嵌入课堂、融入教学时，数学就会更加平易近人，数学教学就会通过文化层面让学生进一步理解数学、喜欢数学、热爱数学。

【勾股史话】

在学生探究学习勾股定理后，教师可以向学生介绍勾股定理的相关文化。勾股定理的起源可以追溯到公元前 11 世纪左右，当时古希腊的学者研究了一类特殊的三角形，在这个三角形中，有一个角是 90 度的角，另外两个角是锐角。毕达哥拉斯学派发现，对于任何一个直角三角形，直角边的平方和等于斜边的平方，这就是勾股定理的基本形式。

教师可以用图 1-3-24 介绍数学文化。我国也是最早了解勾股定理的国家之一。中国古代把直角三角形中较短的直角边叫做"勾",较长的直角边叫做"股",斜边叫做"弦"。早在 3 000 多年前,周朝数学家商高就提出"勾三股四弦五",它被记载于我国古代著名的数学著作《周髀算经》中,比毕达哥拉斯早了 500 多年。

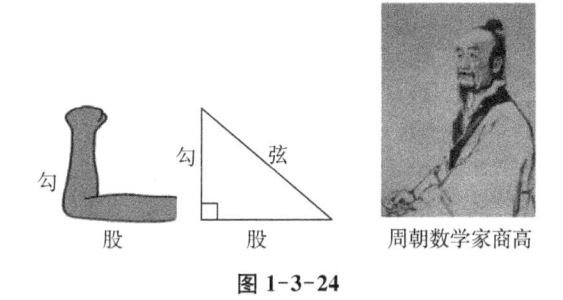

图 1-3-24

【设计意图】

通过介绍勾股史话,让学生了解中国古代数学在数理思维、几何学、算术、代数和应用数学等方面丰富的成就和独特的特点,中国古代数学强调实用性、几何重视、经验主义和文化传承,为世界数学发展作出了重要贡献,并且这些特点在一定程度上影响了后世数学思维和发展,以此厚植爱国主义,增强学生学习数学的信心,激发学生学习热情。

5. 学以致用

【练习】

如图 1-3-25 所示,在 Rt△ABC 中,已知∠ACB=90°,BC=a,AC=b,AB=c。

(1) 若 $a=6,b=8$,求 c。

(2) 若 $a=5,c=13$,求 b。

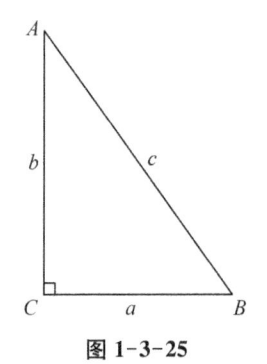

图 1-3-25

【分析】

问题(1),直接利用勾股定理 $a^2+b^2=c^2$,求得斜边 c;

问题(2),将勾股定理表达式 $a^2+b^2=c^2$,变形为 $b=\sqrt{c^2-a^2}$,求得 b。

6. 延伸拓展

回到利用勾股定理演示器观察思考部分,继续思考。

在三个模型中,各个三角形的三边分别有怎样的数量关系?将表1-3-1继续完善,形成新表1-3-2,让学生感受锐角三角形、钝角三角形的三边关系,引导学生课后自主进行探索发现,感受分类讨论、从特殊到一般等数学思想,体会"体到面""面到边"的转化。

表 1-3-2

形状		锐角三角形	直角三角形	钝角三角形
数量关系	体积	$V_1+V_2>V_3$	$V_1+V_2=V_3$	$V_1+V_2<V_3$
	面积	$S_1+S_2>S_3$	$S_1+S_2=S_3$	$S_1+S_2<S_3$
	三边	$a^2+b^2>c^2$	$a^2+b^2=c^2$	$a^2+b^2<c^2$

我们常说数学具有抽象性,是因为数学撇开了对象的具体内容,而仅仅保留数量关系和空间形式。本次探究活动中,我们利用勾股定理演示器,从研究对象中抽取出数量关系而舍弃其他的属性,进行推理、逻辑构建,抽象出勾股定理,是抽象思维的产物。数学研究的对象是具有高度抽象性的数量关系和空间形式,具有严谨的逻辑性,所以抽象出来的结论是经过了严格的逻辑推理证明才被承认,并加以应用。

初中学生的考虑问题的方式和思维习惯正在逐渐成熟,这一阶段数学学习能力的培养,对于学生未来学习数学有很大影响。善于探索发现和归纳总结成规律性的东西,不仅能使学生感觉学习数学知识非常轻松,并且还能有效激发学生学习数学的兴趣,拓展数学思维的深度。

(四)问题解决的实践样态

数学模型是运用数理逻辑方法和数学语言建构的科学或工程模型,是关于部分现实世界和为一种特殊目的而作的一个抽象的、简化的结构。数学模型的历史可以追溯到人类开始使用数字的时代,从人类使用数字开始,就不断地建立各种数学模型,以解决各种各样的实际问题,建构数学模型是沟通实际问题与数学工具之间必不可少的桥梁。应用数学建模剖析问题,可以更便利地得出解决问题的方法,将数学建模的抽象理论实例化、活泼化。因此,问题解决的实践样态注重培养学生的模型观念、应用意识、创新意识,并提升学生的抽象思维、逻辑思维和创新能力,提高解决问题的能力。

数学模型是为了某种目的,用字母、数字及其他数学符号建立起来的等式或不等式以及图表、图像、框图等描述客观事物的特征及其内在联系的数学结构表达式。数学模型将现实问题归结为相应的数学问题,并在此基础上利用数学的概念、方法和理论进行深入的分析和研究,从定性或定量的角度来刻画实际问题,并为解决现实问题提供精确的数据或可靠的指导。

美籍匈牙利数学家乔治·波利亚在《怎样解题》中启发学生:解决数学问题要善于联想——你以前见过它吗?你是否知道与此有关的问题?你是否知道一个可能用得上的定理?这里有一个与你现在的问题有联系且早已解决的问题,你能不能利用它?你能利用它的结果吗?你能利用它的方法吗?……以上启发性问题,其实质是"看到问题,唤醒知识;建构模型,解决问题;类比应用,发展思维"。

例如,在专题"轴对称视角下线段和的最小值问题"的课堂教学中,通过真实的问题情境让学生明确学习任务,唤醒知识的生长点,点燃数学思维的火花;对线段和的最小值进行一系列层次性的探索,让学生经历直观想象、动手操作、逻辑推理的过程,搭建数学思维的桥梁,找到解决问题所需的铺垫方法;通过点拨疑难困惑,经历延伸拓展,开拓数学思维的宽度;学会建构数学模型,获得解决问题的策略,提升数学思维的高度。

1. 利用生活情境,唤醒知识生长点,点亮数学思维的火花

情境是指在一定时间内各种情况的相对的或结合的境况。教学情境是指教师在教学过程中根据教学内容、借助教学手段创设的情感氛围,使学生产生身临其境的感受,是课堂教学的基本要素。在教学轴对称视角下线段和的最小值问题时,教师可以通过创设简单真实、贴近学生实际生活的问题情境,唤醒学生有关最值的知识记忆。

情境1:如图1-3-26所示,从甲地到乙地有三条路,走哪条路相对近一些?并说明理由。

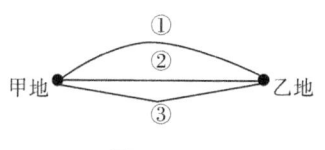

图1-3-26

情境2:如图1-3-27所示,污水处理厂要从 A 处把处理过的水引入排水沟 PQ,应如何铺设排水管道,才能使用料最省?试画出铺设管道的路线,并说明理由。

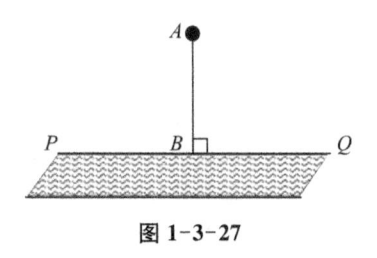

图 1-3-27

【设计意图】

通过设计与教学内容相关联的生活情境,唤醒学生有关的基本数学知识的记忆,点亮学生思维的火花,为后续探索提供理论依据。利用情境1,获得基本事实:两点之间,线段最短,强调两点之间的最小值问题;利用情境2,过点 A 作 $AB \perp PQ$,垂足为点 B,线段 AB 即为用料最短管道,从而获得基本事实:垂线段最短,强调点到直线的最小值问题。

在解决情境问题时,教师要抓住知识的生长点,引导学生发展数学思维,培养学生科学的态度和理性精神。

2. 明确学习任务,进行层次性探索,搭建数学思维的桥梁

任务驱动是建立在建构主义教学理论基础上的,有利于培养学生自主学习与协作学习能力的教学方法。初中生的数学学习活动必须与任务或问题相结合,让学生带着具体的任务去自主学习与协作学习,借助探索问题来驱动和维持学生学习的兴趣和动机。

在研究轴对称视角下线段和的最小值问题时,利用"两点之间,线段最短"解决"牧童饮牛"这个经典的实际问题,构建相应的数学模型,并在此基础上进行类比探究,搭建数学思维的桥梁,层层深入,以此培养学生的数学思维能力。

2.1 数学模型1:已知直线异侧两定点,找一动点

如图1-3-28所示,在 A 村庄和 B 村庄之间有一条小河(看作直线 l)。夕阳西下,牧童想从 A 村庄到河边,让牛饮足水,然后回到在 B 村庄的家。请你帮牧童找到饮水点 P,使回家路线最短,并给出你的理由。

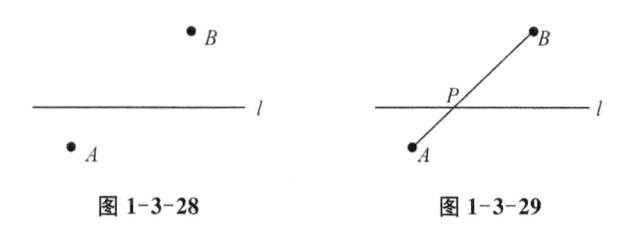

图 1-3-28　　　　　图 1-3-29

【分析】

我们将 A 村庄与 B 村庄看成两个固定的点,位于直线 l 的异侧,要在直线 l 上找一个点到这两个点的距离和最小,利用"两点之间,线段最短",只需连接这两个点,与直线 l 的交点即为所求点 P(图 1-3-29)。

2.2 类比探究:选址造桥

如图 1-3-30 所示,如果 A 村庄和 B 村庄之间隔着的小河宽 a 米(设定 a 是一个已知数),现在需要在河面上架设一座桥(桥面与河岸垂直),牧童从 A 村庄出发走到桥边,让牛饮足水,然后过桥回到在 B 村庄的家。那么这座桥应架在何处,才能使牧童所走的总路程最短?

【分析】

先让学生试着通过直观想象画出牧童的行程示意图,如图 1-3-31 所示,那么如何确保牧童所走的总路程最短,即 $AC+CD+BD$ 最小?这里的 CD 是固定的值,只要 $AC+BD$ 最小即可,类比数学模型 1,想办法将分散的线段 AC、BD 聚拢在一起。假设河宽忽略不计,即将河的一岸平移到对岸,利用动画演示平移过程,在平移过程中点 A 平移到点 A_1,构建出数学模型 1 的基本图形。问题转化为寻找点 A_1 到点 B 的最短路程,连接 A_1B 交对岸于点 D,过点 D 作两岸间的垂线段 CD,CD 即所架设的桥,然后动画演示恢复河宽过程,发现 A_1D 平移到 AC 上,即 $A_1D=AC$,所以 $AC+CD+BD=A_1D+CD+BD=A_1B+CD$ 最小。

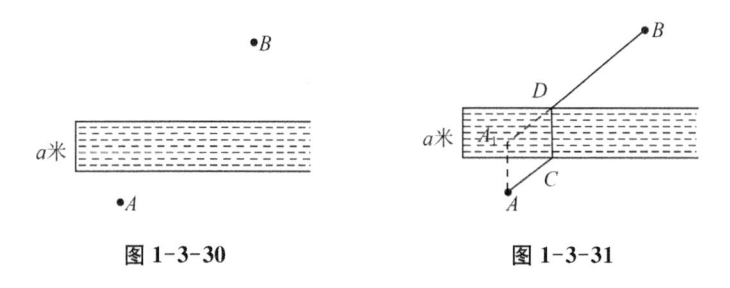

图 1-3-30

图 1-3-31

【设计意图】

本题实质还是已知直线异侧两定点,在直线上找一动点,求线段和的最小值。让学生在解题过程中感知所用方法——平移不变量,聚拢分散线。

2.3 数学模型 2:已知直线同侧两定点,找一动点

如图 1-3-32 所示,一条小河(直线 l)的同侧有 A 和 B 两个村庄。夕阳西下,牧童想从 A 村庄到河边,让牛饮足水,然后回到在 B 村庄的家。请你帮牧童找到饮水点 P,设计一个最短路线,并给出你的理由。

【分析】

我们将 A 村庄与 B 村庄看成两个固定的点,位于直线 l 的同侧,要在直线 l 上找一个点到这两个点的距离和最小。如图 1-3-33 所示,作点 A 关于直线 l 的对称点 A',即利用轴对称将点 A 翻折到直线 l 的异侧,得到点 A',变成数学模型 1,连接 $A'B$ 交直线 l 于点 P,根据轴对称性质可知 $PA=PA'$,则 $PA+PB=PA'+PB=A'B$。另取一点 P',连接 $P'A$、$P'B$,根据轴对称性质可知 $P'A=P'A'$,则 $P'A+P'B=P'A'+P'B$,很明显 $PA'+PB$ 在一直线上最短。

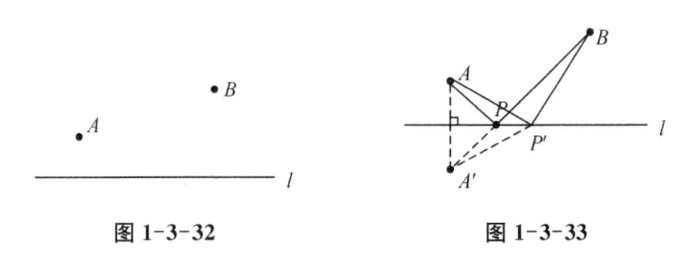

图 1-3-32   图 1-3-33

【设计意图】

本题实质是已知直线同侧两定点,在直线上找一动点,求线段和的最小值。在解题过程中感知所用方法——作轴对称,拉直为线段;理由:两点之间,线段最短。

借助牧童饮牛的问题情境,明确学习任务,研究线段和的最小值问题,通过变式与类比,说明解决实际问题应先建立数学模型。

3. 点拨疑难困惑,经历延伸拓展,开拓数学思维的宽度

数学教学不仅要向学生传授知识与技能,更要传授数学思想和方法,重视培养学生的思维能力、创新意识和情感价值观,要体现思维的主动性和创造性。教学中面对知识的疑难点,学生会茫然不知所措,或四处"出击"却一无所获,教师应遵循学生思维发展的规律,通过点拨思维方向与思考方法,帮助学生拓宽思维路径。

继续以牧童饮牛为背景,开展系列数学活动,适时进行知识延伸拓展,给学生留下思维发展的空间。

数学模型 3:已知平面内一定点,找两动点

例 1:(1) 如图 1-3-34 所示,已知 $\angle AOB$ 内部点 P 处拴着一头牛,牧童先牵牛去草地(OB 上)吃草,再去河边(OA 上)饮水,然后回到点 P,请你帮牧童设计最短路线(要求画出图形)。

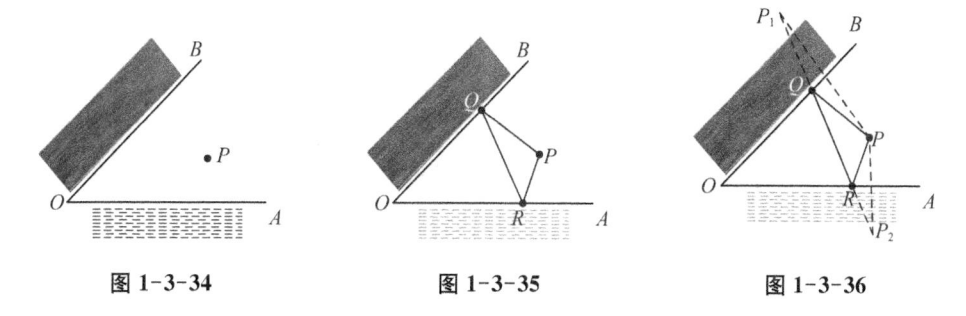

图 1-3-34　　　　　　图 1-3-35　　　　　　图 1-3-36

【分析】

先让学生试着画出牧童的行程示意图,如图 1-3-35 所示,使 $PQ+QR+PR$ 最短,定点是点 P,求两动点 Q,R,将问题转化为一定点两动点的问题。怎样使三条线段的和最小？结合之前总结的方法：作轴对称,拉直为线段；两点之间,线段最短。考虑作哪个点关于哪条直线的对称点,通过翻折找到与之相等的线段。

如图 1-3-36 所示,在 OB 上取动点 Q,则将 OA 与 OB 视为重合,作点 P 关于 OB 的对称点,使点 P 翻折到直线 OB 的异侧点 P_1；在 OA 上取动点 R,则将 OB 与 OA 视为重合,作点 P 关于 OA 的对称点,使点 P 翻折到直线 OA 的异侧点 P_2。这时, P_1, P_2 两点在 $\angle AOB$ 两边的异侧,连接 P_1P_2,交 OB 于点 Q,交 OA 于点 R,则 $PQ+QR+PR=P_1Q+QR+P_2R=P_1P_2$ 最短。

（2）若 $\angle AOB=45°$, $PO=10$,求路线的最小值。

【分析】

根据所作图形,连接 OP_1、OP_2、OP,利用轴对称性质,可知 $\angle P_1OB=\angle POB$, $\angle P_2OA=\angle POA$, $OP_1=OP_2=OP=10$,则 $\angle P_1OP_2=2\angle POB+2\angle POA=2\angle AOB=90°$,所以 $PQ+QR+PR=P_1P_2=10\sqrt{2}$。

例 2：如图 1-3-37 所示,在锐角 $\triangle ABC$ 中, $AB=4$, $AC>AB$, $\angle BAC=45°$, $\angle BAC$ 的平分线交 BC 于点 D, M、N 分别是 AD 和 AB 上的动点,求 $BM+MN$ 的最小值。

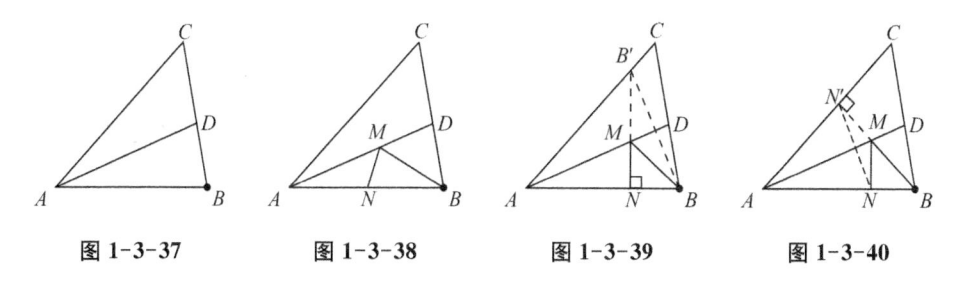

图 1-3-37　　　图 1-3-38　　　图 1-3-39　　　图 1-3-40

【分析】

先让学生试着画出符合题意的草图(图 1-3-38),这里定点是点 B,求两动点 M、N,问题的本质还是一定点两动点的问题。因为 AD 是 $\angle BAC$ 的平分线,所以可将 AD 看作对称轴,作关于直线 AD 轴对称的点,通过翻折找到对应相等的线段,因为条件限制只能得到定点 B 的对称点。要作出所求的两个动点,不仅要利用"拉直为线段,求线段和的最小值",还需利用"垂线段最短"。

方法 1:如图 1-3-39 所示,作点 B 关于直线 AD 的对称点 B',根据角平分线的轴对称性,点 B' 在直线 AC 上,过点 B' 作直线 AB 的垂线段 $B'N$,垂足为点 N,交 AD 于点 M,则 $BM+MN=B'M+MN=B'N$ 最短。

方法 2:如图 1-3-40 所示,对于预设的点 N,可作关于直线 AD 的对称点 N',根据角平分线的轴对称性,点 N' 在直线 AC 上,只要确保点 N'、M、B 在一直线上,且 $BN' \perp AC$ 即可,则 $BM+MN=BM+MN'=BN'$ 最短。

【说明】

通过对两种方法进行比较,发现方法 1 比较好,应尽量作定点 B 的对称点,因为动点 N 存在不确定性。该问题利用轴对称性作对称点后,虽然可以将线段拉直,但因为只有一个定点,作出对称点后,还要注意利用"垂线段最短"等基本事实。

【设计意图】

例 1、例 2 涉及的元素较多,学生独立解决有困难。教学中应引导学生根据条件画出草图,利用数学知识的生长点"两点之间线段最短""垂线段最短"进行具体化的数学构思,在思考问题和解决问题的过程中,学会构建数学模型,透过现象看本质,培养科学独特的数学思维方式。

4. 通过归纳感悟,实现问题解决,提升数学思维的高度

数学专题课是课堂教学的重要补充,本节课通过对线段和的最小值进行一系列层次性的探索,梳理问题所涉及的定点与动点,以及它们之间的位置关系;让学生经历直观想象、动手操作、逻辑推理,找到解决问题所需的铺垫方法;构建数学模型,帮助学生整体把握转化思想,提升数学思维的高度,最终获得解决问题的策略;对于直线同侧的点,无论是已知两定点求一动点,还是已知一定点求两动点,都应通过轴对称转化成直线异侧的点,从而求得线段和的最小值。在解题过程中,可以用一些通俗易懂的语言总结归纳解题技巧,如"平移不变量,聚拢分散线""作轴对称,拉直为线段"等,最终用流程图简单扼要说明解决"轴对称视角下线段和的最小值问题"的途径(图 1-3-41)。

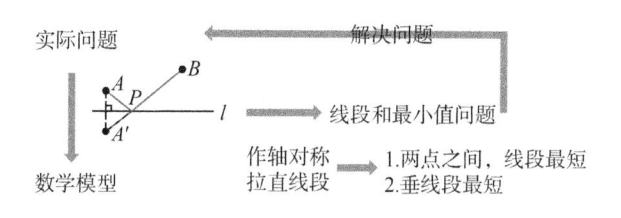

图 1-3-41

在轴对称视角下，探索线段和的最小值问题，通过专题教学培养学生数学的眼光和数学的思维，引导学生掌握数学的语言，实现在层次性探索中发展学生的数学思维。

第四节　动感数学的教育价值

动感数学作为数学学习的一种形式，在教学过程中鼓励学生"多感官参与"学习活动，追求让数学知识以动态呈现，让学生享受完整的学习过程。课堂上，教师引导学生动眼看、动耳听、动手做、动口说、动脑想、动情享，通过让学生在多种感官的协同作用下，或操作实物工具感知，或运用数学软件模拟，动态呈现数学知识的发生、发展，让数学"动"起来。

动感数学注重激发学生学习的兴趣和动力，完善了数学认知的途径，帮助学生更好地理解数学知识，让学生体会数学与生活之间的联系，为学生未来生活准备基本的数学知识、数学语言和数学技能，培养他们用数学的眼光观察现实世界。动感数学，注重培养学生清晰、准确的思考习惯，还原了知识产生的过程，发展了学生的思维能力，培养他们用数学的思维思考现实世界。动感数学把传授数学知识与传递人类文化的价值观念和伦理道德规范有机结合起来，实现了学科育人的追求，达成数学课程的教学目标。

（一）完善数学认知发展的途径

著名发展心理学家让·皮亚杰提出，儿童的认知是在已有图式的基础上，通过同化、顺应和平衡等机制,不断从低级向高级发展的一个建构过程。所谓认知发展是指个体自出生后,在适应环境的活动中,对事物的认知及面对问题情境时的思维方式与能力表现随年龄增长而改变的历程。数学的认知发展是一个复杂且持续的过程,是个人从接触数学开始到逐渐深入理解和掌握数学概念和技能的一系列心理变化。数学的认知发展需要个人不断地学习和实践,通过掌握新的数学概念和技能,提升和发展个人的数学认知能力。皮亚杰的认知发展理论为我们初中阶段开展动感数学学习提供了心理学依据。

动感数学主张研发实物工具、开发数学软件、营造育人环境,完善数学认知发展的途径,创设"动"起来的数学,对数学知识进行加工改造,让它变得更容易被理解和掌握。让学生明确研究对象,以直观想象为支撑,通过操作、观察、猜想,辨析研究对象表面不同问题间的内在联系、共同规律,找出共同的数学特征,提出变化前后可能的因果关系猜想,提升想象能力;以感知理解为依据,在去除无关因素和干扰信息后,建立起准确的、一般性的概念和规则,探索出反映一类问题的原理和模型,找到解决问题的方法和思想,形成数学知识结构和体系,提高概括能力。

认知是具身的,其含义可以从三个方面加以理解:第一,认知过程进行的方式和步骤实际上是由身体的物理属性所决定的。头部转动和身体的运动使得双眼网膜映像差异明显,决定了知觉的广度、阈限、可感知的极限等,构成了深度知觉信息加工的步骤,促进了深度知觉的形成。第二,认知的内容也是身体提供的。我们的身体以及身体同世界的互动提供了我们认识世界的最原始概念,例如,上下、左右、前后、高矮、远近都是以身体为中心;冷、热、温、凉等都是身体感受到的。第三,认知是嵌入环境的。外部世界是与知觉、记忆、推理等过程相关的信息储存地,认知过程或认知状态应扩展至认知者所处的环境,认知、身体和环境组成一个动态的统一体,我们利用存在于这个统一体中的信息进行认知发展。

数学认知是指个体在数学学习中对数学对象的感知、理解、运用和创新能力。研究认为,数学认知发展的水平可分为三个层次:其一,操作性理解,即学生懂得了数学的基本概念、原理和方法,能够运用所学知识解决一些识记性与操作性步骤比较强的简单的问题;其二,关系性理解,即学生对数学知识的本质有比较深刻的认识,能够把握数学知识之间的内在联系和规律,能够运用所学知识解决一些综合性问题;其三,迁移性理解,即学生深刻理解数学知识,能够将数学思想、数学方法以及所学数学知识迁移到别的情景,能够灵活运用数学知识解决问题。

　　数学认知发展的途径，简单来说，即获取数学知识的方式方法和过程。当下，"学会"知识的重要性已被"会学"所代替，"学会学习"已经成为公认的核心素养和关键能力。在初中数学学习中，很多学生都能流利地描述出概念的定义，但运用概念解决问题的能力却不够强。究其原因可能是学生对数学概念、法则、定理等的本质理解不够深刻，只依靠死记硬背，做习题时套用题型造成的，这与教师在平时教学中过多进行"题海战术"，因而忽视了要求学生对数学知识进行深刻理解的认知途径有关。

　　动感数学主张研发实物工具、开发数学软件、营造育人环境，完善数学认知发展的途径，创设"动"起来的数学，对数学知识进行加工改造，让它变得更容易被理解和掌握。

　　1. 研发实物工具

　　为了使学生直观地理解数学中常见的问题，大多数教师都会在教学中使用教具，比如积木，帮助学生更好地理解几何问题；再比如算盘，帮助学生理解加减运算，这些教具可以将抽象的问题具体化，让学生更容易接受数学知识。利用实物工具进行演示，学生能够直观地理解和发现数学模型的内涵，降低数学思维的难度，弥补数学抽象带来的枯燥、晦涩，提升课堂教学效率。

　　根据数学思维可视化的物化要求，学生动手研发实物工具能够促进学生的思考，从而让数学教学手段达到物化、动画、理解深化、思维优化的层面。

　　例如，在研究特殊的四边形时，用木条制作一个四边形（图1-4-1），可以变成平行四边形、矩形、菱形、正方形、等腰梯形等，利用这个实物工具进行特殊四边形的研究，能够帮助学生理解。

图1-4-1

　　通过研发实物工具，学生的主体地位得到尊重，充分调动和激发了学生数学学习的积极性和创造性，为学生参与数学学习提供广阔的操作空间、认知途径与最佳的心理状态，促进学生数学推理、直观想象、问题解决等能力的发展。

　　2. 开发数学软件

　　数学软件就是专门用来进行数学运算、数学规划、统计运算、工程运算、绘制数学图形或制作数学动画的软件。数学软件系统是面向一类数学问题的应用系统,有完备的控制管理系统和用户界面语言系统。它能根据用户阐明的数学问题,自动判断问题提出的合理性、完备性,分析问题的类型、特性,选择适宜的算法,或依据解算过程动态选择算法,自动处理或报告解算过程中出现的问题,验证结果的精确度。

随着信息技术与数学课程的深入整合,国内外很多研究机构均开发出许多适合数学教学应用的工具和软件,其中较多被提及的是几何画板、"Z+Z智能教育平台"、网络画板、GeoGebra 和图形计算器。对于数学教学中图形的应用,生活中并不常见,所以引入数学软件是势在必行的,数学软件不仅使点、线、面"动"起来,更重要的是可以使这些动态过程留在学生的脑海中,从而不断完善学生的数学知识架构,完善认知途径。

例如,探究矩形中的翻折问题。如图 1-4-2 所示,在矩形 $ABCD$ 中,$BD=4$,$\angle CDB=30°$,点 E 为 DC 的中点,点 P 是 BD 上的任意一点,求 $\triangle PEC$ 周长的最小值。

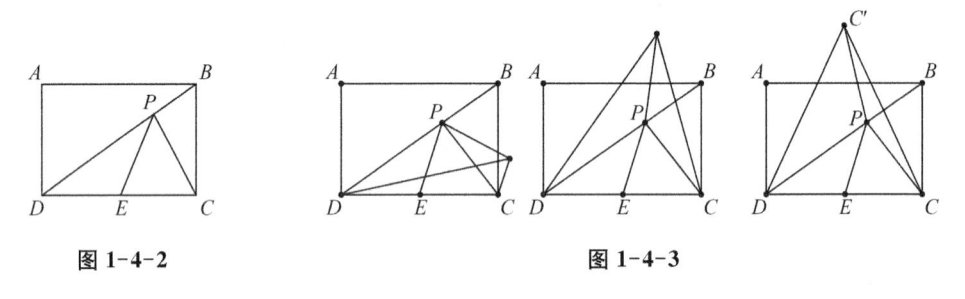

图 1-4-2

图 1-4-3

用计算机模拟翻折过程(图 1-4-3),让学生感受线段 PC 沿 BD 翻折到 PC' 的位置,$C_{\triangle PEC}=CE+PC+PE=CE+PC'+PE$,当 C'、P、E 三点共线时,$PC'+PE$ 最短,即 $\triangle PEC$ 的周长最小。在计算机模拟翻折过程中,把静态教学不易呈现的地方用闪烁、不断重复等方法显示出来,将教学内容化静态为动态,化抽象为具体,化"弱感"为"强感",化繁难为简易,拓宽学生解决问题的手段,为学生数学学习创造新的路径。

3. 重视环境育人

环境育人是教育的重要组成部分,是指通过营造良好的教育环境,培养学生的品德、智慧、体魄等方面的素质,它对学生的成长和发展起着至关重要的作用。学校是培养学生品德的重要场所,学校的环境对学生的品德教育起着至关重要的作用。学校应该营造一个和谐、宽松、民主、公正的教育环境,让学生在这样的环境中感受到尊重、关爱和信任,从而培养学生的良好品德、智慧、体魄。学校的教育环境应该是一个充满知识、思考和创新的环境,让学生在这样的环境中感受到知识的魅力，激发学生的学习兴趣和学习热情，从而增加学生的智慧。让数学"动"起来，通过建设具有较高文化品位，适合学生进行自主、合作探究的实物操作、软件操作等功能教室（图1-4-4）、文化长廊（图1-4-5）及数学步道（图1-4-6），为以"动"促"学"，提升学生思维力营造环境。

图 1-4-4

图 1-4-5 　　　　　图 1-4-6

（二）还原数学知识产生的过程

当代教育中，知识的呈现与传递已不仅仅满足于书面上的静态展现。如何以动态呈现的方式，生动直观地还原抽象的数学概念、定理和公式产生、发展的过程，把抽象原理变得直观易懂，使概念容易被理解，让解法巧妙简便，更适用于教学与学习，成为一线数学教师不断探索的课题。还原数学知识产生的过程，对促进学生养成理性思维，帮助学生形成积极的科学态度和发展学生终身学习的能力都具有十分重要的意义。

动感数学，主张还原数学知识产生的过程，旨在通过创造"多感官参与"的学习机会，将抽象出来的数学概念、定理和公式还原为它们在实际应用中的形态，帮助学生更好地理解和掌握。这种方式，改造了数学原有的呈现形态，不仅注重知识的传承，更注重培养学生的思维能力和解决问题的能力。

数学知识产生的过程，通常要经历"操作—体验—感悟"等连续的环节，在知识产生的过程中，从一个环节到另一个环节，要经过环环相扣、层层递进的连续性思维过程。数学思维能力的核心在于将数学知识用图像、图表等直观性元素表达出来,了解数学知识间的联系,继而帮助学生还原数学知识产生的过程,厘清数学知识体系,深入理解数学知识。基于初中学生直观思维相对较强的特征,在探索数学知识时,鼓励学生"多感官参与"学习活动,根据学生已有活动经验和基础,由"动态"活动经验串联"静态"文本知识,并用数学的语言和符号表征数学现象,自然揭示知识本质,呈现数学知识,培养思维能力与创新精神。

例如,以直角三角形中"勾股定理""三角函数"这些知识点为依据,进行知识拓展,还原数学知识产生的过程。

教师:"如图 1-4-7 所示,在△ABC 中,设 $BC=a$,$AC=b$,$AB=c$,若 $\angle ACB=90°$,三边之间存在关系 $a^2+b^2=c^2$,边角之间存在关系 $AD=b \cdot \cos A$,我们利用这些知识研究如图 1-4-8 所示的锐角三角形△ABC、如图 1-4-9 所示的钝角三角形△ABC,试利用 b、c、A 来表示 a。"

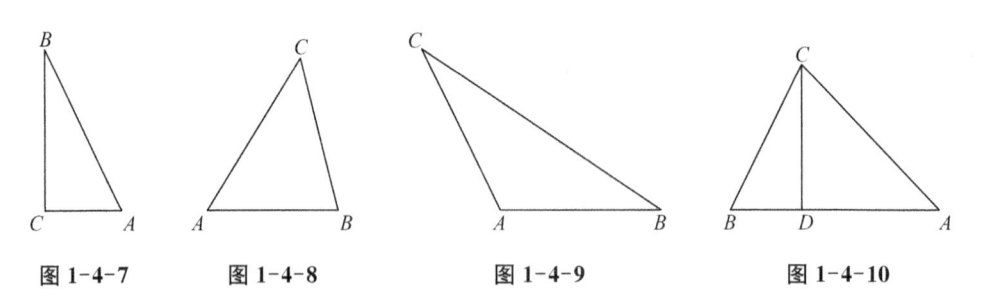

图 1-4-7　　图 1-4-8　　图 1-4-9　　图 1-4-10

教师:"求解边角关系问题放在上面哪个三角形中容易求解?"

学生:"直角三角形。"

教师:"如何作直角三角形呢?"

学生:"针对锐角三角形,如图 1-4-10 所示,过 C 点作 $CD \perp AB$ 于 D 点。"

学生 1:"在 Rt△CDB 中,$a^2=CD^2+BD^2$,在 Rt△ADC 中,$CD^2=b^2-AD^2$。"

学生 2:"由上面的两个等式,得 $a^2=b^2-AD^2+BD^2$。因为 $BD=c-AD$,所以 $BD^2=(c-AD)^2=c^2-2c \cdot AD+AD^2$,所以 $a^2=b^2-AD^2+c^2-2c \cdot AD+AD^2$,即 $a^2=b^2+c^2-2c \cdot AD$。而 $AD=b \cdot \cos A$,所以 $a^2=b^2+c^2-2bc \cdot \cos A$。"

教师:"针对钝角三角形△ABC,过 C 点作 $CD \perp AB$,交 BA 的延长线于 D 点,同样可以获得结论 $a^2=b^2+c^2-2bc \cdot \cos A$。这个是高中阶段才学习的余弦定理,我们现在可以利用直角三角形中的'勾股定理''三角函数'等知识,动态呈现定理的发生、发展过程,还原数学知识产生的过程。"

上面的教学过程利用初中所学的勾股定理和三角函数作为引入新知的切入

点,课堂反应比较好。建构主义强调:以原有的知识为基础来理解和记忆新知识,这不仅需要利用学生头脑中与新知识一致的知识经验,作为同化新知识的固定点,而且还要看到学生已有的、与当前产生的求知欲望和探究愿望,来调整解决。这样,学生经历了在记忆库中提取原有的知识经验的过程。教师通过鼓励学生自主探索、合作学习,形成数学问题的探索模式,实现让数学知识的呈现可视化,让数学"动"起来。

还原数学知识产生的过程,不仅提高了学生学习数学的兴趣,还能够让学生在理解和掌握知识的同时,培养他们的思维能力和解决问题的能力。在还原数学知识产生的过程中,除了上述的实验探究,还可以采用合作研讨、可视化展现等方式。合作研讨可以让学生通过小组讨论和交流,共同探究和解决问题。这种方法不仅能够培养学生的合作精神和沟通能力,还能让他们从各角度理解和掌握知识。可视化展现则可以利用图形、动画等视觉元素,将抽象的概念和公式转化为直观的图像。

(三) 对数学课程开发的有效补充

随着对新课程理念的理解与实施,人们开始改变以往过于注重教科书、机械训练的倾向,教科书不再是唯一的课程资源了。需要不断开发和补充课程资源,为实施新课程提供环境,加强课程内容与现代社会、科技发展与学生生活的联系,倡导学生主动参与、探究发现、交流合作。对数学课程开发的有效补充需要注重实际应用整合、探究学习、数学思维训练、跨学科内容以及数字化工具和资源的利用等方面。这些补充不仅可以丰富数学课程的内容,提高学生的学习体验和学习效果,还有助于培养学生的数学素养和综合能力。

动感数学重视课程开发,注重从"掌握"知识到"建构"知识,从"知识技能"到"实践应用"。动感数学基于课程标准的核心内容,寻找教材中适合让数学"动"起来的"点",构建"动"起来数学的整体化课程内容,开发实物工具与数学软件的数学学习功能,有目的、有计划地研制课程清单,同时,通过开展理论研究、主题研究、课例研究、支持机制研究等工作,初步形成"动"起来数学的整体化内容体系,发展学生数学思维力。

1. 实物工具操作课程

(1) 体验类实物工具操作课程

体验类实物工具是一种用于实践操作和学习的工具,这些工具提供观察、测量、制作、创作等多种功能,它们能够帮助学生更直观地理解理论知识,提升实践能力和创新思维。

动感数学通过引入真实世界的问题,让学生利用实物工具进行操作,获得个体体验,将数学课程与个体体验整合起来,重视从学生体验和知识出发,让学生理解和学习数学,使学生明白数学知识是简单的,让学生看到数学的实际价值,并激发他们学习数学的兴趣。

比如,在引入同类项的概念时,借助生活中的买早点问题,可以将包子、油条、豆浆看作实物工具,解决实际问题:爸爸要吃2个包子、1根油条、1杯豆浆,妈妈要吃1个包子、1根油条、1杯豆浆,小明要吃1个包子、1杯豆浆,请问该如何购买?这里我们按包子、油条、豆浆不同的种类统计,就可以顺利地运用生活经验引出同类项的定义,进而掌握合并同类项和去括号法则,从而能进行简单的整式加减运算。

又如,对于函数概念的教学,学生理解困难。教师在教学中可以找到有效的实物工具,引导学生通过大量的丰富多彩的操作观察获得体验,在学生认识事物的运动变化过程中有效地渗透,逐步地揭示函数的本质特征:①汽车加油,加油示数仪表就是一个体验类实物工具,学生观察加油表上的示数变化,获得常量、变量的概念,感知问题中的数量关系和变化规律;②让学生利用火柴棒搭小鱼,通过实物工具的操作,以表格的形式引导学生探究搭小鱼问题中的数量关系和变化规律,感知火柴棒的根数与所搭小鱼条数之间一一对应的关系。③让学生观看水滴泛起层层波的视频,让他们在感受动态美的同时,感知圆面积的计算公式 $S=\pi R^2$,圆面积随着半径的变化而变化,当半径取定一个确定值时,对应圆的面积的取值也唯一确定。学生利用实物工具,进行操作、观察、测量等体验活动,体会这几个实例具有共性:①一个变化过程;②两个变量;③一个变量变化时,另一个变量也随之变化;④一个变量确定时,另一个变量也唯一确定。从而得到函数概念,感知函数是揭示物体变化规律的有效手段,是研究运动变化的数学模型。

再如,学生在计算关于钟表时针、分针旋转角度的问题时,由于时针、分针旋转所形成的角度较抽象,教师可以指导学生仿照钟面,每人制作一个"钟面",学生在亲手制作的过程中学到了很多知识,遇到问题时,自己动手转动钟表上的时针与分针,并观察旋转角度,问题就变得很轻松了。原本教师感觉很难讲授的知识,学生对答如流,并且还随时向老师提出许多超出本节内容的东西。有了这些亲身体验,学生上课时的思路打开了,学习热情高涨,学习起来特别轻松。

（2）实验类实物工具操作课程

数学实验是学生通过动手动脑，以"做"为基础的活动方式，是在教师引导下，学生运用有关工具，通过实际操作，在认知与非认知因素参与下进行的一种发现数学结论，理解数学知识，验证数学结论的思维活动。与物理、化学实验相比，思维量大是数学实验的显著特征，需要利用相应的实物工具辅助进行操作。因此，实验类实物工具就是要达到某个或某类数学实验目的而开发的，开发的功能紧密联系探究主题，有助于改善教学，提高学生动手动脑能力。

如图 1-4-11 所示的实物工具多功能磁钉板，一面是钉板，一面是磁板。在钉板上可以用橡皮筋围出图形；在磁板上可以展示磁性七巧板、磁性三角尺等，也可以在磁板面的塑料板下插入方格纸、九宫格纸等，用油性记号笔书写，方便擦洗、反复书写。利用多功能磁钉板，可以帮助学生认识图形，发现图形性质；同时，磁板的运用，也使得学生能够即时展示自己的学习成果。

图 1-4-11

例如 2015 苏科版数学实验手册八年级下册实验课"数格点　算面积"的教学中，教师引导学生利用多功能磁钉板，用橡皮筋围出若干个格点多边形，探究格点多边形的面积 S 与多边形边上的格点数 L 及它内部的格点数 N 之间的数量关系，设计四个探究活动：当格点多边形内部的格点数 $N=0、1、2、3$ 时，分别探究格点多边形的面积 S 与边上的格点数 L 之间的数量关系，发现 S 与 N、L 之间存在数量关系 $S=\frac{1}{2}L+N-1$。然后对借助多功能磁钉板动手操作、猜想得出的数学结论，再利用"数学工具"及计算进行逻辑验证，在此过程中培养学生严谨的理性分析能力。

通过实验类实物工具操作，把复杂的数学问题变得简明形象，有助于学生探索解决问题的思路，预测和检验结论，可以实现几何直观这一目的，在数学学习中发挥重要作用。

（3）实践类实物工具操作课程

实践是指人能动地改造客观世界的物质活动，是人所特有的对象性活动。实践提供了认知的可能，只有实践才能提供认知所必需的信息，只有实践才能使人们获得并不断发展对信息加工的能力，即思维的能力。实践类实物工具是指在各种实践活动中所使用的具体工具和设备，这些工具可以帮助学生完成各种学习任务，提高学习效率，同时也可以提高实践活动的质量和效果。

例如，"三角形内角和定理"的证明，可以采用多种实验方式实现不同的证明方法：①可以把一个三角形纸片的三个内角剪下，在同一顶点处拼成一个平角；②把一个三角形纸片折成一个矩形（图1-4-12），使三角形三个内角在同一顶点处拼成一个平角；③利用平行线的性质构造同位角或内错角，实现"移角"，使角度大小不变、位置改变，因而将三角形三个内角集中在一起，或利用同旁内角的关系来进行证明（图1-4-13），以此落实学习重点。

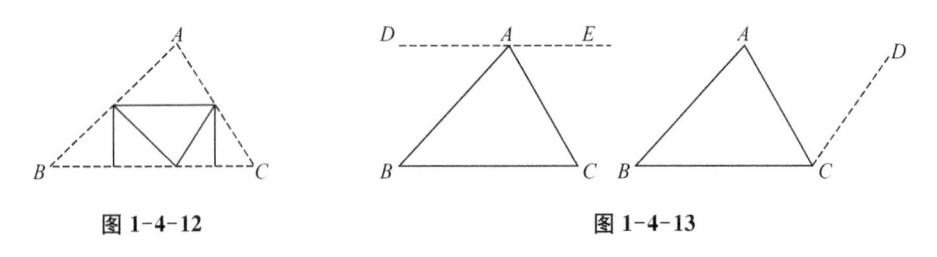

图 1-4-12　　　　图 1-4-13

又如2012苏科版数学七年级下册"7.1　探索直线平行的条件"教学中，可以设计实物工具操作，通过转木条感受"同位角相等，两直线平行"这一基本事实。如图1-4-14所示，用三根木条（或硬纸板）相交成∠1、∠2，固定木条 b、c，转动木条 a，在木条 a 的转动过程中，木条 a、b 的位置发生了什么变化？∠2与∠1的大小关系发生什么变化？

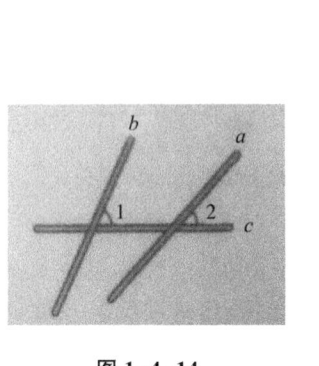

图 1-4-14 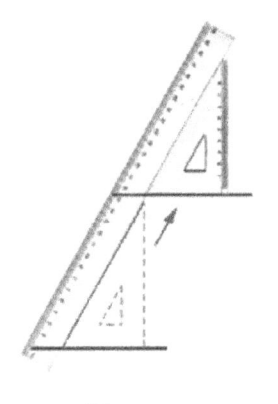　　　　图 1-4-15

教学中，教师鼓励学生自己动手操作、观察、想象，得出结论。在转动 a 的过程中，∠2 与∠1 的大小关系呈现三种情况：大于、等于、小于；a、b 所在的直线的位置关系呈现两种情况：相交或平行。思考两者之间的联系与转化，当∠2＝∠1 时，a 与 b 平行。结合平行线的画法（图 1-4-15），研究直线 a、b 平行的原理，由于直尺不动，三角尺在平移过程中，其对应角的大小不变，即∠2＝∠1，由此得出画平行线实际上就是画相等的角；反之，若∠2 与∠1 不相等，a、b 会相交于 c 的某一侧。于是通过观察、比较，学生能够认识"同位角"概念的形成，探索两直线平行的条件：同位角相等，两直线平行。在此基本事实的基础上，经过深入探究，学生能够获得"内错角""同旁内角"概念，推导出"内错角相等，两直线平行""同旁内角相等，两直线平行"的判定条件，从而建立平行线判定方法的逻辑体系。而后，进一步探索平行线的性质及其应用，形成知识结构网络。

2. 数学软件应用课程

（1）网络画板演绎动态呈现

网络画板是在中国科学院张景中院士亲自参与下，团队多年积累的成果——在超级画板的基础上，为适应移动互联网环境下教育信息化发展的新趋势，运用国内领先的动态几何技术、智能推理技术、符号运算、网络交互技术开发的第一款国内领先的移动互联网环境下的动态数学学科教学工具。

在实际生活中，学生对静态事物有直观的感受和认知，然而对于一些动态问题的理解还不到位。学生对于很多动态问题都难以着手，所以需要在老师的引领下，运用网络画板中的相应功能，使书本、试卷上的静态图形、问题转化为学生头脑中的动态过程，使问题具象化，从而降低问题的难度。

如图 1-4-16 所示，在平面直角坐标系中，已知抛物线 $y=x^2-2mx+m^2+2m-1$ 的顶点为 A，点 B 的坐标为 $(3,5)$。

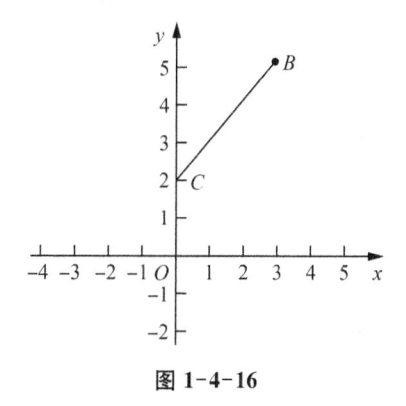

图 1-4-16

①求抛物线过点 B 时,顶点 A 的坐标;

②点 A 的坐标记为 (x,y),求 y 与 x 的函数表达式;

③设点 C 的坐标为 $(0,2)$,若抛物线 $y=x^2-2mx+m^2+2m-1$ 与线段 BC 只有一个交点,求 m 的取值范围。

通过问题②的计算可得顶点 A 在直线 $y=2x-1$ 上运动,所以抛物线 $y=x^2-2mx+m^2+2m-1$ 可以转化为顶点在直线 $y=2x-1$ 上运动的抛物线,这也就为问题③的解答做好了铺垫。对于含参的这类问题,首先要借助数形结合的思想,在坐标系中画出直线 $y=2x-1$(图 1-4-17),为抽象问题直观化做好铺垫,但是对于顶点在某条直线上运动的抛物线,学生没有足够的想象力,此时借助网络画板,创建变量以实现动画效果,使抛物线的顶点在直线 $y=2x-1$ 上运动。借助网络画板中对抛物线的动态演绎,让学生观察抛物线运动过程中与线段 BC 交点个数(图 1-4-18),使问题简单化。因此,要解决问题③,只需观察特殊位置,代入端点计算,进行比较、归纳即可解决。网络画板的动态演绎可以丰富学生头脑中的数学认知,让图形在学生的脑海中"动"起来,为今后的数学学习打下良好基础。

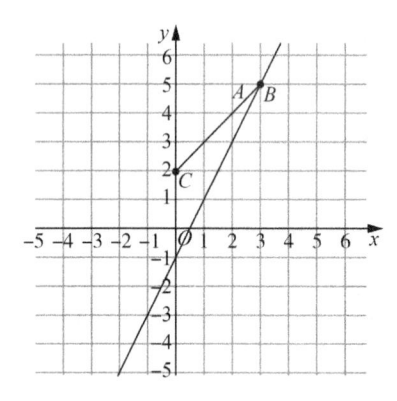

图 1-4-17

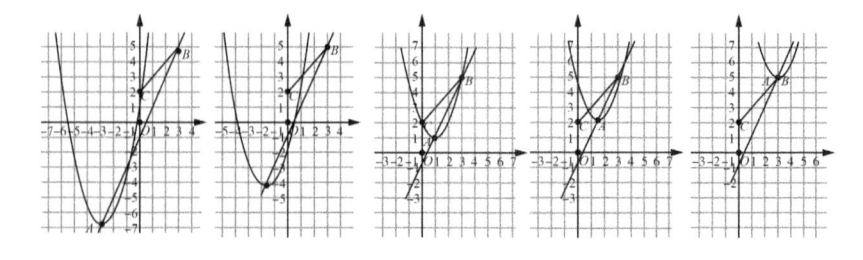

图 1-4-18

网络画板对于几何变换(平移、旋转、翻折、缩放、仿射、反演)的演绎,可以丰富学生的空间想象力,使静态转化为动态,抽象问题具象化,不断完善学生的数学认知。

(2) GeoGebra 等软件呈现空间可视化

GeoGebra(简称 GGB),源于"几何(Geometry)+代数(Algebra)",是一个自由且跨平台的,集几何、代数、表格、图形、统计和微积分于一体的、容易使用的动态数学软件。可以运用软件画点、向量、线段、直线、多边形、圆锥曲线,甚至是函数图像,实现几何、代数和表格之间动态互联,使几何绘图变得简便,有利于培养空间观念。

我们知道,与立体图形相关的知识点具有抽象性,并且知识点的应用性比较强。利用立体图形可以帮助学生直观地认识各种物体的形状和特点,还可以通过拆分体会各种几何体之间的变换关系,从而加深学生对立体图形特征的认识和理解。但对于初学立体图形的学生,由于尚未形成一定的空间想象力,学生很难建立空间观念,难以形成相关的认知。GGB 作为新型教学技术工具,通过应用思维建模方式,将立体图形以可视的、动态的形式展现给学生,帮助学生妥善解决抽象的数学难题,提高数学教学质量。

例如,研究用一个平面截正方体所得的截面。

截面可以是三角形:一般三角形、等腰三角形、等边三角形,且一定是锐角三角形,不可能是直角三角形或钝角三角形(图 1-4-19);

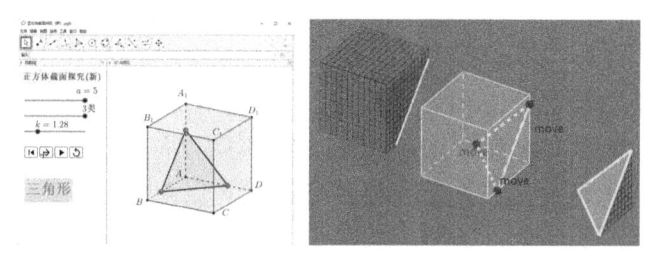

图 1-4-19

截面可以是四边形:正方形、矩形、平行四边形、等腰梯形,截面是四边形时,至少有一组对边平行,但不能是直角梯形(图 1-4-20);

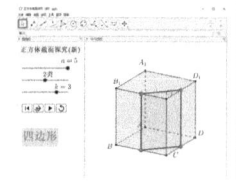

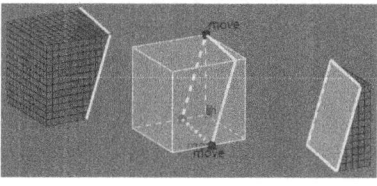

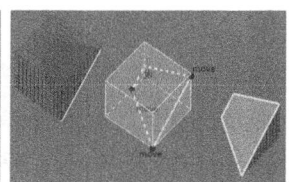

图 1-4-20

截面可以是五边形：截面是五边形时必有两组分别平行的边，同时有两个角相等，不可能是正五边形（图1-4-21）；

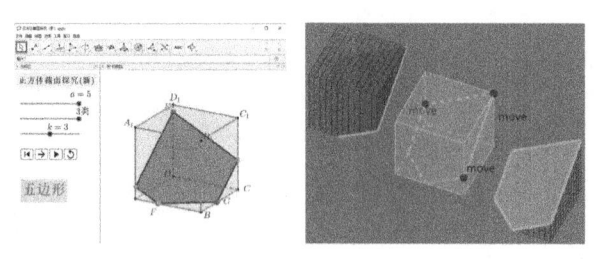

图1-4-21

截面可以是六边形：截面是六边形时必有三组分别平行的边，可以是等角的六边形，特别地，可以是正六边形（图1-4-22）。

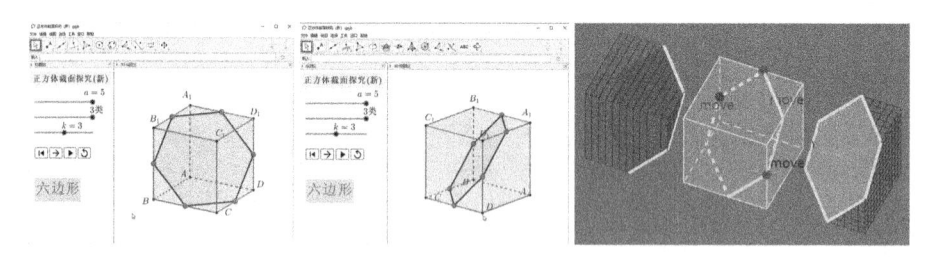

图1-4-22

除此之外，还可以利用GGB呈现截面间的变化，通过对照图片说明截面由小到大的动态变化；旋转正方体，展示以各个不同方向观察正方体及截面的结果；对于非常规形状的截面、难以想象的截面，还可以利用动态显示拆分，还原截面的真实情境。

在这个案例教学分析中应用GGB软件，有助于学生加深对正方体截面的了解程度，使知识呈现可视化，有利于帮助学生建立空间观念。

（四）实现数学学科育人的追求

数学学科对学生的发展价值，除了体现在数学领域的知识，还体现在为学生提供认识、阐述、感受、体悟现实世界的理论资源，为学生提供唯有在数学学科的学习中才可能获得的经历和体验，为形成和实现自己的意愿提供数学独具的路径和独特的视角、发现的方法和思维的策略、特有的运算符号和逻辑工具，进而提升以数学学科观察现实世界、思考现实世界和表达现实世界的能力。数学学科还应不断丰富和完善学生的生命世界,引导学生体验丰富的学习人生,满足生命的成长需要和认识自我、发展自我的意识与能力。这样,数学教师才能完成从数学专业人员向数学教学专业人员的基础性转化。

动感数学课堂教学深度挖掘课程资源,通过创造实际的或重复经历的学习机会,呈现或再现、还原教学内容,让学生亲历操作与感知、观察与猜测、验证与概括、交流与应用等学习方式,使学习过程完整体现,让数学"动"起来,使学生直观地了解数学知识,利用数学知识解决实际问题,加深了学生数学知识的应用背景,促进学生知情和谐发展,使教师水平得到有效提升,实现学科育人的追求。

1. 育人价值——学生知情和谐发展

知情和谐发展强调知识与情感的平衡发展,即在知识学习的同时,注重学生的情感需求、价值观形成和社会责任感的培养,使学生更好地适应社会的多元化需求。实现学生知情和谐发展是一项长期而艰巨的任务,需要我们共同致力于创新教育方法,关注学生的全面发展。

当前快速变化的社会,让教育正面临着前所未有的挑战,需要我们培养既有智慧又有情怀的新一代。传统的教育方式往往过于注重知识的灌输,而忽视学生的情感需求和个性发展。动感数学创新教学与技术软件的应用,使教师能够利用实物工具、数学软件,为学生提供了丰富多样的知识资源,有目的、有计划地引导学生主动地进行认识活动,循序渐进地掌握数学基础知识和基本技能。教师需要在传授知识的同时,更关注学生的情感需求,培养学生的价值观和社会责任感,促进学生知情和谐发展。

(1) 情感关怀与课堂氛围的营造

让数学"动"起来,让学生亲身体验数学、理解数学,可以使学生由接受性学习转变为探索性学习,增强学生学习数学的主动性。教师应在教学中关心每一位学生的情感状态,营造积极向上的学习氛围,倡导尊重与理解的文化,鼓励学生之间的多元交流,打造温馨的校园大家庭。学习过程中,学生会遇到挫折和失败,包容、友善且安全的校园环境可以为学生提供克服困难的信心,对于被孤独、焦虑等情绪困扰的学生,教师应及时发现并提供支持,帮助他们找到情绪的出口,促进学生心理健康发展。

(2) 责任培养与道德困境的应对

动感数学在课堂教学中,用小组合作的方式进行探究活动,可以培养学生的探索精神和团队协作精神及社会责任感。通过课程设置和实践活动,引导学生树立正确的价值观、人生观和世界观。当学生面对道德困境,教师要引导学生独立思考，作出正确的道德选择，在学科教学中培养学生的家国情怀。

2. 教学价值——学习过程完整体现

学习过程是一种特殊的认知过程，是学生学习知识和修养道德的统一过程，是不断追求进步和完善自身的过程。一个完整的学习过程不仅包括课堂教学，还涵盖了课前准备、课后复习、实践应用等多个环节。只有经过这样一个全面、系统的学习过程，学生才能真正理解和掌握所学知识，将其应用于实际生活中。一个完整的学习过程不仅能够帮助学生更好地理解知识、提升技能，还能促进学生的个人成长。

在动感数学课堂教学中，学生在教师的引导下，从问题情境出发，设计合理的活动方案与步骤，通过一系列探索性研究，发现数学规律，提出猜想并进行证明或验证，最后运用得出的结论解决数学问题，正是数学学习过程的完整体现。

（1）学习资源准备

在动感数学学习过程中，学生需要准备相关的学习资源，如书籍、资料、实物工具、技术软件等。这些资源可以帮助学生更好地理解课程内容，加深对知识点的理解和掌握。同时，学生还需要学会如何有效利用这些资源，提高学习效率和效果。

（2）课堂参与和互动

课堂教学是学习过程中的重要环节。学生积极参与课堂活动，与教师、同学进行互动交流，主动发现问题、提出问题和解决问题。学生经历操作与感知、观察与猜想、验证与概括、交流与应用，可以更好地理解和掌握所学知识，提高自己的学习兴趣。

（3）课外实践与拓展

除了课堂教学，学生还需要通过课外实践与拓展来加深对知识点的理解和掌握，这可以通过实验、项目或社区活动等方式实现。通过课外实践与拓展，学生将所学知识应用于生活中，解决实际问题，进而提升自己的实践能力和创新精神。

（4）反思与考核评估

在学习过程中，学生定期对自身进行总结和反省，可以及时了解自己掌握学习的情况，找出自己的不足之处，并进行改进。动感数学主张通过反思总结、考核评估，让学生了解自己的学习成果和不足之处，并根据评估结果调整优化学习方法和策略安排，帮助学生更好地掌握知识、提升能力，实现个人成长和职业发展。同时，学生应根据学习情况进行学习方法和经验的总结，为今后的学习提供参考和借鉴。

3. 课程价值——课程资源深度挖掘

《基础教育课程改革纲要》指出：要积极开发并合理利用校内外各种课程资源。数学课程资源，是指依据数学课程标准所开发的各种教学材料以及数学课程可以利用的各种教学资源、工具和场所。动感数学教学中，运用有关工具及技术软件，让学生在特定的实践条件下进行数学活动，通过探究活动发现数据的变化、探索数学规律、进行推理验证、解决数学问题，就是对课程资源进行选择、组合、加工，是对课程资源的深度挖掘。如图1-4-23所示，我们设计开发的让数学"动"起来课程体系，以基础型课程、拓展型课程、综合型课程实现了对课程资源的深度挖掘，在提升课程价值方面起到不可忽视的作用。

（1）适应学生个性化需求

动感数学课程开发，要求根据学生的年龄特征、学习特点、兴趣爱好、认知水平等因素，设计出符合初中学生个性化需求的数学课程，从而提高学生的学习兴趣和积极性，促进学生的个性化发展。

（2）培养学生的创新思维和实践能力

动感数学课程开发，注重培养学生的创新思维和实践能力，通过设计具有探究性和实践性的课程内容和教学活动，引导学生主动探究数学问题，增强学生的数学应用能力和解决问题的能力。

（3）推动数学教育的改革和创新

动感数学课程开发是数学教育改革的重要组成部分，通过开发适应时代发展和社会需求的数学课程，推动数学教育的改革和创新，提高数学教育的质量和效益，对于提高学生的数学素养和综合能力具有重要的意义。

4. 师培价值——教师素养有效提升

教师的素养包括教师的职业道德素养、知识素养、能力素养、职业心理健康四大部分。这四部分主要包括教师对待事业、对待学生、对待集体和对待自己的态度；教师的政治理论修养、学科专业知识、科学文化知识、教育科学知识；教师语言表达能力、教育教学能力、组织管理能力、自我调控和自我反思能力；教育科研能力、学习能力、观察学生的能力、创新能力以及运用现代教育技术手段的能力等。

动感数学教学拓展了教学目标的范围与深度，是新课程改革的体现。让数学"动"起来，促使数学教师重新审视传统的教育教学模式，积极探索各种有效的教学补充形式，不断提升自己的教学水平和专业素养，以便更好地指导学生进行数学学习。

（1）提升教师教学理念，关注学生数学核心素养的培养，通过以"动"促"思"

让数学"动"起来 ——动感数学的实践研究

动感数学课程体系

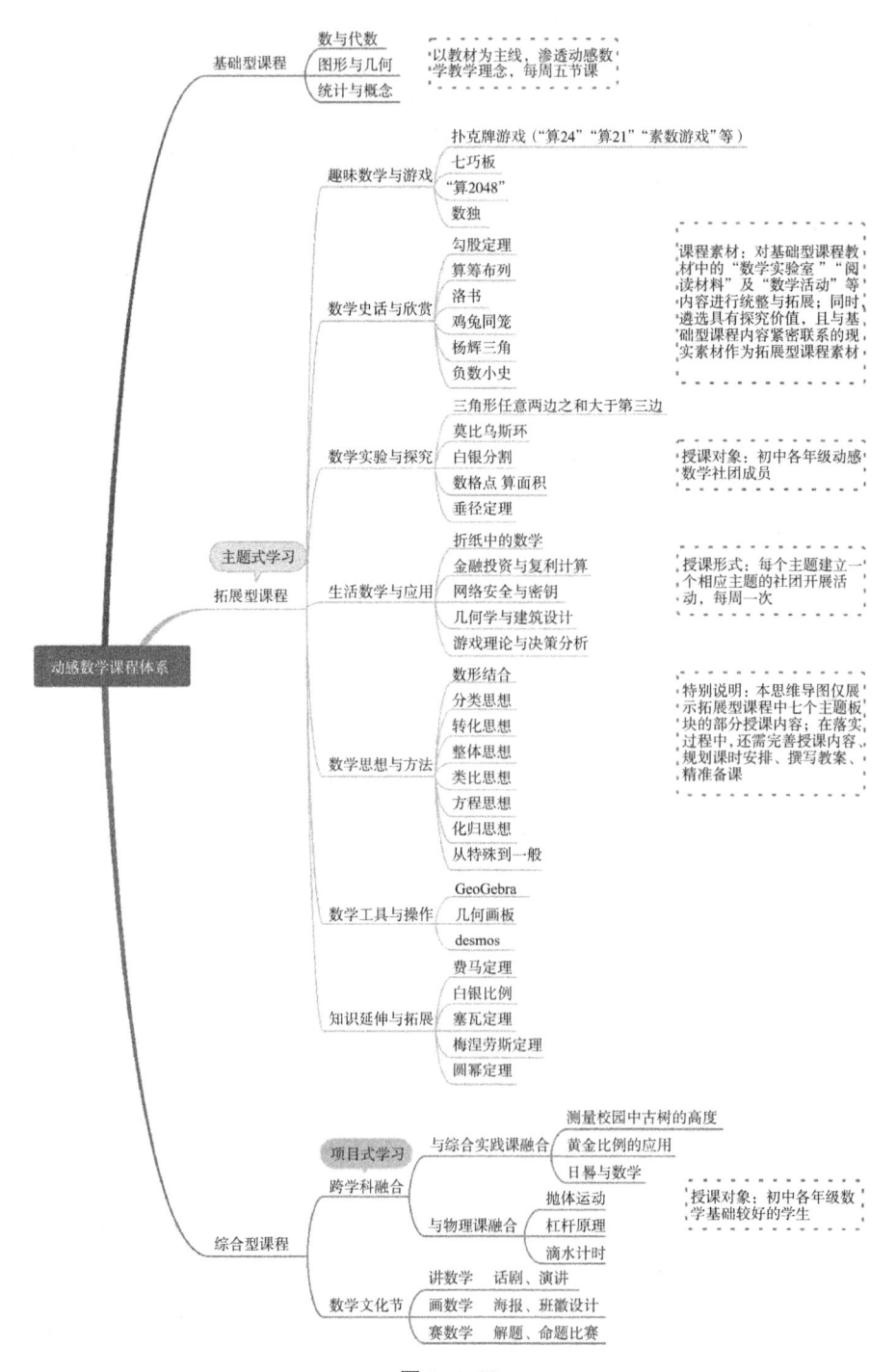

- **基础型课程**
  - 数与代数
  - 图形与几何
  - 统计与概念
  - （以教材为主线，渗透动感数学教学理念，每周五节课）

- **拓展型课程** — 主题式学习
  - 趣味数学与游戏
    - 扑克牌游戏（"算24""算21""素数游戏"等）
    - 七巧板
    - "算2048"
    - 数独
  - 数学史话与欣赏
    - 勾股定理
    - 算筹布列
    - 洛书
    - 鸡兔同笼
    - 杨辉三角
    - 负数小史
  - 数学实验与探究
    - 三角形任意两边之和大于第三边
    - 莫比乌斯环
    - 白银分割
    - 数格点 算面积
    - 垂径定理
  - 生活数学与应用
    - 折纸中的数学
    - 金融投资与复利计算
    - 网络安全与密钥
    - 几何学与建筑设计
    - 游戏理论与决策分析
  - 数学思想与方法
    - 数形结合
    - 分类思想
    - 转化思想
    - 整体思想
    - 类比思想
    - 方程思想
    - 化归思想
    - 从特殊到一般
  - 数学工具与操作
    - GeoGebra
    - 几何画板
    - desmos
  - 知识延伸与拓展
    - 费马定理
    - 白银比例
    - 塞瓦定理
    - 梅涅劳斯定理
    - 圆幂定理

  - 课程素材：对基础型课程教材中的"数学实验室""阅读材料"及"数学活动"等内容进行统整与拓展；同时遴选具有探究价值、且与基础型课程内容紧密联系的现实素材作为拓展型课程素材
  - 授课对象：初中各年级动感数学社团成员
  - 授课形式：每个主题建立一个相应主题的社团开展活动，每周一次
  - 特别说明：本思维导图仅展示拓展型课程中七个主题板块的部分授课内容；在落实过程中，还需完善授课内容、规划课时安排、撰写教案、精准备课

- **综合型课程** — 项目式学习
  - 跨学科融合
    - 与综合实践课融合
      - 测量校园中古树的高度
      - 黄金比例的应用
      - 日晷与数学
    - 与物理课融合
      - 抛体运动
      - 杠杆原理
      - 滴水计时
  - 数学文化节
    - 讲数学 话剧、演讲
    - 画数学 海报、班徽设计
    - 赛数学 解题、命题比赛

  - 授课对象：初中各年级数学基础较好的学生

图 1-4-23

教学的研究,使教师意识到培养学生数学核心素养比提升成绩更重要,由以往关注学生解题能力升华为培养学生综合能力。

（2）改善教师教学方法,重视学生的感受和体验。通过动感数学教学,教师更加尊重学生的个体差异,根据学生的认知特点和经验基础,开发动感数学的实物工具、软件功能,探索动感数学教学模式,学会展示知识发生、发展的过程,有助于形成开放性和自主性的数学教学方式。

第二章

动感数学的内容设计

我们通过对初中数学学科特点、学生学习特点、教材呈现特点的分析，认识到开展"动感数学"研究的必要性。然而，有关"动感数学"研究的资料相对较少，因此，我们需要深入开展动感数学教学活动研究。在研究过程中，我们发现内容的开发设计既要关注学生的年龄特点、认知特点，确保动感数学的可行性，同时也要把握学生的思维特征，突出数学思维的真正价值，激发学生的探索欲望和求知欲望。此外，我们还需要关注学生的思维过程，引导他们更好地理解和掌握数学知识。接下来我们就阐述一下动感数学内容设计的理念。

第一节　动感数学内容设计的理念

每个学生都是独一无二的个体，他们的学习方式、学习兴趣和理解能力各不相同。随着教育改革的不断深入，数学教育正朝着更加多元化、个性化的方向发展。动感数学内容设计理念是指通过动态和互动的元素，使数学学习变得更为生动、有趣和实用。将数学从传统的静态理论转变为动态的实践过程，让学生能够在操作和体验中理解和掌握数学知识。它对于提高学生的学习兴趣、培养数学思维能力和创新能力、适应数学教育的发展趋势等方面都具有重要意义。

（一）形成以"动"促"思"的过程观

思考往往是模糊的，甚至是抽象的。当我们陷入思考的困境时，很容易陷入停滞不前的状态。然而，通过行动，我们可以将思考具体化，将模糊的概念转化为实际的操作。

随着新课程改革的不断深入，初中数学教学也在不断探索新的教学方法和模式。以"动"促"思"是指通过实践活动来促进思考和思维的发展。这是因为数学是一门需要思考和理解的学科，而实践活动可以提供实际操作和体验的机会，有助于加深学生对数学概念、公式、定理等知识的理解和掌握。

国内外学者对于动感数学在激发学生数学学习兴趣、培养创新思维和提升实践能力方面的作用进行了深入探讨。同时，一些学校和教师在实际教学中也开始尝试运用动感数学，取得了较好的效果。我们倡导的动感数学容易激发学生的好奇心与求知欲，唤醒学生的主体意识，促进学生对数学的理解，启发学生抓住本质，在复杂中见简单、直观中见抽象，体现学习主体的互动性，同时引导学生学会与他人交流合作，从而学会学习数学、学会学习。

以"动"促"思"的过程观，在初中数学教学中有以下作用：激发学生的学习兴趣和积极性，加深学生对数学知识的理解和掌握，培养学生的思维能力和解决问题的能力，塑造学生的数学素养。

1. 激发学生的学习兴趣和积极性

学生是学习的主体，需要通过自身的主动思考、探索和实践来加深对数学知识的理解和掌握。动感数学通过丰富多彩的实例、生动有趣的讲解和有效高频的互动，让学生感受到数学的趣味性和实用性，从而激发他们的学习兴趣。我们在课堂上可以通过游戏和竞赛等方式，让学生在玩乐中掌握数学知识，提高数学应用能力。

例如：教师可以利用七巧板来引导学生探究几何图形的性质和学习拼图技巧，让学生在动手操作的过程中培养空间观念和推理能力；

又如，九连环是一种流传已久的金属环解套游戏，具有很高的益智价值。教师通过引导学生逐步解开九连环，可以帮助学生理解数学中的递归思想，提高学生的问题解决能力；

再如，教师通过折纸和剪纸，也可以引导学生探究图形的对称性和面积计算等数学问题。教师可以让学生通过折纸和剪纸，制作各种图案，然后计算所制作图案的面积。

2. 加深学生对数学知识的理解和掌握

动态数学活动是指通过各种形式、手段和方法来呈现数学问题，引导学生通过观察、实验、推理和交流等方式来探究问题的本质和规律。在此过程中更容易加深学生对数学知识的理解和掌握。

例如图2-1-1探究的是"图形的平移"，这本身是一个抽象的知识，教师可以让学生在准备好的方格纸上用三角板进行移动，通过问题驱动来完成探究。

通过组织学生进行小组讨论和合作完成任务等方式，让学生学会相互协作、取长补短，培养团队合作能力。这种合作模式还有助于学生树立集体意识和责任感，增强社会适应能力。

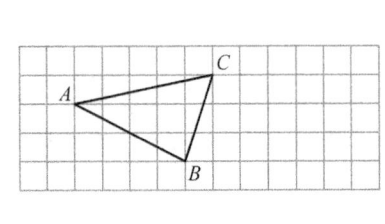

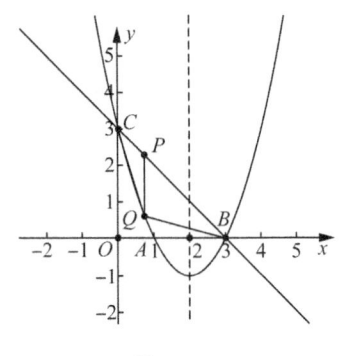

图 2-1-1　　　　　　　　　　　图 2-1-2

3. 培养学生的思维能力和解决问题的能力

动感数学注重培养学生的创新思维,在学习过程中通过引导学生主动探究、发现问题和解决问题,让学生逐步提升独立思考和解决问题的能力。学习中通过引导学生自主设计数学问题、进行实验和总结规律,让学生掌握科学探究的方法,培养创新精神。

例如,在探究二次函数背景下的最值问题时,教师借助网络画板,通过课堂活动,介绍了求△PAQ 面积最小值的方法后,可以让学生通过小组讨论的方式自主设计问题:如图 2-1-2 所示,当确定△PAQ 的面积时,能否找到在抛物线上 Q 点的个数?能否求出 Q 点的坐标?

4. 塑造学生的数学素养

数学素养是指人们通过数学教育和实践经验所获得的数学知识和技能,以及对数学思想和方法的认知和运用能力。数学素养包括数学基础知识、数学基本技能、数学基本思想和方法、数学基本活动经验、数学应用能力等多个方面。

动感数学通过引导学生深入探究数学的本质和思想,让学生理解数学的广泛应用和重要性,从而塑造学生的数学素养。

例如,通过引入实际问题和跨学科问题,让学生感受到数学在其他学科和生活中的应用,而让他们更加积极主动地参与到数学学习中去,从而提高数学素养。

以"动"促"思"在初中数学教学中是非常必要的,它可以有效地促进学生的数学思维发展,从而提高教学质量和水平。因此,广大教师应该积极探索和实践以"动"促"思"的教学模式,努力为学生创造更加生动有趣的数学教学课堂氛围,以此让更多的学生受益。

（二）注重知识呈现的课程观

在教育领域，课程通常被定义为学校为学生设计的一系列教学活动和学科。这些学科可能包括数学、科学、文学、历史等，主要为学生提供全面的知识和技能。此外，课程还包括教学方法、评估标准、学习目标等要素，以确保学生能够有效地学习和掌握这些内容。动感数学作为一种重要的教育科目，具有深远而广泛的影响。然而，数学课程的定义并不局限于公式和计算，而是一个充满挑战与探索的无限世界。

动感数学课程可以被理解为对数与形的系统研究。这包括实数、几何图形、概率统计等各种数学概念的应用与理解。动感数学课程的目的不仅仅是教授这些基础知识，更重要的是培养学生的逻辑思维、分析能力和解决问题的能力。动感数学课程也是一种思维方式的培养，它教导学生如何从复杂的问题中探索本质，如何将实际问题抽象为数学模型，并运用数学方法进行求解。这种思维方式对学生的未来发展至关重要，无论是在科学研究、工程设计、经济管理还是在日常生活中，都需要运用这种思维方式来解决问题。此外，动感数学课程还具有很高的实践性。学生可以通过实验、观察、操作等方式，将理论知识转化为实践能力，从而更好地理解和掌握数学。

在探索数学的广阔世界时，我们不仅需要理解数学公式和理论，还需要理解如何有效地呈现数学知识。那么，什么是数学知识呈现呢？

数学知识呈现是指通过特定的方式、方法和工具，将数学知识和思维过程表达出来，使其他人能够理解和应用。它可以是文字、图形、图表、动画、视频等多种形式，用于向学习者传达数学的思想、方法和技巧。

数学知识呈现的重要性在于，它能够帮助学习者更好地理解和掌握数学知识。通过恰当的呈现方式，可以将复杂的数学知识和思维过程简化，使其更易于理解和记忆。同时，良好的知识呈现也能够激发学习者的学习兴趣和动力，促进他们的自主学习和探索。

因此，我们提出了动感数学的课程观，目的是让学生更好地理解和掌握数学知识，提高他们的数学素养和应用能力。在这种教学方法下，学生通过积极参与实践活动，自主探索和发现数学规律和解决问题的方法，从而构建自己的数学知识体系。因此，动感数学强调学生的主体性和实践操作性，同时注重数学知识的内在逻辑和联系。

让数学"动"起来 ——动感数学的实践研究

在数学知识呈现中,我们需要注意以下几点:

首先,要注重准确性和清晰度。数学是一门精确的科学,因此在呈现数学知识时,必须确保所表达的内容准确无误、逻辑清晰。任何模糊或错误的表达都可能导致学习者的误解和困惑。

在教学 2012 苏科版数学八年级下册"11.2 反比例函数图像与性质"这一节时,教师可以引导学生利用形状不同但面积相同的长方形纸片来探究反比例函数的图像,同时需要通过几何软件实际操作,动态展示,让学生生动正确理解反比例函数的图像和性质。

其次,要注重直观性和形象性。数学知识往往比较抽象,因此,在呈现时,我们应尽可能地使用图形、图表等直观工具,帮助学习者建立直观感知和形象思维。

例如,在教学 2012 苏科版数学七年级上册"第六章 平面图形的认识(一)"时,教师可以借助多媒体技术,通过动态演示、互动操作等方式,让学生更加直观地理解几何图形的特征和性质。

最后,要注重实用性和适用性。数学知识最终要应用于实际生活和工作中,因此,在呈现时,我们应注重其实用性和适用性,使学习者能够将其应用到实际问题中去。

例如,在教学 2012 苏科版数学七年级上册"3.6 整式的加减"这节课时,教师可以用"王老师准备购买一套房子,你能根据平面图计算房子的面积吗?"引入本节课,并且通过以下四个情境让学生主动参与课堂活动并获得本节课需要掌握的知识。

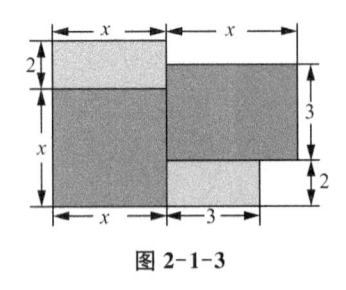

图 2-1-3

情境一:现在,王老师被告知如果购买面积为 x^2+5x+6 的顶楼,将获赠面积为 $2x^2-6x-20$ 的阁楼。问:如果购买顶楼,那王老师能获得的房屋总面积是多少?

情境二:如果购入底楼,还将额外获得一个院子。已知房屋连同院子的面积一共为 $3x^2-x+1$,而房屋的面积为 x^2+5x+6。问:院子的面积是多少?

情境三：王老师去实地测量，量得面积为 x^2+5x+6 的顶楼与面积为 $2x^2-6x-20$ 的阁楼中的 $x=8$。问：你能帮王老师计算出实际的总面积吗？

情境四：最终，王老师决定在总面积为 $3x^2-x-14$ 的顶楼和总面积为 $3x^2-x+1$ 的底楼中选择面积较大的那一层。问：你觉得哪一层的面积大，为什么？

【设计意图】

将这种实际情境问题贯穿整节课，可以引导学生们进入本节课的学习，激发他们的求知欲和好奇心，让他们带着对知识的渴望和探索精神去学习。这样的教学方式将使课堂变得更加生动有趣，同时也能更好地培养学生的创新思维和解决问题的能力。

总的来说，数学知识呈现是数学教学和学习的重要环节。通过恰当的呈现方式，可以让学生更好地理解和应用数学知识，提高学习效果和应用能力。因此，教师应不断探索和改进数学知识呈现的方式和方法，以适应不同学习者的需求和特点。

动感数学展现出一种注重知识呈现、学生探究和实践的课程观。在实际教学中，教师应该根据学生的实际情况和教学内容的特点，灵活运用多种教学方法和手段，创造生动、有趣、富有挑战性的教学环境，激发学生的学习兴趣和主动性，让他们在探究和实践的过程中获得更多的数学知识和技能。

（三）建构以行动为导向的学习观

随着教育改革的不断深入，越来越多的教育者开始关注学生的主体性，注重学生的实践能力和创新能力的培养。动感数学是一种基于建构主义学习理论的教学方式，它强调学生的主体性，通过让学生亲身体验、实践操作，实现知识的自我构建。在动感数学教学中，学生不再是被动地接受知识，而是成为知识的主动构建者。这种教学方式有助于激发学生的学习兴趣，提高学生的学习效果。而且在当今社会，学习不再仅仅是获取知识的过程，更重要的是将这些知识转化为实践行动，解决实际问题。因此，建构以行动为导向的学习观显得尤为重要。

1. 以行动为导向的学习观有助于培养实践能力

以行动为导向的学习观强调学生要将所学知识与实际问题相结合，通过实践行动来加深对知识的理解和掌握。这种学习方式有助于培养学生的实践能力，使他们能够更好地应对现实生活中的挑战。

2. 以行动为导向的学习观有助于提高学习效率

以行动为导向的学习观强调学习的目的性和针对性。学生在行动过程中，需要不断地反思和总结，从而发现自身的不足和问题，进而调整学习策略，提高学习效率。这种学习方式能够使学习者更加明确自己的学习目标，避免盲目学习，从而提高学习效果。

3. 以行动为导向的学习观有助于培养创新思维

以行动为导向的学习观鼓励学生在实践中探索和创新。在实践过程中，学习者需要不断地尝试新的方法和思路，从而激发创新思维。这种学习方式有助于培养学生的创新意识，使他们能够在未来的工作和生活中更好地适应变化，创造新的价值。

4. 以行动为导向的学习观有助于培养团队合作能力

以行动为导向的学习观通常强调团队合作和协作。在实践过程中，学生需要与团队成员共同解决问题，实现共同目标。这种学习方式有助于培养学生的团队合作能力和协作精神，使他们能够更好地融入团队，发挥自己的优势，共同推动团队的发展。

综上所述，建构以行动为导向的学习观对于提高学生的实践能力、学习效率、创新思维和团队合作能力具有重要意义。因此，我们应该在教育和学习过程中注重实践行动的重要性，培养学习者的以行动为导向的学习观，使他们能够更好地应对未来社会的挑战。同时，老师也应该不断创新教学方法和手段，为学生提供更多实践机会和实践平台，激发他们的学习兴趣和实践动力。只有这样，教师才能培养出更多具有实践能力、创新思维和团队合作精神的人才，为社会的发展和进步做出更大的贡献。

（四）确立育人为本的评价观

评价观是教育评价的核心，它决定了评价的目的和方法。育人为本的评价观强调评价的目的在于促进学生的全面发展，而非仅仅关注学生的成绩。动感数学强调学生的主动性、参与性和实践性，让学生在活动中体验数学，感受数学的魅力，从而提高学生的学习兴趣和数学素养。在这样的背景下，确立育人为本的评价观显得尤为重要。

育人为本的评价观以促进学生的全面发展为核心，以培养学生的创新精神和实践能力为重点，以提高学生的综合素质为目标。在动感数学中，这种评价观具有特别重要的意义。

1. 确立育人为本的评价观有助于激发学生的学习兴趣

在动感数学的课堂上,学生通过参与各种活动,能够亲身感受到数学的趣味性和实用性,从而增强对数学的兴趣。如果教师以育人为本的评价观为指导,注重学生在活动中的表现和发展,就能够更好地激发学生的学习动力,使他们更加主动地投入数学学习中。

2. 确立育人为本的评价观有助于培养学生的创新精神和实践能力

动感数学注重学生的实践探索,让学生在活动中发现问题、解决问题。如果教师以育人为本的评价观为指导,关注学生的创新思维和实践能力的发展,就能够更好地引导学生积极探索、勇于创新,从而培养他们的创新精神和实践能力。

3. 确立育人为本的评价观有助于提高学生的综合素质

在动感数学的课堂上,学生不仅学习数学知识,还通过参与各种活动,提高自己的团队协作能力、沟通能力、解决问题的能力等综合素质。如果教师以育人为本的评价观为指导,全面评价学生在各个方面的表现和发展,就能够更好地促进学生的全面发展,提高他们的综合素质。

综上所述,确立育人为本的评价观在动感数学中具有非常重要的意义。我们应该以育人为本的评价观为指导,注重学生在活动中的表现和发展,激发学生的学习兴趣,培养学生的创新精神和实践能力,提高学生的综合素质,为学生的全面发展奠定坚实的基础。

第二节　动感数学内容设计的原则

动感数学内容设计要符合目的,遵循当代中学生身心发展的规律,满足教育的全面发展的目标。因此,动感数学设计原则包括科学性原则、可行性原则、简易性原则、趣味性原则和真实性原则。这些原则相互关联、相互补充,共同构成了动感数学内容设计的核心框架。

(一) 科学性原则

科学性原则是指决策活动必须在决策科学理论的指导下,遵循科学决策的程序,运用科学思维方法来进行决策的决策行为准则。动感数学内容设计的科学性原则是指在数学内容的设计中,必须遵循数学科学的基本原理和规律,符合学生的认知特点,保证数学知识的正确性和可靠性。动感数学内容设计的科学性原则是数学内容设计的基本原则,也是保证数学教学质量的前提条件。

在动感数学教学设计中,教师可以借助多媒体手段,通过动画、图表等形式,直观地展示函数的变化规律。

例如,以初中数学中的函数概念为例。具体来说,可以设计一个动态的函数图像生成器,让学生在操作中观察函数图像随着自变量变化而变化的过程,从而深刻理解函数的概念。这样的设计既符合数学本身的规律,又符合学生的认知特点。通过直观的展示和动手操作,学生能够更加深入地理解函数的概念,建立起对函数的感性认识,为后续的函数学习打下坚实的基础。同时,动感数学教学设计还应注重知识的连贯性和系统性。在函数概念的教学之后,我们可以设计一系列与函数相关的实际问题,让学生运用所学知识解决实际问题。这样,不仅能够巩固学生对函数概念的理解,还能够培养学生的数学应用能力和解决问题的能力。这样的教学内容设计遵循了科学性原则,通过生动、直观的教学方式激发学生的学习兴趣,提高学生的数学实践能力。只有这样,才能真正实现初中数学教学的目标,培养出具有数学素养和解决问题能力的学生。

动感数学内容设计的科学性原则是确保动感数学教学有效性的关键。在教学过程中,教师应遵循准确性、严谨性和系统性原则,对教学内容进行精心设计。同时,动感数学教学内容设计应充分体现动感数学的特点,注重学生的主体性和实践性,使学生在动态的学习过程中,逐步掌握数学知识,提高数学应用能力。

(二) 可行性原则

可行性原则用来衡量决策是否可行,即从人力、物力、财力、科学技术能力诸方面来说,决策是否可以执行。决策的目的是行动,如果决策不能实施且见之于行动,就是没有价值的、非科学的决策,这类决策就没有任何实际意义。动感数学是一门结合了数学与生活实践的学科,旨在培养学生解决实际问题的能力。在设计动感数学教学内容时,需要遵循可行性原则,以确保学生的学习成果能够在实际生活中得到应用。

在遵循可行性原则的基础上,动感数学的教学活动可以被更加有效地开展。

动态图形的展示和交互性教学，可以帮助学生更深入地理解数学概念和解题方法，并激发他们的学习兴趣和积极性。同时，教师还可以结合学生的实际情况和兴趣爱好，设计具有针对性和实效性的教学活动，促进学生的个性化发展。

例如，以拼图游戏为例，教师在设计这个游戏时，首先要考虑学生的年龄特点和认知水平，确保游戏难度适中，既能引起学生的兴趣，又不会让他们感到过于困难。其次，教师要考虑教学资源的可用性，比如是否有足够的图形材料供学生使用，是否有足够的空间让学生进行实践操作。最后，教师还要考虑教学时间的安排，确保游戏能在规定的时间内完成，不影响正常的教学进度。

动感数学内容设计可行性原则包括教学内容与生活实践相结合、教学活动具有趣味性、教学评价注重实际应用、教学内容具有拓展性和教学活动具有多样性等。这些原则旨在帮助学生更好地理解数学知识，并将其应用到实际生活中。在动感数学教学过程中，教师需要遵循这些原则，并不断探索和创新教学方法和策略，以提高学生的学习效果和综合素质。

（三）简易性原则

简易性原则指的是在面对多种可能的选择或决策时，应优先考虑那些相对简单或更易于实施或实现的方法。这个原则强调简洁、效率和实用性。在科学理论的选择和评价中，简易性原则通常被视为一个重要的标准。这一原则认为，一个更简单的理论，即使用更少的概念或预设，更接近自然界的本质，因为自然界本身是简洁和经济的。

动感数学的简易性原则是指通过动态的方式呈现数学问题，使得数学问题更加直观、易懂，让学生更容易理解和掌握数学知识。在动感数学内容设计中，简易性原则是非常重要的，它可以帮助教师和学生更好地理解数学概念，提高学习效率。

通过简化教学过程和降低学习难度，学生可以更加自信地面对数学问题，敢于尝试新的解题方法和思路。随着动感数学理念的不断深入和实践经验的积累，我们有理由相信简易性原则将在动感数学中发挥越来越重要的作用，为学生的数学学习提供更加有效的支持和帮助。

例如，在学习几何图形时，教师可以通过日常生活中的物品，如桌子、水杯、球、包装盒等来举例说明各种几何形状，如长方形、圆柱、圆形、棱柱等。这样的举例不仅贴近学生的生活实际，而且能够简单、直观地展示几何图形的特点，使学生更容易理解。

又比如,在学习图形的旋转时,可以通过生活中的一些旋转实例,如吊扇、摩天轮、钟表指针等引入课题,通过动态的画面简洁明了地展示图形的旋转过程,使学生更加直观地理解旋转的概念。

在设计动感数学内容时,教师需要考虑到学生的认知水平和学习需求,加入简单易懂、可操作、有趣味性和拓展性的元素,让学生更容易接受和理解数学概念。同时,教师还需要注重学生的实际操作能力和操作条件,让学生可以更好地掌握数学知识。只有这样,才能更好地提高学生的学习效率和学习兴趣,促进学生的全面发展。

(四)趣味性原则

趣味性原则是指在教学过程中,教师运用幽默生动的语言、灵活的教学技巧、直观形象的表演以及富有感染力的表达等手段,来最大限度地增加课堂活力、激发学生的学习兴趣、增强学习效果的一种教学方式。它要求教师在教学过程中以学生为中心,把枯燥、难懂的课堂变得生动而富有感染力。趣味性原则体现了寓教于乐理念。兴趣是最好的老师,坚持趣味性原则能够优化课堂教学、提高课堂教学效率,点燃学生求知的火花,激发学生求知的积极性。

在数学教学中,我们常常强调数学的重要性和实用性。然而,对于学生来说,数学可能并不总是那么有趣和吸引人。为了激发学生对数学的兴趣,我们在教学内容设计中必须遵循趣味性原则。动感数学强调通过生动有趣的教学内容激发学生的数学学习热情。

教师通过创设充满趣味性的教学环境、选择具有趣味性的教学内容、采用多样化的教学方法以及注重评价等方式,可以有效激发学生的学习兴趣,提高学生的学习动力和学习效果。

例如,在讲到轴对称图形时,可以引入一些美丽的剪纸艺术或者动物图案,让学生感受到数学的美感和实用性。又比如,在学习二次函数时,可以引入篮球比赛得分预测问题,让学生感受数学在体育竞技中的应用。再比如,在学习"概率初步"这一章节时,教师可以设计一个"转盘游戏"。学生通过转动转盘,观察指针停留的区域,从而直观地理解概率的概念。这样的教学方式不仅有趣,还能让学生在游戏中掌握数学知识,或者讨论一些有趣的数学问题,如"如何将一张纸折叠最多次?""将一张可以铺满整个地球的大纸大约折叠多少次就能变成普通大小的纸?"这样的讨论可以引发学生的好奇心,激发他们的探索欲望。

动感数学内容设计的趣味性原则是激发学生对数学兴趣的关键。通过创造有趣的故事情境、加入游戏化元素、利用多媒体技术、鼓励学生参与数学活动、关注学生兴趣爱好和生活经验以及引入有趣的数学家故事和数学历史知识等手段,我们可以让学生在轻松愉快的氛围中学习数学知识,提高他们的数学素养和应用能力。在未来的教育实践中,我们应该更加注重趣味性原则的应用,让数学教育焕发新的生机和活力。

(五) 真实性原则

在数学领域,真实性原则强调的是任何数学概念、定理或公式都应该以清晰、准确和可验证的方式表述。这个原则对于数学教育来说尤为重要,因为它有助于确保学生获得准确、有用的数学知识,并帮助他们建立坚实的数学基础。

真实性原则是动感数学课程设计的重要原则之一。它强调课程设计应基于真实的问题和情境,使学生能够在解决实际问题的过程中理解和应用数学知识。

动感数学是一种创新的教学方法,它结合了游戏、动画和互动元素,以吸引学生的注意力,并帮助他们更好地理解数学概念。在设计动感数学课程时,真实性原则要求我们确保所有的数学概念、公式和定理都是被准确地表述和验证的。

例如,在动感数学课程中,有一个主题式学习是让学生设计一个"测量学校操场的大小"的课程活动。这个活动要求学生利用不同的工具和方法来测量操场的大小,例如使用皮尺、步数、自行车轮胎的转动次数等等。在活动过程中,学生需要记录他们的测量结果,并计算出操场的面积和周长。这个活动不仅可以帮助学生掌握基本的测量技能和计算方法,还可以让他们了解到数学在日常生活中的应用。

另外,可以设计一个"计算家庭用电费用"的课程活动。这个活动要求学生了解家庭的用电情况,例如电器的功率、使用时间等等,并使用这些信息来计算家庭的用电费用。通过这个活动,学生可以了解到数学在解决实际问题中的应用,同时也可以提高他们的节约能源意识。

还可以和游乐园联手,让学生设计和建造一个旋转木马。在这个主题学习中,学生需要使用数学原理,如圆形周长、面积的计算、旋转的特征等,来设计旋转木马的各个部分,并计算所需的材料和实际收益。①学生需要确定旋转木马的直径和高度。他们需要考虑旋转木马应该能够搭载多少个孩子,以及旋转木马的高度是否符合安全标准。②学生需要计算旋转木马的周长和面积,以便确定需要多少材料来建造它。③学生需要设计和计算旋转木马的支架和旋转机制。④学生需要使用数学软件来绘制旋转木马的各个部分,并计算旋转木马的旋转速度和旋转半径。⑤学生需要使用木材、油漆、钉子等材料来建造旋转木马,并在完成后进行测试和评估。他们需要确定旋转木马的稳定性和安全性,并计算它的成本和收益。这个专题不仅使学生能够更深入地理解数学原理,还能够增强他们的创新思维和实践能力。他们需要解决各种问题,比如,如何设计旋转木马的支架和旋转机制,如何保证旋转木马的安全性等。这些问题都需要学生思考和分析,并使用数学原理来解决。

动感数学课程设计的真实性原则可以帮助学生更深入地理解数学概念和原理,还能够启发学生将其应用到实际生活中,提高他们的数学应用能力和解决问题的能力。这就是动感数学课程设计的真实性原则的体现。

综上,真实性原则在动感数学中是非常重要的。它要求我们确保所有的数学概念、定理和公式都是被准确地表述和经过验证的,同时也要求我们确保课程的设计是具有趣味性和吸引力的。通过遵循真实性原则,我们可以帮助学生建立坚实的数学基础,提高他们的数学素养,并为他们未来的数学学习和应用打下坚实的基础。

第三节 动感数学的内容选择与安排

动感数学的内容选择与安排需要我们站在学生的角度,从他们的兴趣出发,选取那些具有实际意义、能够引发他们兴趣的数学问题作为教学内容;同时,我们还需要注重学生的参与和体验,让他们在实践中发现问题、解决问题;最后,我们还需要关注知识的系统性和连贯性,使学生在掌握数学知识的同时,能够形成完整的知识体系和思维框架。只有这样,我们才能真正实现数学教育的目标:培养学生的数学素养和思维能力,为他们的未来发展奠定坚实的基础。

(一)内容选择

数学是研究数量关系和空间形式的科学。通过将研究对象的符号运算、形式推理、模型构建等形成数学的结论和方法,帮助学生认识理解和表达现实世界的本质、关系和规律。动感数学的内容应该适合学生的年龄、心理和认知水平,不能过于复杂或抽象,以便学生能够理解和接受;首先,动感数学的内容应该注重基础知识的学习和掌握,包括数学概念、运算规则、图形识别等,为学生后续学习打下坚实的基础;其次,动感数学的内容应该具有趣味性和吸引力,能够引起学生的兴趣和好奇心,让学生在学习过程中保持愉悦的心情,从而提高学习效果;第三,动感数学的内容应该具有一定的实践性和应用性,能够让学生通过实际操作和解决问题来加深对数学知识的理解和掌握,提高数学应用能力;最后,动感数学的内容应该具有一定的挑战性和发展性,能够引导学生逐步提高数学能力和思维水平,为学生未来的学习和职业发展打下良好的基础。

为了适应不同学生的学习风格和需求,帮助他们更好地掌握数学知识,培养数学思维和解决问题的能力,动感数学倡导在课程内容选择上分为实物模型操作类和数学软件应用类。

这两种类型的课程相辅相成,既可以帮助学生掌握基础知识,又可以培养他们的自主学习和探究能力。通过实物模型操作类课程的学习,学生可以更好地理解软件应用类课程中的数学知识;而软件应用类课程则可以为他们提供更广阔的数学学习空间和更多样化的学习方式。

1. 实物模型操作类

初中数学中的许多概念、法则、定理是抽象的,但是初中学生的抽象逻辑思维在很大程度上还属于经验型。根据皮亚杰的认知发展理论,初中阶段正是学生心理发展的过渡期和转折期,学生的认知发展水平正由具体运算阶段进入形式演算阶段。因此,需要寻找生活中的模型来开发动感数学实物模型操作类课程。当然,课程的选择应该综合考虑学生的年龄、兴趣、需求和发展水平,课程的实用性和应用性等因素。

案例:折叠与轴对称图形

(1) 相关分析

"轴对称与轴对称图形"是2012苏科版数学教材八年级上册第2章"轴对称图形"的一个小节,主要内容是让学生通过探究,进一步体验和理解轴对称和轴对称图形。在小学,学生经历了从实际物体中抽象出简单几何体和平面图形的过程,了解一些简单几何体和常见的平面图形,并感受了平移、旋转、轴对称现象。在2012苏科版数学七年级上册"5.2 图形的运动"的学习中,学生知道了翻折和折叠这两个概念,这些都为本节课的学习提供了认知基础。

教材设计了"折纸印墨迹、剪图案"等操作活动,这种操作立意好,但操作起来有些困难(纸张不透明,不利于发现结论)。在实际教学中,学生很多时候只能借助于想象,不能达到预期的学习效果。

利用透明纸的"可视""可移动"的特点,通过"剪""折""移"等操作,经历"观察""猜想""验证"的过程,初步感知轴对称,培养学生有条理地思考与表达能力。

(2) 探究设计

【实验目的】

让学生经历"观察""猜想""验证"等操作过程,认识、体会折叠与轴对称的联系,发展几何直观能力。

【探究工具】

透明纸片、三角尺、剪刀等。

【探究内容】

活动一:观察、猜想、验证

①在如图 2-3-1 所示的图形(图案)中找出轴对称图形(图案)。

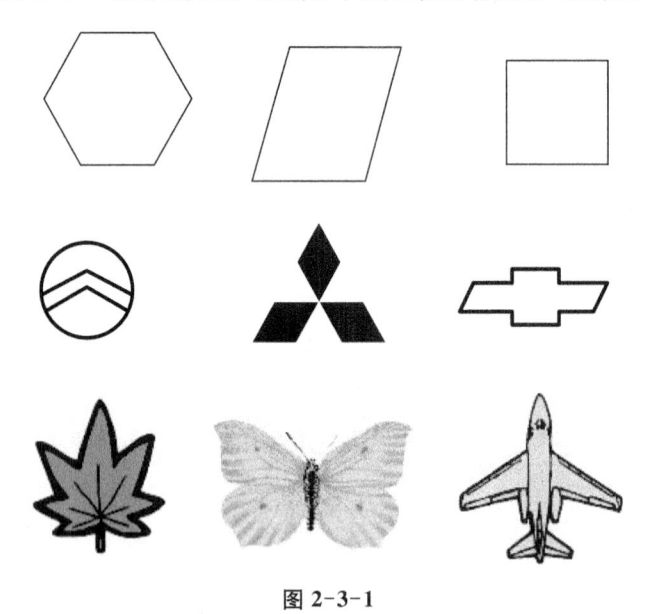

图 2-3-1

②在印有图 2-3-1 的图形(图案)的透明纸片上剪下相应的图案,通过折叠的方式,验证这些图形(图案)是否为轴对称图形(图案)。

【设计意图】

通过找出所给图案中的轴对称图形,让学生感受到轴对称图形在生活中的应用,体会数学就在日常生活中,就在自己身边。更重要的是,让学生经历先观察判断再折纸验证的过程,他们会深切感受到折叠与轴对称的联系。这为学习轴对称、轴对称图形提供了直观感受的途径。

活动二:操作与思考

①拼一拼,六人一组,选用两块相同的三角尺,拼成一个轴对称图形;

②画一画,把拼出来的轴对称图形画在透明纸上;

③折一折,通过折叠,验证所拼图形是否为轴对称图形;

④想一想,利用两块相同的、含有30°角的三角尺,能拼出多少种不同的轴对称图形?

【设计意图】

本活动分为三个层次:第一层次,组织学生利用三角尺拼轴对称图形,在拼接过程中,让学生主动思考并识别所拼图形是否为轴对称图形;第二层次,将所拼接的图形画在透明纸片上,并折叠所画图形,进一步验证所拼图形是轴对称图形;第三层次,提出问题:利用两块相同的含有30°角的三角尺,能拼出多少种不同的轴对称图形?

活动三:设计与验证

在透明纸片上,自己设计一个简单的轴对称图案,并进行验证。

【设计意图】

本活动通过学生思考、操作,验证图形的轴对称性,具有一定的创造性,增强了学生对轴对称的理解,培养了学生的空间观念。

附表:"动感数学"实物模型操作类教学内容纲要(2012苏科版教材)

如表2-3-1、表2-3-2、表2-3-3、表2-3-4、表2-3-5、表2-3-6所示。

表2-3-1 七年级上册

章名	节名	研究内容	实物模型操作设计
第2章 有理数	2.1 正数与负数	感受正数、负数	"巨型"温度计
	2.3 数轴	磁力车	行进的小汽车
	2.4 绝对值与相反数	①磁力车;②可折叠的数轴	①行进的小汽车;②对称的数轴
	2.5 有理数的加法与减法	有理数加法与减法	数轴上的笔尖运动
	2.6 有理数的乘法与除法	有理数的乘法	借用数轴探索乘法法则
	2.7 有理数的乘方	感受有理数乘方	①翻转茶杯;②折纸(绳子)
	2.8 有理数的混合运算	数字黑洞	①迷宫;②巧断金链;③扑克牌"算24点"

续表

章名	节名	研究内容	实物模型操作设计
第3章 代数式	3.1 字母表示数	字母表示数	天梯云游
	3.3 代数式的值	数值转换机	趣拼火柴棒
	3.4 合并同类项	青蛙换位游戏	找朋友——我们的"共同点"
第4章 一元一 次方程	4.3 用一元一次方程解决问题	①月历游戏;②钟面上的数学	月历
第5章 走进几 何世界	5.1 丰富的图形世界	①七巧板拼图;②火柴棒游戏	七巧板、火柴棒若干
	5.2 图形的运动	平移、翻折、旋转	透明纸
	5.3 展开与折叠	磁力片	探究正方体的展开图
	5.4 主视图、左视图、俯视图	三视图	搭建几何体
第6章 平面图 形的初 步认识	6.1 线段、射线、直线	数线段规律	结绳数线段
	6.2 角	三角尺拼角	三角尺若干
	6.4&6.5 平行线和垂直	感受垂直和平行的唯一性	叠合透明纸

表2-3-2 七年级下册

章名	节名	研究内容	实物模型操作设计
第7章 平面图 形的认 识(二)	7.2 探索平行线的性质	折平行线	长度不等细棒若干
	7.4 认识三角形	①搭三角形;②折三角形"三线"	磁力片中的三角形
	7.5 多边形的内角和与外角和	三角形的内角和	折纸验证三角形内角和180°
第8章 幂的运算	8.2 幂的乘方与积的乘方	教科书有多厚	"抢三十"游戏
第9章 整式乘 法与因 式分解	9.4 乘法公式	完全平方公式和平方差公式	拼图游戏
	9.5 多项式的因式分解	因式分解	拼长方形
第10章 二元一次 方程组	10.5 用二元一次方程组解决问题	测量硬币的厚度与质量	"累积法"测硬币
第11章 一元一次 不等式	11.4 解一元一次不等式	数字棋游戏	数字棋

续表

章名	节名	研究内容	实物模型操作设计
第12章 证明	12.2 证明	①抢"十七"游戏；②通过计算探索规律	若干游戏工具

表 2-3-3　八年级上册

章名	节名	研究内容	实物模型操作设计
第1章 全等三角形	1.1 全等图形	全等图形	①观察并叠合验证；②分割叠合
	1.2 全等三角形	全等三角形	叠一叠、画一画
	1.3 探索三角形全等的条件	①三角形全等的条件；②三角形的稳定性	①观察、叠合、画图；②制作框架
第2章 轴对称图形	2.1 轴对称与轴对称图形	折叠与轴对称	剪一剪、拼一拼、画一画、折一折
	2.2 轴对称的性质	轴对称的性质	折叠、扎孔
	2.4 线段、角的轴对称性	折纸与角平分线的性质	折纸
	2.5 等腰三角形的轴对称性	①等腰三角形的性质；②折纸与含30°角的直角三角形；③折等腰三角形	①剪出等腰三角形、折叠等腰三角形；②折纸
第3章 勾股定理	3.1 勾股定理	①探索勾股定理；②验证勾股定理	①画图、计算；②拼图、计算
第4章 实数	4.3 实数	①打印纸中的数学；②"螺旋图"中的无理数	①度量、折叠；②画图构数
第5章 平面直角坐标系	5.1 位置的确定	物体位置的确定	棋盘上马的行踪
	5.2 平面直角坐标系	①图形运动和坐标变换；②有趣的平面坐标系	①网络画板；②画图测量
第6章 一次函数	6.4 用一次函数解决问题	函数关系	家用温度计的改造

表 2-3-4　八年级下册

章名	节名	研究内容	实物模型操作设计
第7章 数据的收集、整理、描述	7.3 频数和频率	数据统计	利用频数感受键盘上字母排列的奥秘
第8章 认识概率	8.2 可能性的大小	骰子游戏—体验随机事件发生的可能性大小	抛掷骰子；转动转盘
	8.3 频率与概率	摸棋子—用频率估计概率	摸棋子；抛掷瓶盖

续表

章名	节名	研究内容	实物模型操作设计
第9章 中心对称图形——平行四边形	9.1 图形的旋转	旋转透明纸—探索图形旋转的性质	旋转透明纸
	9.2 中心对称与中心对称图形	①拼图—理解中心对称；②剪纸—设计中心对称图案	①拼、画中心对称图案；②剪出中心对称图案
	9.4 矩形、菱形、正方形	①折纸—理解菱形的判定方法；②平分图形面积—理解中心对称图形的性质；	①剪出菱形、叠出菱形、折出菱形；②折出面积平分线
	9.5 三角形的中位线	①折纸—探索三角形中位线定理；②构造中点四边形—应用三角形中位线解决问题	①三角形的中位线、折"组合矩形"、画三角形的中位线；②画图、折纸、测量
	小结与思考	①"制作"变化的四边形—感受特殊四边形的特征；②剪拼纸片—认识图形的裁剪与拼接	①制作四边形学具；②剪拼纸片
第10章 分式	10.2 分式的基本性质	糖水实验—探索分式的有关性质	配置糖水
第11章 反比例函数	11.1 反比例函数	"贴"矩形—认识反比例函数	"贴"矩形
	11.2 反比例函数的图像与性质	旋转、翻折透明纸—理解反比例函数图像的对称性	旋转、翻折透明纸
	11.3 用反比例函数解决问题	数格点，算面积	数一数、算一算
第12章 二次根式	12.2 二次根式的乘除	理解二次根式的性质	剪一剪、拼一拼
	12.3 二次根式的加减	制作无理数刻度尺	度量线段
	小结与思考	方格纸中的无理数—比较无理数大小	画一画

表 2-3-5 九年级上册

章名	节名	研究内容	实物模型操作设计
第1章 一元二次方程	1.4 用一元二次方程解决问题	探索无盖长方体纸盒的最大容积	制作纸盒
	数学活动	矩形绿地中的花圃设计	纸片若干、画图工具

续表

章名	节名	研究内容	实物模型操作设计
第2章 对称图 形——圆	2.2 圆的对称性	圆的对称性	旋转、折叠透明纸
	2.6 正多边形与圆	①数学与刺绣;②探究圆周率;③莱洛三角形与圆;④折正多边形	①折纸;②等分圆周
	2.7 弧长及扇形的面积	探究圆周率	硬币摆放
	2.8 圆锥的侧面积	探索圆锥制作的奥秘	卡纸若干

表 2-3-6　九年级下册

章名	节名	研究内容	实物模型操作设计
第5章 二次函数	5.2 二次函数的图像与性质	①二次函数图像的平移、翻折;②巧作抛物线;③探索二次函数图像的唯一性	平移透明纸
第6章 图形的 相似	6.3 相似图形	折纸与黄金矩形	折纸
	6.4 探索三角形相似的条件	①找三角形硬纸板重心;②重心定理的验证	①"分割"小棒;②找三角形硬纸板重心
	6.5 相似三角形的性质	折三等分点	探索黄金分割线
	6.6 图形的位似	图形的位似	用放缩尺画图形
	6.7 用相似三角形解决问题	利用平行投影	测量楼房、旗杆的高度
第7章 锐角三 角函数	7.3 特殊角的三角函数	折纸与特殊角的三角函数	卡纸若干
	7.6 用锐角三角函数解决问题	测量旗杆的高度	设计测量方案
第8章 统计和概 率的简单 运用	8.4 抽签方法合理吗	游戏是否公平	骰子游戏

2. 数学软件应用类

数学软件的应用可以适应不同层次的学生学习,增加教学的趣味性,提高教学效率,促进学生的自主学习,辅助教师进行教学。因此,在动感数学中应用数学软件是十分必要的。

(1) Office 中的电子表格

案例:用 Excel 表格研究一次函数图像

①相关分析

一次函数,又称线性函数,是数学中基础且重要的概念。它描述了变量之间线性相关的关系,在解决实际问题时具有广泛的应用。然而,仅仅通过数学公式

让数学"动"起来 ——动感数学的实践研究

和理论来理解和应用一次函数,对于初中生来说可能显得抽象和难以捉摸。因此,将一次函数图像化显得至关重要。Excel 作为常见的软件,是初中生易于操作和掌握的。

②探究设计

【探究目的】

通过操作 Excel 进行一次函数图像的探究。

【探究工具】

安装有 Excel 软件的计算机。

【探究内容】

活动:以 $y=2x+1$ 为例,描点感知图像

a. 打开 Excel 软件,第一列第一行输入"x";第二列第一行输入"y"。

b. x 的最小值取"-4",找到"填充","系列"选择"列","步长"为"1","终止值"为"4"(图 2-3-2)。

c. 在 y 列用公式计算出 y 的值。

d. 选择"插入"—"图表"—"所有图表类型"—"x,y 散点图"(图 2-3-3)。

图 2-3-2 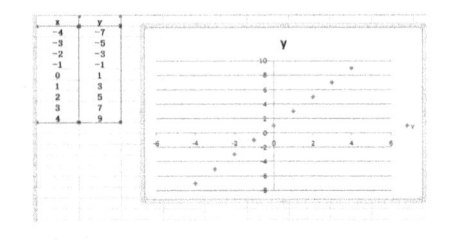　　　　　　　　　图 2-3-3

e. 按上述步骤增加点的数量,把"步长"改为"0.1"(图 2-3-4),得到一次函数的图像是一条直线。

【设计意图】

在当今数字化和信息化的时代,数据分析与可视化成为许多领域不可或缺的技能。Excel 作为一款功能强大的电子表格软件,不仅提供了丰富的数据处理和分析工具,还允许用户通过其图表功能直观地展示数据。其中,画一次函数图像就是 Excel 图表功能的一个典型应用。我们的课堂上可以让学生根据老师示范的步骤独立操作,直观体会"一次函数的图像是一条直线"这个结论。

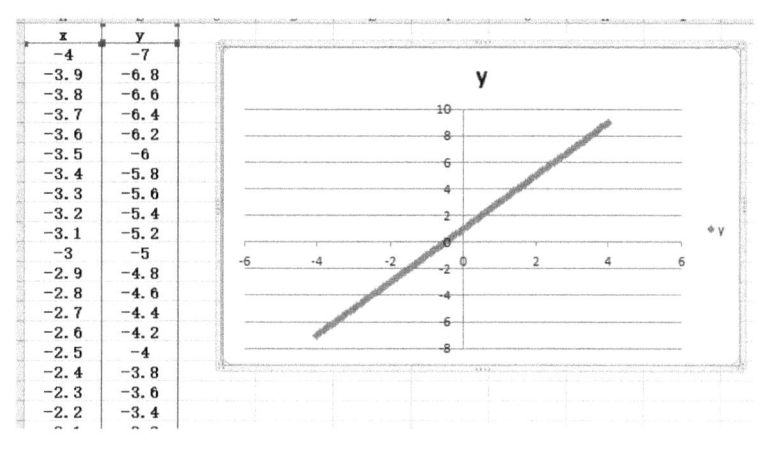

x	y
-4	-7
-3.9	-6.8
-3.8	-6.6
-3.7	-6.4
-3.6	-6.2
-3.5	-6
-3.4	-5.8
-3.3	-5.6
-3.2	-5.4
-3.1	-5.2
-3	-5
-2.9	-4.8
-2.8	-4.6
-2.7	-4.4
-2.6	-4.2
-2.5	-4
-2.4	-3.8
-2.3	-3.6
-2.2	-3.4

图 2-3-4

（2）网络画板

案例：中点四边形

①相关分析

中点四边形的重要性不仅在于其独特的性质，更在于它在几何证明和计算中的广泛应用。中点四边形的独特性质让学生通过什么方式学习会更好呢？几何软件就可以发挥作用。

②探究设计

【探究目的】

让学生通过画图、折纸、计算机模拟操作等方式，研究四边形的"中点四边形"，并在活动中进一步理解特殊四边形的性质与判定，发展推理能力。

【探究工具】

刻度尺、量角器等度量工具、安装有网络画板的计算机。

【探究内容】

顺次连接一个四边形各边中点所得的四边形称为该四边形的"中点四边形"。

活动一：特殊四边形的中点四边形

a. 猜想：平行四边形、矩形、菱形、正方形的中点四边形分别是哪种特殊的四边形？

b. 画图：剪下分别画有平行四边形、矩形、菱形、正方形的4张图，分别画出这些特殊四边形的中点四边形。

c. 验证：通过折纸的方式验证所画的中点四边形与你的猜想是否一致。

【设计意图】

让学生经历猜想、画图、验证等活动，探究特殊四边形的中点四边形。

活动二：一般四边形的中点四边形

a. 画图：剪下如图 2-3-5 所示的 4 张图，分别画出它们的中点四边形。观察判断所画的中点四边形分别是哪种特殊的四边形。

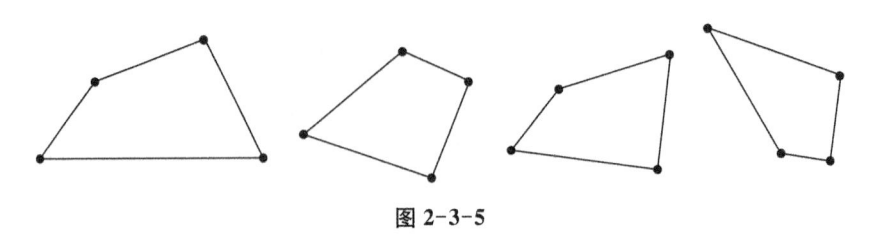

图 2-3-5

b. 折纸：通过折纸的方式验证 a. 中的判断。

c. 思考：借助刻度尺、量角器等工具对每一个四边形的边、角、对角线进行度量，你有什么发现？

【设计意图】

进一步探究一般四边形的中点四边形，让学生初步感知中点四边形与原四边形之间的关系。在对特殊四边形及一般四边形的中点四边形的探究过程中，画图的目的在于使学生认识中点四边形，折纸的目的在于验证认识。

活动三：计算机模拟操作

a. 利用网络画板软件画四边形 $ABCD$，构造四边形 $ABCD$ 的中点四边形 $EFGH$。连接对角线 AC、BD，度量 AC、BD 及四边形 $EFGH$ 的各边长，你有什么发现？

b. 任意画四个点，构造四边形 $ABCD$，拖动四边形 $ABCD$ 的任一顶点，观察中点四边形 $EFGH$ 的变化，试猜想：当四边形 $ABCD$ 满足怎样的条件时，四边形 $EFGH$ 分别为矩形、菱形、正方形？并说明理由。

【设计意图】

通过计算机模拟操作，让学生在操作与思考中全面认识中点四边形与原四边形的元素之间存在的关联。

活动四：拓展延伸

如图 2-3-6 所示，在四边形 $ABCD$ 中，E，F，G，H 分别是边 AD，AB，BC，CD 的中点，若四边形 $ABCD$ 的面积为 S，则四边形 $EFGH$ 的面积为＿＿＿＿。

【设计意图】

通过"拓展延伸"，使学生进一步复习巩固特殊四边形的性质与判定，发展学生的推理能力。

图 2-3-6

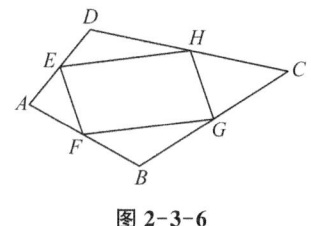

(3) 图形计算器

案例:探索一次函数的图像

相关分析

函数是初中数学的核心内容之一,一次函数的图像是学习性质的基础。初中阶段,我们可以利用图像的直观展现来帮助学生理解和掌握。传统的函数图像学习一般是先通过列表、描点、连线,让学生进行观察、发现、归纳,得出结论。但在描点的数量较少的情况下,学生往往难以直接得出"一次函数的图像是一条直线"的结论。为此,我们可以借助图形计算器展示描点,加密点,跟踪点的过程,帮助学生直观地了解"一次函数的图像是一条直线"的结论。

探究设计

【探究目的】

通过描点、加密点、跟踪点,探索一次函数图像上点的分布规律,让学生了解"一次函数的图像是一条直线"的结论。

【探究工具】

图形计算器。

【探究内容】

①给定一次函数 $y=2x-1$,任取若干个 x、y 的对应值为点的坐标,利用图形计算器绘制这些点。观察这些点,你有什么发现?猜想函数 $y=2x-1$ 的图像是什么图形。

a. 打开双变量统计应用程序,在 C1、C2 数列分别输入各组 x、y 的值。

b. 点击"Plot"铵钮,可以绘制出上述各点(图 2-3-7)。

借助图形计算器,我们还可以快速绘制更多个这样的点。

a. 打开双变量统计应用程序,选择屏幕上的"生成"按钮。

b. 在弹出的页面上设置点的个数及步长等,点击"确定",即可生成一列数据。

c. 在生成 C1、C2 两列数据后,点击"Plot"按钮,即可绘制一系列的点(图 2-3-8)。

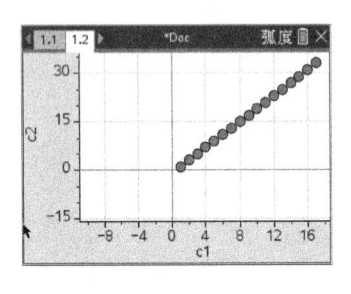

图 2-3-7 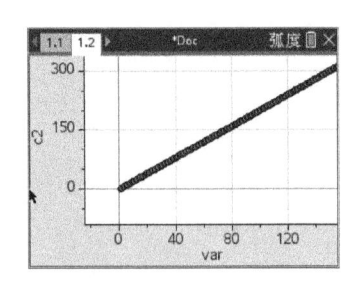　　　　　　　　　　　　图 2-3-8

【设计意图】

通过双变量进行批量取值、描点,有利于学生体会函数的两个变量与图像上点的坐标之间的关系,加深学生对函数图像概念的理解,帮助学生初步判断一次函数的图像是一条直线。再通过加密点,将点与点之间"填满",有利于化解学生的疑虑,确认"一次函数的图像是一条直线"的结论。

②自己选择一个一次函数,在函数应用中绘制它的图像,你看到了什么? 与同伴交流一下你的想法。

a. 打开函数应用,输入函数表达式。

b. 点击"Plot"键进入绘图界面,观察函数图像(图 2-3-9),你发现了什么? 点击"Num"按钮进入数值界面,观察数值表格(图 2-3-10),你又发现了什么?

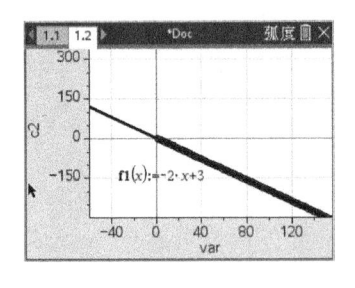

图 2-3-9 　　　　　　　　　　　　图 2-3-10

c. 仿照 b.,构造两个参数,绘制函数 $y=kx+b$ 的图像。分别改变两个参数的值,观察函数 $y=kx+b$ 图像发生的变化,你又有什么发现?

【设计意图】

通过绘制多个一次函数的图像以及改变参数,观察函数图像的变化,从特殊到一般,有利于学生确认一次函数图像是一条直线。改变一次函数表达式,观察其对应的函数图像与表格,有利于学生理解函数的三种表示形式之间的联系,感受到图像的变化规律与表达式中的常数 k、b 的关系,形成对一次函数图像及其性质的认识和理解。

附表:"动感数学"软件应用类教学内容安排表(2012苏科版教材)

如表 2-3-7、表 2-3-8、表 2-3-9、表 2-3-10、表 2-3-11、表 2-3-12 所示。

表 2-3-7　七年级上册

章名	节名	研究内容	数学软件应用设计
第2章 有理数	2.2 有理数和无理数	①感受无理数;②在数轴上表示无理数	利用数学软件
第5章 走进图形世界	5.3 展开与折叠	正方体的展开图	利用数学软件画图
	5.4 主视图、左视图、俯视图	几何体的三视图	数学软件三维展示

表 2-3-8　七年级下册

章名	节名	研究内容	数学软件应用设计
第7章 平面图形的认识(二)	7.3 图形的平移	制作微型动画片	利用数学软件做动图
	7.5 多边形的内角和与外角和	①探索多边形的内角和、外角和;②平面图形的密铺	利用数学软件拼图
第12章 证明	12.2 证明	①眼见未必为实;②"抢十七"游戏;③通过计算探索规律	利用数学软件

表 2-3-9　八年级上册

章名	节名	研究内容	数学软件应用设计
第1章 全等三角形	1.3 探索三角形全等的条件	①探索三角形全等的条件;②三角形的稳定性	利用数学软件让图形动起来
第2章 轴对称图形	2.5 等腰三角形的轴对称性	①探索等腰三角形的性质;②含30°角的直角三角形;③折等腰三角形	动画演示、动手制作动画
第3章 勾股定理	3.1 勾股定理	①探索勾股定理;②验证勾股定理	利用几何软件改变图形得到不同数据
第5章 平面直角坐标系	5.1 位置的确定	物体位置的确定	网络画板
	5.2 平面直角坐标系	①图形运动和坐标变换;②有趣的平面坐标系	①网络画板;②画图测量
第6章 一次函数	6.3 一次函数的图像	一次函数的图像	网络画板

表 2-3-10　八年级下册

章名	节名	研究内容	数学软件应用设计
第 7 章 数据的收集、整理、描述	7.3　频数和频率	数据统计	利用频数感受键盘上字母排列的奥秘
第 8 章 认识概率	8.2　可能性的大小	骰子游戏—体验随机事件发生的可能性大小	计算机编程
	8.3　频率与概率	摸棋子—用频率估计概率	计算机编程
第 9 章 中心对称图形——平行四边形	9.4　矩形、菱形、正方形	①折纸—理解菱形的判定方法；②平分图形面积—理解中心对称图形的性质	网络画板
	9.5　三角形的中位线	①折纸—探索三角形中位线定理；②构造中点四边形—应用三角形中位线解决问题	网络画板
第 11 章 反比例函数	11.2　反比例函数的图像与性质	旋转、翻折透明纸—理解反比例函数图像的对称性	网络画板
第 12 章 二次根式	12.3　二次根式的加减	制作无理数刻度尺	度量线段

表 2-3-11　九年级上册

章名	节名	研究内容	数学软件应用设计
第 2 章 对称图形——圆	2.2　圆的对称性	圆的对称性	网络画板
	2.3　确定圆的条件	最小覆盖圆	网络画板
	2.4　圆周角	探索圆周角与圆心角之间的关系	网络画板
	2.5　直线与圆的位置关系	寻找双心四边形	网络画板
第 3 章 数据的集中趋势与离散程度	3.1　平均数	平均数的计算	计算机编程
	3.3　用计算器求平均数	计算器的使用	计算机编程
第 4 章 等可能条件下的概率	4.2　等可能条件下的概率（一）	理解概率的含义	计算机编程

表 2-3-12　九年级下册

章名	节名	研究内容	数学软件应用设计
第 5 章 二次函数	5.2　二次函数的图像与性质	①二次函数图像的平移、翻折；②巧作抛物线；③探索二次函数图像的唯一性	网络画板

续表

章名	节名	研究内容	数学软件应用设计
第6章 图形的相似	6.6 图形的位似	图形的位似	几何画板
第8章 统计和概率的简单运用	8.1 中学生的视力情况调查	调查程序	计算机编程
	8.3 统计分析帮你做预测	数据分析	计算机编程
	8.4 抽签方法合理吗	游戏是否公平	计算机编程
	8.5 概率帮你做估计	模拟:7位数体育彩票开奖 生日相同的概率有多大	计算机编程
	8.6 收取多少保险费才合理	估测	计算机编程

（二）内容安排

基于教学目标、教学内容、教学对象、教学方法、教学评价等多方面的考虑，动感数学将教学内容安排分为嵌入式教学、主题式教学、专题式教学三类。在实际教学中，这三种教学方式可以相互补充、相互渗透，根据具体情况灵活运用，以达到最佳的教学效果。

1. 嵌入式教学

嵌入式教学并非一种独立的教学方式，而是将"动感数学"等教学资源嵌入到学科教学过程中，辅助学生更好地理解课程内容的一种教学方式。融合式操作探索可以直接为随后的主题式教学服务，一般具有启发性、归纳性、直观性。因此，在使用这种教学方法时，教师应根据具体的教学需求和学生的学习情况，合理地设计和运用嵌入式教学资源，以达到提高教学效果的目的。

比如，在2012苏科版数学教材七年级上册第五章"5.1 丰富的图形世界"教学中，就嵌入了网络画板实践演示。

在初中数学教学中，有些抽象的数学概念或公式可能会让部分学生的思维能力受到限制。对于这些学生，教师可以通过网络画板软件的演示，让学生更好地理解数学问题的几何背景，突出几何意义。教师可以通过培养学生的几何直观能力，帮助学生加深对数学概念、公式或定理的理解。这种方法不仅有助于学生更好地掌握数学知识，还能提高他们的逻辑思维能力。

【探究目的】

让学生通过软件操作，感受图形的形成，发展几何直观和空间想象能力。

【探究内容】

活动一:"点动成线"

(1) 任意画一条线段 AB,在线段 AB 上任取一点 C,顺次选中点 A、点 C,点击"变换"菜单下的"标记向量"。

(2) 选中点 C,依次选择"编辑""操作类按钮""动画"三个按钮,生成"点 C"的动画按钮。

(3) 在线段 AB 外,任取一点 D,选中 D,点击"变换"菜单下的"平移",得到点 E,选中 E,点击"显示"菜单下的"追踪点"。

(4) 点击"动画"按钮,便可看到"点动成线"的动画。

活动二:"线动成面"

(1) 利用作图工具画线段 AB。

(2) 在线段上任取一点 C,选中点 C,单击菜单栏"变换"下的"平移",设置后单击"平移",生成点 D。

(3) 连接线段 CD。

(4) 选中点 C,依次单击"编辑""操作类按钮""动画",方向选择"向前";速度选择"慢速",点击"确定"。

(5) 将线段 AB 及其端点隐藏,将点 C 拖至最左端。

(6) 选择 CD,依次单击菜单栏"显示""追踪线段"。

活动三:"面动成体"(可以以圆柱的动态生成过程为例,继续由教师进行演示)

(1) 选择工具:在画板工具箱中选择"直尺工具",该工具可用于绘制线和线段。

(2) 绘制轴线:在画板上选择一条垂直方向上的直线,作为圆柱体的轴线。

(3) 绘制圆面:使用"圆规工具"在轴线上选择一个点,然后拖动鼠标,选择一个合适的半径,绘制出一个圆面。

(4) 调整角度:选择画板工具箱中的"选择箭头工具",然后点击圆面,按住"Shift"键的同时,拖动鼠标,调整圆面的角度,使其适应圆柱体的形状。

(5) 复制圆柱体:使用"选择箭头工具"选中圆柱体,然后右键点击圆柱体,选择"复制"命令,将圆柱体复制一份。

(6) 调整位置:使用"选择箭头工具"调整复制后的圆柱体的位置,使其符合题目要求。

【说明】

在上述三个实验操作中,点击"显示"菜单中的"擦除追踪痕迹"可恢复原状,右击点,可改变颜色。

【设计意图】

本探究的三个活动均是利用网络画板软件制作完成。前两个操作活动较为简单,第三个操作活动有点难度。上课时,由教师演示,学生观察、思考和交流。

三个探究活动分别是以直线、平面、圆柱的形成过程为例,通过点、线、面的运动过程,让学生感受图形的形成,直观地感受"点动成线""线动成面""面动成体",加强学生对图形的直观理解。

学生的动手操作,需要教师事先设计好操作程序。学生在自己动手操作的过程中,能够清晰、直观地看到各种情况的演变,真实地体验、感受到知识的产生、形成过程,这比教师的直接讲解更有说服力,便于学生理解、记忆和掌握数学知识。当然,最后还可由教师或在操作中获得成功的学生再进行操作的演示。

2. 主题式教学

主题式教学是一种以主题为中心,贯穿于整个教学过程的教学模式。动感数学中的主题式教学是指以数学主题为中心,将数学知识、技能和思想相互融合,通过多种教学手段和方法,激发学生的学习兴趣和积极性,培养学生的数学综合能力的一种教学方法。

主题式教学能够促进学生的合作学习,在小组活动中,学生需要相互协作,共同解决问题,这有助于培养他们的团队精神和沟通能力。

案例:变幻的四边形——菱形中线段和的最值问题

【探究目的】

以菱形为背景的线段和的最值问题。

【探究内容】

活动一:学生利用网络画板动手操作,感受最值的产生

(1)向学生介绍网络画板工具的基本功能和使用方法。

(2)引导学生利用网络画板工具绘制出"将军饮马"的模型。

(3)在绘制出"将军饮马"的模型后,要求学生观察两条线段和的变化趋势。

(4)在学生完成解答后,组织学生进行讨论和交流,分享各自的发现和心得。

【设计意图】

通过这个活动,学生能够亲手操作网络画板工具,直观地感受最值的产生原理。同时,他们不仅能够学习到数学知识,还能够锻炼自己的动手能力和数形结合能力。

活动二:思考探究

如图 2-3-11 所示,在菱形 $ABCD$ 中,$AB=5$,$AC=6$,$BD=8$,P 为对角线

BD 上一动点。

①当点 E,F 分别是 AD,AB 上的中点时,那么在点 P 运动过程中,$PE+PF$ 的长度是否发生变化?如果发生变化,请求出它的最小值。

②_____,(请在横线上填上关于 AD,AB 上的点 E,F 的条件)求出 $PE+PF$ 的最小值(图 2-3-12);

③如图 2-3-13 所示,菱形 $ABCD$ 的边长为 5,对角线 $AC=6$,点 P,Q 为在 BD 上的动点,且 $PQ=1$,求 $PA+CQ$ 的最小值为_____。

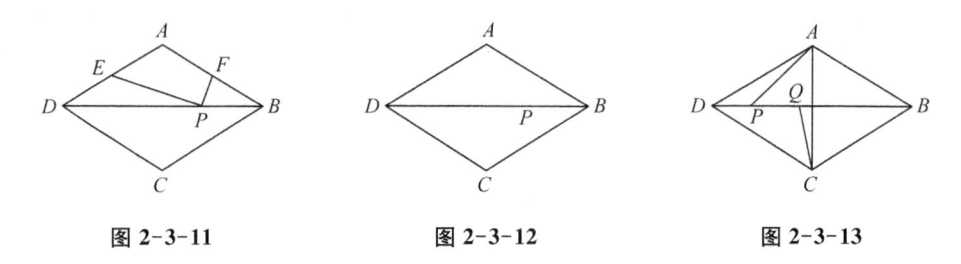

图 2-3-11　　　　图 2-3-12　　　　图 2-3-13

【设计意图】

当点 E 在 AD 上运动时,通过轴对称性,可以转化到 CD 上运动,即 $PE=PE'$,把"折"线段 $PE+PF$ 的值转化为 $PE'+PF$ 的值,利用两点之间线段最短(化"折"为"直")求出最值。学生可以通过这样的方式初步体验到转化思想的重要性。

活动三:拓展应用

④如图 2-3-14 所示,菱形 $ABCD$ 边长为 6,且 $\angle ABC=60°$,M 是菱形内任意一点,连接 MA,MB,MC,则 $AM+BM+CM$ 的最小值为_____。

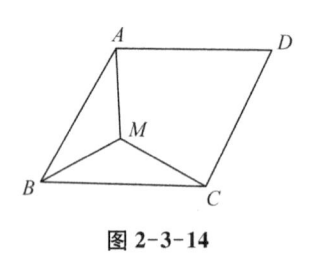

图 2-3-14

【设计意图】

我们将利用网络画板的功能来探索图形变化,在之前内容的基础上让学生分组讨论,充分利用网络画板的功能(旋转)来让学生直观体会图形变化,在点的运动过程中找到最值的位置,从而提高学生的几何素养和创新能力。

附表:"动感数学"主题式教学内容安排表

表 2-3-13

领域		学段	课题	配套教学内容
数与代数	数与式	七上	"幻方"中的游戏	有理数的加减法
		七上	字母表示数	代数式
		七下	拼图	多项式的因式分解
		八下	拼正方形	二次根式的乘除
	方程	七上	月历游戏	一元一次方程
		七上	"钟面上的数学"	用一元一次方程解决问题
	函数	八上	找找我在哪	物体位置的确定
		八上	图形运动和坐标变换	平面直角坐标系
		八上	透过"图形"看"本质"	一次函数的图像
		八下	验证反比例函数图像的对称性	反比例函数复习
图形与几何	直线	七下	折平行线	平行线的性质与判定
	图形变换	七上	剪一剪、折一折	展开与折叠
		八上	美丽的图案	设计轴对称图案
	多边形	七下	探索多边形的内角和	多边形的内角、外角和
		七下	平面图形的密铺	多边形的内角、外角和
	三角形	八上	探索三角形全等的条件	探索三角形全等的条件
		八上	勾股定理的验证	勾股定理
		九上	折纸与黄金矩形	相似图形
		九上	测量旗杆的高度	利用相似三角形解决问题
	四边形	八下	"做"菱形	菱形
		八下	中点四边形	平行四边形复习课
	圆	九上	最小覆盖圆	确定圆的条件
		九上	探索圆周率	正多边形与圆
		九上	滚动的圆	圆
	解直角三角形	九上	折纸与特殊角的三角函数	特殊角的三角函数
统计与概率		八下	骰子游戏	可能性的大小
		九上	模拟 7 位数体育彩票开奖	"概率帮你做估计"
综合与实践		七上	七巧板拼图	拼图
		七下	通过计算探索规律	探索与发现

107

续表

领域	学段	课题	配套教学内容
综合与实践	七下	数学与刺绣	数学在刺绣中的应用
	八下	数格点、算面积	数学实践活动
	八下	变换的四边形	菱形中线段和的最值问题
	九下	点与圆上的点的最值问题	圆中线段最值
	九下	与函数模型有关的最值问题	二次函数背景下的最值
	九下	化动为静	动点问题的解题策略
	九下	图形的平移、旋转、折叠	图形与几何
	九下	动点中的行程问题	数轴与行程问题
	九下	动点构成特殊图形问题	特殊图形的性质与判定

在安排这些内容时,要注重培养学生的动态思维,注重将数学知识和实际问题结合起来,激发学生的学习兴趣和积极性。同时,可以通过一些案例分析、实验操作、问题探究等方式进行教学,使学生更好地理解和掌握数学知识。

此外,还应该适当安排一些数学思维训练题目,以培养学生的数学思维能力和解决问题的能力。同时,也应该注重学生的个性化发展,根据学生的不同特点和兴趣爱好,制定不同的教学计划和方案,使每个学生都能够得到充分的发展。

3. 专题式教学

在专题式教学中,教师通常会选择一个主题,然后围绕这个主题,将数学知识和其他学科的知识融合在一起进行教学,例如将数学和科学、技术、文学等学科的知识结合在一起。因此,专题式教学可以被视为一种跨学科教学的方式。在初中数学教学中,专题式教学可以帮助学生将所学的数学知识进行系统化和整合,提高他们的数学应用能力和解决问题的能力。动感数学以问题为导向进行专题式教学,通过引导学生解决实际问题,激发学生的学习兴趣和主动性,培养学生的思维能力和创新能力。

例如,"A4 打印纸中的数学"。

【探究目的】

引导学生用实验方式探究"A4 打印纸中的数学"。

【探究内容】

活动一：观察操作

(1) 请量出 A4 打印纸的长和宽。

(2) 根据量出的数据,计算其长宽比的近似值,并猜想 A4 打印纸长宽比的精确值。

(3) 怎样说明你的猜想是正确的？

【设计意图】

这是我们本节课的预备学习活动，我们将从学生最熟悉的 A4 打印纸开始，运用测量的方法，去探索和研究 A4 纸最基本的几何属性关系。

活动二：思考验证

(1) 为什么这种打印纸被称为 A4 打印纸？

教师简单介绍 A 类打印纸的关系，让学生了解 A4 打印纸是由 A3 打印纸对折而来，而对折 A4 打印纸则得到 A5 打印纸……

(2) 你能猜出 A5 打印纸的长与宽的比值吗？请证明你的猜想。

(3) 由此你能否得出所有 A 类打印纸的关系？请证明你的猜想。

【设计意图】

借助折叠 A4 打印纸的亲身体验，学生可以直观感知 A5 打印纸的长宽比。这样的教学设计具有开放性，给予学生广阔的体悟空间，让他们在实践中获得更深入的理解和感受。

活动三：理解应用

(1) A4 打印纸是黄金矩形吗？

(2) 为什么 A 类打印纸被称为标准纸？

(3) 你知道为什么电脑显示器被设计成 4∶3 吗？猜想电视机屏幕、电影幕布的尺寸，说说你的思考。

【设计意图】

选择 A4 打印纸作为教学工具，不仅让学生们感受到了其长宽比为 $\sqrt{2}$ 的矩形的特性，还引导他们发现了它不是黄金矩形的事实。这一发现引发了他们对打印纸为何被视为标准纸张的思考。通过活动二，学生们深刻理解了 A 类打印纸是相似图形的含义，进一步领悟到：使用相似的纸张可以使图像在放大或缩小时保持不变形。这一原理与屏幕设计尺寸之间存在着密切的联系。在联想和类比的过程中，学生们开始思考如何将这种纸张与屏幕设计尺寸相互转换。他们逐渐认识到，将纸张上的图像转化为屏幕上的图像时，必须考虑到屏幕的分辨率和像素密度。如果纸张和屏幕的尺寸不同，就需要进行相应的缩放或裁剪，以保持图像的清晰度和比例。这一新的感悟使学生意识到，在处理图像时需要考虑更多的因素。他们开始思考如何更好地利用纸张和屏幕之间的转换，以实现更优化的图像呈现效果。这种思考方式不仅培养了学生的思维能力，还提高了他们的实践技能，让他们能够在未来的学习和工作中更好地应用所学知识。

第三章

动感数学的教学实施

让数学"动"起来 ——动感数学的实践研究

动感数学教学是一种新型的教学方法,它结合了数学理论和实验操作,让学生通过实践来探索数学知识,让知识的呈现可视化,从而让学生更好地理解和掌握相关概念和定理的内容。这种教学方法的特点是强调学生的参与和实践,让学生通过亲身经历来理解和掌握数学知识的发生、发展过程。在动感数学教学中,学生需要在实际操作中探索数学问题,这有助于他们更好地理解相关概念和定理的具体意义。同时,学生还需要运用数学知识来解决实际问题,这有助于他们更好地理解数学的本质和价值。

第一节　动感数学的实施原则

《义务教育数学课程标准(2022年版)》(以下简称《标准》)要求教师在教学过程中,"改变单一讲授式教学方式,注重启发式、探究式、参与式、互动式等……通过丰富的教学方式,让学生在实践、探究、体验、反思、合作、交流等学习过程中感悟基本思想、积累基本活动经验,发挥每一种教学方式的育人价值,促进学生核心素养发展。"《标准》还提出"学生的学习应当是一个生动活泼的、主动的和富有个性的过程。除接受学习外,动手实践、自主探索与合作交流同样是学习数学的重要方式。学生应当有足够的时间和空间经历观察、实验、猜测、计算、推理、验证等活动过程。""要充分考虑信息技术对数学学习内容和方式的影响,开发并向学生提供丰富的学习资源,把现代信息技术作为学生学习数学和解决问题的有力工具,有效地改进教与学的方式,使学生乐意并有可能投入现实的、探索性的数学活动中去。"

(一)亲历性原则

动感数学教学作为一种创新的教学方式,强调学生在数学学习中的亲身经历与亲力亲为。传统的教学模式往往以教师为中心,学生被动接受知识。而动感数学教学以学生为主体,学生通过亲自动手参与实践和探索进行数学活动,增强学生对数学知识的理解。

动感数学教学中的亲历性体现在多个方面。首先是学生的主动参与,他们在学习中扮演着探索者和研究者的角色,通过观察、实践和讨论等方式积极参与学习的每个环节。其次是学生的自主学习,他们在学习中能够自主提出问题、寻找解决方案,并通过实验验证或推理得出结论。最后是学生的合作与交流,他们通过团队合作和思想交流来解决问题,培养了团队合作和沟通能力。

相对于传统教学,动感数学教学使学生的角色发生了转变。在传统教学中,学生是被动的知识接受者,而在动感数学教学中,学生成为主动的知识探究者。通过与学习材料的直接接触和实践操作,学生的学习过程更加生动和直观,激发了他们对数学的兴趣和学习的动力。同时,动感数学教学还能够培养学生的观察力、思维力,提高他们的数学素养。

在动感数学教学实施中,我们进行了一系列实践案例,并对学生进行了效果评价。通过实践教学,学生的学习兴趣明显增强,参与度和主动性大大提高,他们能够主动思考和解决实际问题,学习成绩也得到了明显的提升。而且,动感数学教学中学生的亲历性还促进了学生的自主学习和合作能力的培养,增强了他们的创新思维和实践能力。

动感数学教学的实施过程中,学生的亲历性是一种有效的教学模式,能够提高学生的学习动力和学习效果。通过学生的主动参与和主体地位的确立,能够培养学生的自主学习能力、创新思维和实践能力。因此,在实施初中数学实验教学时,教师应注重培养学生的主观能动性,为学生提供更多的实践机会和探索空间,促进他们在数学学习中的主体地位的确立。

(二) 自主性原则

传统的数学教学中,教师为了传授知识,强化技能训练,"主宰"了整个课堂,给学生"灌"知识,学生被动接受知识。这种教学方式,虽有短时效果,但从高层次思维和学生长远发展看是不科学的。动感数学教学,给教师的角色地位赋予了新的含义。在教学环节中,教师不只是讲授者和权威者,教师更应该是课堂教学的设计者、引导者、组织者、评判者和学生学习的合作者。学生是动感数学教学的主体,学生成为知识的探索者和发现者。他们通过自主选择探索问题,提出问题和设计操作方案,发挥了主动性和创造力。这样的角色转变使学生更加积极主动地参与动感数学学习,提高了他们的学习兴趣与积极性。

《义务教育数学课程标准(2022版)》强调发挥学生的主观能动性,为学生创造条件,促进学生参与实践。因此,在动感数学教学过程中,学生应该积极参与数学活动的设计和操作,包括选择学习主题、确定学习目标、设计操作步骤、收集数据和分析结果等。教师应该鼓励学生积极参与动感数学操作过程,给予学生足够的空间和时间去思考、探索和表达。同时,教师也应该提供适当的指导和帮助,引导学生去解决问题、发现新的问题,并鼓励他们提出自己的想法和观点。学生应独立思考解决问题的方法,而不是依赖教师的指导。动感数学教学往往涉及一些新的概念和方法,学生应该保持探究和好奇的心态,主动探索这些未知领域,从而加深对数学知识的理解和掌握。在操作与应用过程中,学生可能会遇到一些困难和挫折,需要具备足够的耐心和毅力,不断尝试和调整,以达到预期的目标。

在动感数学教学中,学生对所学的知识有自己的思考和认识,进而发展自己的思维。通过与教师交流与探究,加强师生之间交往,使师生关系融洽,学生掌握知识技能,掌握正确的学习方法,树立学习的自信心。

动感数学教学需要教师和学生共同努力,教师需要注重学生的自主性、思维的启发、探索能力的培养,而学生也需要积极参与、主动思考、敢于表达、勇于探索。这样才能够实现动感数学的真正意义和价值。

动感数学教学能够为学生提供更多的实践机会和探索空间,提高学生的学习动力,通过学生的主动参与,确立其学习的主体地位,培养自主学习的能力和创新思维。

(三)合作性原则

合作交流在数学学习中起着至关重要的作用,它有助于学生之间互相学习、互相启发,加深对问题的理解,形成正确的猜想。同时,合作交流还能提高学生的表达能力和逻辑思维能力,使他们的表达更具条理性。

具体来说,合作交流可以按照以下步骤进行:首先,需要明确学习的目标和任务,确保每个成员清楚自己的职责。在学习过程中,学生可以互相讨论,分享各自的想法和观点,互相启发,补充或纠正猜想。每个小组需要准备一份学习报告,详细记录探究的过程和结果。在探究结束后,每个小组需要将实践结果与其他小组进行交流和反馈。如果有不一致或错误的地方,需要回到实践中修正或改进。最后,教师需要对实践活动进行评估和总结,指出优点和不足,以便学生能够更好地理解问题,提高他们的数学技能。

这样的合作交流不仅能帮助学生形成正确的猜想,还能提高他们的团队合作能力和解决问题的能力。同时,它也有助于培养学生的交流和表达能力,使他们的表达更具有条理性和逻辑性。总的来说,合作交流是动感数学中不可或缺的一部分,它对于提高学生的数学技能和综合素质具有重要意义。

(四) 探究性原则

知识的形成是一个复杂的过程,需要经历多个环节,包括感知、思考、理解、记忆、推理、创新等。动感数学倡导学生通过探究,体验知识形成的过程。在动感数学教学中,学生通过具体操作,搭建探究"阶梯",创造文化氛围,配置活动区域,增加探究机会,使得动感数学的教学更加有效。

搭建探究"阶梯",尝试通过探究进行学习。(1) 实验探究,很多数学问题可以通过实验的方式进行探究。例如,对于一些几何问题,可以利用模型,让学生通过实际的触摸和观察来理解抽象的数学概念。对于一些概率问题,可以通过抛硬币或掷骰子等方式进行实验。实验的关键在于设计问题,进行操作,观察现象,分析数据,得出结论。(2) 实践探究,在实验的基础上,可以进行实践探究,利用真实的生活场景,通过解决实际问题来深化学生对数学的理解和应用。例如,可以在购物时分析优惠券的使用,或者在建筑工程中应用数学知识进行计算等。实践探究的关键在于找到与数学相关的实际问题,运用数学知识解决实际问题,并总结和反思解决问题的过程和结果。(3) 模拟探究,在实践探究的基础上,可以进一步进行模拟探究。模拟探究是指通过计算机软件或者数学软件来模拟现实场景,进行数学实验和数据分析。例如,可以使用数学软件来模拟抛硬币或掷骰子的过程,观察概率的变化,或者使用计算机软件来模拟金融市场的变化,理解相关系数和风险等概念。模拟探究的关键在于使用现代科技工具来进行数学探究,深入理解数学概念,并尝试将数学知识应用到更广泛的领域。在每一步中,都应鼓励学生自主构建验证方法,即对自己的结论进行验证,以确保结论的正确性。同时,应鼓励学生反思和总结探究过程,以便于更好地理解和应用数学知识。

这三级探究学习"阶梯"可以帮助学生从不同的角度理解和应用数学知识,提高他们的数学素养和解决问题的能力。

创设探究氛围。学校或机构可以设立专门的数学期刊阅览室或阅读角,放置一些数学期刊、杂志、报纸等,让学生可以随时阅读,了解数学的发展和最新研究成果。这些措施可以让学生有更多的时间和空间与数学接触,增加学生探究数学的机会,从而营造出更好的数学探究氛围,让学生产生从理论理解到实践应用的内需,调动他们研究数学的兴趣和创新意识。

配置探究区域。学校或机构可以在教室或走廊等公共区域配置触摸屏,学生可以通过触摸屏来了解数学的核心内容,例如数学公式、数学历史、数学家的故事等。可以在教室或走廊等地方张贴数学海报或展板,展示数学的核心概念、公式、定理等,让学生随时可以看到,激发学生的学习兴趣和积极性,提高他们的数学素养和思维能力。

增加探究机会。学校或机构还可以考虑以下措施来进一步增加学生探究数学的机会:组织数学竞赛和活动,例如数学解题比赛、数学建模比赛、数学讲座等,让学生有机会展示自己的数学才能;建立数学社团,鼓励学生参与其中,通过讨论、交流、实践等方式来探究数学,增强他们的数学素养和思维能力;引入数字化教学资源,例如数学教学软件、数学教学网站、数学教学视频等,让学生可以通过这些资源来学习数学知识,提高数学技能。这些措施可以进一步增加学生探究数学的机会,同时也可以促进他们对数学的热爱和兴趣。

(五)多样性原则

动感数学的多样性指的是在数学实验教学中采用多种不同的教学方法和教学内容,以满足学生的不同学习需求和兴趣。

在动感数学教学实施前务必要进行充分的调研,了解学生的特点和学校的教学资源,在动感数学实施的过程中,要关注到学校自身的优势、学生个体的差异。遵循多样性原则可以更好地发挥学生的潜力,提高动感数学的教学效果。

教学形式的多样性。多样性可以体现在教学内容的选择上。动感数学涵盖各个数学领域,包括数与代数、图形与几何、统计与概率等。学生可以选择自己感兴趣的数学领域进行研究,这样能够更好地激发学生的学习兴趣和主动性。多样性可以体现在探究方法的选择上,如采用观察探究、比较探究、演示探究等等。有针对性地采用不同的探究方法可以帮助学生深入理解数学概念和原理,培养他们的观察和感知的能力。此外,多样性还可以体现在动感数学实践形式的选择上。动感数学教学可以以个人操作、小组合作或者整个班级的集体操作的实践形式进行。不同的形式的采用可以培养学生的合作与交流能力,激发学生的创造力和团队合作精神。

教学资源的多样性。教师应了解学生的背景、兴趣、学习风格和能力,以便能够有针对性地设计教学内容和方法。动感数学不局限于传统的教材和教具,追求寻找和利用一些具有趣味性和互动性的教学资源,如数学游戏、动画视频等,以吸引学生的注意力。根据学校的实际情况,调整教学计划和活动安排。例如,如果学校缺乏某些数学教学器材,可以设计一些不需要器材的数学活动。教师可以设计一些引导学生在课后自主探究和思考的作业,培养他们的独立思考能力和解决问题的能力。除了传统的纸笔测试外,还可以采用其他的评价方式,如动手操作、项目成果、数学日记等,以更全面地评估学生的学习成果。

动感数学的多样性,可以满足学生的多元化需求,激发他们的学习兴趣和潜能。具有多样性的动感数学教学可以提供更多的选择和灵活性,使学生能够根据自己的兴趣和能力进行学习,促进他们的全面发展和培养他们的创新思维能力。因此,在数学教学中应该注重引入多样性的动感数学教学方法和教学内容,为学生提供丰富多样的学习体验和发展空间。遵循多样性原则,关注学生和学校的独特性,是提高动感数学教学有效性的关键。

第二节 动感数学的教学设计

在设计动感数学教学时,教师不但要根据教学内容、教学特点采用不同的形式,还需要关注到教学目标的设定、教学工具的选择、教学过程的设计和学生的指导等方面,通过更好地实现《标准》提出的目标,从而促进学生发展。教师的精心设计和学生的积极参与,能够有效促进动感数学教学实施,使每一位学生都能在动感数学中得到收获。

(一) 目标的设定

数学核心素养是数学课程目标的集中体现,是学生学习数学应达成的最重要、最本质的素养,它反映了数学知识、技能、思想方法中最为重要、最关键、最本质的内容,具有综合性、整体性和持久性,包括抽象能力、运算能力、几何直观、空间观念、推理能力、数据观念、模型观念、应用意识、创新意识等九个方面。动感数学教学的目标设定,更强调过程性、情境性,让学生可以通过动手实践、自主探究、合作交流等方式,发现、提出、分析和解决数学问题,从而获得应有的发展。具体而言,以下是动感数学需要考虑的教学目标:

1. 提高学生的数学运算能力和解决问题的能力

数学操作与应用通常需要学生使用计算器或者计算机软件进行数值计算或者符号运算。这样的实践活动,可以提高学生的运算能力,同时也可以加深学生对数学概念和公式意义的理解。

2. 培养学生的数学抽象能力和逻辑思维能力

在数学操作中,学生需要从实际问题中抽象出数学问题,并用数学语言来描述问题。教师可以通过引导学生设计操作与应用步骤、分析操作与应用结果等方式来培养他们的这一能力。

3. 增强学生的建模能力和直观想象能力

数学实验经常需要学生使用数学模型来解决实际问题。通过建模,可以增强学生的直观想象能力,进而深刻理解数学概念和公式的意义。

4. 培养学生的合作精神和创新能力

在数学操作与应用中,学生需要共同合作来完成操作与应用,这可以培养他们的合作精神。同时,教师也可以设置一些开放性的问题,引导学生进行创新性的思考和探索。

5. 提高学生的数据分析素养

在数学操作与应用中,学生需要收集数据、分析数据并从中得出结论。这可以培养学生的数据敏感性和数据分析能力。

因此,数学操作与应用的教学目标设定应该全面考虑学生的数学核心素养的九个方面,通过设计合适的教学活动,使学生在发现、体验、构建、探究的过程中,全面提升自己的数学素养。

(二)工具的选择

根据动感数学教学情境的不同,可将动感数学课程分为实物模型操作类和数学软件应用类。对于这两种操作方式,可根据具体的教学方式和情境选取不同的教学工具。两种方式各有其优点和适用情境。

1. 实物模型操作类

(1) 实物模型帮助学生通过实际操作来理解数学概念。

例如,可以通过制作简单的几何图形(如三角形、四边形)的实物模型来理解几何概念。

(2) 实物模型增强学习的趣味性。

实物模型适用于需要直观理解、动手操作和实际体验的情境,有助于学生从多个角度理解数学概念。

2. 数学软件应用类

数学软件通常包含各种数学计算和图形生成功能,可以帮助学生更好地理解数学公式、函数和算法等抽象内容。这类实验工具适用于需要复杂计算、数据分析和可视化展示的情境,可以提供更加精确、动态和交互式的数学学习体验。模型教学实践中,教师应该根据不同的教学内容和学生的实际情况,选取合适的操作工具。如果教学对象是低年级学生,实物模型可能更合适;如果教学对象是高年级学生或者需要更深入理解数学概念的学生,数学软件可能更合适。

另外,现代教学工具,如在线教育平台和互动式课件等,也可以根据教学需求灵活运用,结合实物模型和数学软件,提供更加丰富和有效的数学实验体验。

(三) 过程的设计

动感数学是一种以数学问题为出发点,以获得数学结论为目标,充分展示探究过程的实践活动。它强调数学与生活的联系,注重数学在实际问题中的应用,以及学生在探究过程中的体验和感悟。动感数学教学过程的设计本身是一个系统工程,它需要经历"理论—实践—理论"的过程,这是一个不断循环的过程。首先,需要基于一定的数学理论,设计出符合学生认知特点的数学问题,引导学生进行探究。在实践中,学生通过操作、观察、猜想、推理等手段,不断修正和完善自己的猜想和结论。最后,通过反思和总结,对探究过程和结论进行表述,实现理论上的提升和升华。

在这个过程中,动感数学的过程设计需要注重以下几点:(1)问题的设计要符合学生的认知特点,具有探究性和开放性,能够激发学生的兴趣和好奇心。(2)探究过程要注重学生的主体地位,引导学生自主探究、合作交流,培养学生的创新精神和合作意识。(3)注重数学在实际问题中的应用,让学生在实际情境中体验数学的价值和意义。(4)反思和总结是动感数学的重要环节,通过反

让数学"动"起来——动感数学的实践研究

思和总结,可以提高学生的思维品质和解决问题的能力。

动感数学是一个充满探索和发现的过程,需要教师在实践中不断探索和总结,以更好地指导学生的探究活动,提高学生的数学素养。

动感数学的教学过程是非常有益的,它注重学生的主动探索和思考,同时也有助于培养学生的问题解决能力和创造能力。以下是对动感教学过程的一些具体建议:

1. 创设探究情境

创设探究情境是动感数学教学中非常重要的一步,它能够激发学生的学习兴趣,提高他们的学习积极性。教师创设一个有趣、生动、真实的探究情境,使学生能够从中感受到数学的实际应用,激发他们的学习兴趣和探索欲望,可以让学生更好地理解和掌握数学知识。创设与实际生活相关的情境,可以使学生更好地将数学知识与现实世界联系起来,从而加深对数学概念和原理的理解。情境创设可以提高学生的数学应用能力。通过创设具有挑战性和实用性的情境,可以引导学生运用所学的数学知识解决实际问题,从而培养他们的数学应用能力和解决问题的能力。情境创设还可以培养学生的创新意识和创造能力。创设具有启发性的情境,可以激发学生的想象力,促进他们从多个角度思考问题。因此,为了更好地开展动感数学教学,教师需要认真研究教学内容,结合学生的实际情况和兴趣爱好,创设合适的情境,以激发学生的学习兴趣,提高他们的学习效果。同时,教师还需要注重情境的启发性和实用性,指导学生"多感官参与"学习活动,让情境发挥其补充功能。

2. 设计研究步骤

教师需要给予学生适当的指导,帮助他们设计研究步骤,包括确定研究目标、选择合适的工具和方法、收集和分析数据、得出结论等。在动感数学教学过程中,教师要引导学生发现问题,可以提供一些实际的数学问题或情境,引导学生从中发现需要解决的问题。教师需要教授学生必要的数学知识和技能,如运算技巧、数学推理方法等,以便他们能够有效地进行研究。教师应当鼓励学生独立思考,勇于尝试,不怕失败。学生在研究过程中,可能会遇到一些困难和问题。教师需要及时给予反馈和指导,帮助他们解决问题,改进研究。研究结束后,教师还可以引导学生进行反思和总结,帮助他们理解自己的收获和不足,以便他们在以后的研究中做得更好。这样的教学方式可以让学生更加深入地理解和掌握数学知识,同时也可以培养他们的探究精神和解决问题的能力。

3. 指导工具使用

动感数学的教学过程注重学生的主动探索和思考,学生需要借助教师提供的工具,通过自己的操作和思考,发现其中的规律。这可能需要一些实物操作和计算机操作,教师可以在必要时提供帮助,给予一些关于基本的数学技能和计算机操作能力的指导,以便学生能够更好地完成学习任务。

实物模型操作是动感数学教学过程中的一个重要环节,教师需要不断引导学生动手操作和亲身体验,探索数学知识,检验数学假设,并归纳总结数学规律等。在这个过程中,教师需要给予学生足够的空间和时间,让他们自己去尝试和探索,同时也要及时发现和解决学生在操作过程中遇到的问题。

计算机操作检验是动感数学教学过程中的另一个重要环节,需要充分应用现代教育信息技术,利用计算机软件模拟出的实验环境,让学生通过实践操作,分析探索出结论并加以证明,最终解决数学问题。

动感数学的教学过程需要教师的引导和帮助,同时也需要学生的主动探索和思考。通过实物操作和计算机操作检验,学生能够更好地掌握数学知识,同时也能够更好地应用数学技能解决问题。教师应该在教学过程中不断探索信息技术,并加以实践应用,以提高教学质量和效果。

4. 鼓励学生猜想

在发现规律后,学生可以根据自己的观察和思考,提出一些猜想,这些猜想应该是基于他们所发现的规律,并且具有合理性和可行性。猜想是解决问题的关键步骤,它提供了解决问题的方向和可能路径。在动感数学教学中,通过实验、观察、计算和分析,教师引导学生猜想观察所获得的结论,这为学生提供了发现知识产生的过程,有助于他们更好地理解和掌握数学知识。猜想是在活动中产生的,这与传统的课堂教学方式有所不同。在动感数学教学中,学生通过实践活动(如实验、观察等)来探索和理解数学知识,而在这个过程中,他们自然而然地会产生猜想。猜想是基于实验现象和规律提出的,这意味着学生需要通过实际操作来发现规律,并根据这些规律提出自己的猜想。猜想是动感数学教学成功与否的关键环节,如果学生能够正确地提出猜想,那么他们就掌握知识呈现的关键,这将大大提高他们的学习效果和自信心。提出猜想是动感数学教学中的高潮阶段,这意味着这个环节对于激发学生的学习兴趣和积极性非常重要。当学生能够根据观察结果提出猜想时,他们会感到非常有成就感,这将激励他们更深入地探索数学知识。提出猜想在动感数学教学中扮演着至关重要的角色,它不仅提供了解决问题的策略,还是教学活动的高潮阶段,有助于激发学生的学习兴趣和自信心。因此,教师应该重视这个环节,引导学生正确地提出猜想,以提高动感数学教学的效果。

5. 验证所获结论

验证猜想是动感数学教学过程中的关键步骤,是指通过数学证明或通过观察其他数据来验证猜想结论。动感数学教学中,针对学生观察得出的猜想,需要通过计算、推理,以证实或否定他们的猜想。这有助于学生得出正确的结论。教师通常会引导学生进行推理和证明,以验证他们的猜想。学生需要进行计算或推理,以证明或否定他们的猜想。如果学生的猜想是正确的,那么通过验证,他们可以得到对应的知识,这会增强他们学习的成就感,激发学生的探索欲望,让他们有信心去探索更复杂的数学问题。验证猜想的过程需要学生进行计算或推理,这有助于培养学生的推理能力,帮助他们发展解决问题的能力。验证猜想是动感数学教学过程中不可或缺的一部分,它对于学生的数学学习和情感态度的发展都非常重要,教师需要提供适当的指导和支持,以帮助学生成功地完成这个过程。

6. 表述所获结论

在动感数学教学过程中,学生除了需要对探究过程中所收集的数据进行分析和处理,获得规律与关系,并验证其真伪性质,最终还需要进行精准表述,所以学生应该经常进行讨论。最后,教师还需要对整个教学过程进行总结,并鼓励学生将所学的知识应用到实际问题中。通过动感数学教学中的交流表述,学生不仅可以加深对数学问题的理解,还可以提升批判性思维和创新能力。在交流和表述的过程中,学生可以相互补充,甚至可以纠正彼此的表述,从而形成更准确和更全面的理解与表述。此外,交流还有助于提高学生的表达和沟通能力,有条理的表述能力是数学学习中不可或缺的一部分,通过数学交流,学生可以学习如何更清晰、更有条理地表达自己的想法,这对于他们的数学学习和未来的生活都有很大的帮助。当然,为了实现有效的数学表述,教师需要为学生提供足够的支持和指导:学生如何进行有效的讨论,如何提出和回答有深度的问题,以及如何使用适当的数学语言来表达自己的想法。此外,教师还应该鼓励学生挑战彼此的想法,并尊重不同的观点。总的来说,数学表述是动感数学教学的一个非常重要的环节,它有助于提高学生的数学理解力、批判性思维、表达和沟通能力。通过数学表述,学生可以更深入地理解数学知识,形成更准确和全面的理解,同时也可以提高他们的数学素养和综合素质。

动感数学的教学过程注重学生的主动探索和思考,鼓励学生利用足够的时间和空间经历质疑、验证、表述。教师需要给予适当的指导和肯定,同时也要鼓励学生的创新精神。

(四)学生的指导

在动感数学教学中,教师鼓励学生"多感官参与"学习,自主探索和发现,激发学生的学习主动性,促进他们自主思考,这样的教学方法是非常有益的。

教师可以通过创建与学生日常生活相关的问题情境,激发他们的学习兴趣和探索欲望。让学生参与实验设计,可以帮助他们更好地理解数学概念,同时也能提高他们的创造力。提供必要的工具和设备,让学生能够亲自动手进行动感数学操作。在学生遇到困难时,教师要鼓励学生去发现和探索,也要给予他们足够的空间去尝试和犯错。教师可以提出一些引导性问题,帮助学生深入思考,促进他们独立自主地解决问题。鼓励学生之间的合作与交流,共享信息和想法,可以促进他们共同进步。对学生主动探索的行为和成果给予肯定,可以增强他们的自信心,进一步激发他们的学习自主性。

1. 提出能引发思考的问题情境

教师可以通过创建与数学问题相关的生活或实际问题情境,来吸引学生的注意力,激发他们的兴趣和好奇心。教师提出有挑战性的问题,引导学生思考和探索,让他们自己尝试找到答案。教师提出的问题应具有启发性,能够引发学生的探索欲望。动感数学教学是以学习过程为主要导向的教学,能够让学生更好地理解和掌握数学概念和原理,同时也能提高他们的学习兴趣和好奇心。教师选择与学生生活相关的问题和情境,可以帮助学生更好地理解数学在现实生活中的应用,提高他们的应用能力。

2. 提供动手操作的实践机会

教师提供机会让学生进行动手操作,如使用实物工具、测量工具等,让他们通过亲身实践来理解和掌握数学知识。组织小组讨论,让学生交流想法、分享观点,这有助于激发他们从不同角度思考问题,促进思维的发散。教师给予适当的引导和提示,帮助学生找到解决问题的路径和方法。但要注意不要过度干预,要留给学生足够的机会自主探索和发现。为了进一步推动动感数学教学,教师可以采取以下措施:定期组织数学实验活动,让学生通过实际操作来理解和掌握数学知识。数学不仅仅包含理论学习,实践操作也是非常重要的一部分。在动感数学教学中,教师应该提供足够的操作实践机会,让学生通过操作来理解和掌握数学知识。教师应该及时给予学生反馈和评价,帮助他们更好地理解自己的学习情况,找出自己的不足之处,并找到改进的方法。

3. 发扬小组合作的团队精神

小组讨论和合作学习可以促进学生之间的交流和合作，提高他们的团队协作能力和表达能力。在动感数学教学中，教师可以组织学生进行小组讨论，让他们在讨论中加深对数学概念和原理的理解。教师在这一过程中，应该扮演引导者和倾听者的角色。耐心倾听学生的发言，尊重学生的观点，鼓励学生之间的互相交流，促进思想的碰撞和灵感的产生。这样，学生可以在轻松、自由的氛围中，充分发挥自己的想象力和创造力。教师应鼓励学生之间的合作学习，培养他们的团队协作精神和沟通能力。动感数学教学理念可以帮助学生更好地理解和掌握数学知识，提高他们的探究能力和合作精神。

4. 培养质疑问难的探索品质

鼓励学生提出疑问，不害怕犯错，勇于纠正自己的错误。通过质疑和反思，学生可以加深对数学概念和原理的理解。教师及时给予反馈，表扬学生的努力和进步，同时指出存在的问题和不足，提出改进建议。教师应鼓励学生提出自己的想法和建议，尊重学生的创意和个性，及时给予学生反馈和指导，帮助学生解决学习中遇到的问题，提高动感数学教学效果。在动感数学教学过程中，应该重视学生的思考过程和参与程度，鼓励学生积极探索、发现问题、解决问题。教师的作用应该是引导和辅助，而不是简单地灌输知识。

5. 提倡交流学习的学习方式

动感数学教学理念是借助小组合作交流，可以促进学生之间的互相学习、互相启发，提高学习效率。同时，让学生共同参与实验方案的制定、实验手段的选择、实验结果的呈现，可以培养学生的团队协作精神和自主探究能力。在交流中，集思广益也是非常重要的。教师可以引导学生从不同的角度思考问题，提出多种解决方案，然后通过比较和分析，找出最佳的解决方案。这样，学生不仅可以学到知识，还可以学会如何从多个角度思考问题，如何优化分析问题和解决问题。

6. 重视学科融合的培养模式

动感数学教学可以与语文、科学等其他学科相结合，以丰富教学内容，拓宽学生的视野。通过动感数学教学，培养学生的数学思维，让他们学会运用数学视角观察问题、分析问题和解决问题。鼓励学生持续学习数学，将数学知识应用于日常生活，培养他们的数学素养和终身学习的习惯。鼓励学生动眼看、动耳听、动手做、动口说、动脑想、动情享，自主探索和发现，激发他们的学习主动性，促进他们自主思考。

综上，动感数学教学是一种非常有效的教学方法，它能够提高学生的学习兴趣和好奇心，同时也能够帮助学生更好地理解和掌握数学知识。

第三节　动感数学的实施方式

动感数学课堂教学鼓励学生动眼看、动耳听、动手做、动口讲、动脑想、动情享等，让学生更加直观地理解数学知识，使学生更好地理解数形之间的关系，并逐步对其进行适度抽象。同时，动感数学教学还能够帮助学生形成知识的生长点，优化知识谱系，使学生更好地掌握数学知识，并积累思想方法和经验，培养情感态度。实施动感数学教学，可以通过直观的教具展示或数学软件的模拟呈现，使研究的内容可视化，让学生更好地理解数学概念和原理。学生通过动手操作探究数学问题，在探究过程中发现数学规律和结论，通过思考和分析，加深学生对数学知识的认识与理解，帮助学生更好地理解数学知识之间的联系，实现动态化地呈现数学知识。引导学生对数学问题进行分析和归纳，培养他们的逻辑思维能力和归纳概括能力。在动感数学教学中，可以渗透情感教育，培养学生良好的学习态度和品质，通过动手操作、测量观察、探究思考、分析归纳等环节，帮助学生更好地理解数学知识，培养他们的思维能力和情感态度，让学生享受完整的学习过程。

基于教学内容的设置与教学形式的选用，体现数学学科育人的价值。动感数学提出三种实施方式：嵌入式、主题式、专题式。

（一）嵌入式

动感数学嵌入式教学就是根据教学需要，嵌入片段式的实践操作，使学生能够更直观地理解数学知识，是一种非常有趣且富有创新的教学方法，它能够使数学课堂变得更加生动、有趣，同时也能够帮助学生更好地理解和掌握数学知识。嵌入式教学倡导将抽象的数学概念转化为具体的实验探究演示，使学生更容易产生兴趣，提高学习热情。

动感数学嵌入式教学通过设置与教学主题相关的情境，以老师展示或学生动手操作的形式，引导学生主动参与、直观感受。教师针对学生探索过程中出现

让数学"动"起来 ——动感数学的实践研究

的问题和难点,引导学生进行探究和讨论,帮助学生解决疑惑,形成清晰的知识框架。

例如,在讲解几何图形时,教师可以通过制作一个动态的几何图形模型,让学生直观地看到图形的变化和特点。学生可以通过小组合作的方式,自己动手进行操作,从而更好地理解和掌握数学知识。

又如,在讲解概率问题时,可以通过投掷硬币或掷骰子的实验,让学生自己计算概率。

嵌入式的教学,需要教师对实验操作进行精心的设计和准备。在实验的设计上,教师需要考虑到实验的可行性、趣味性和与教学内容的关联性,增强实验对教学内容的辅助性。在实验的操作过程中,教师需要引导学生积极参与,并及时给予反馈和指导,增强师生之间的互动,提高学生的学习积极性。短小简约的嵌入形式不仅能够帮助学生更好地理解和掌握数学知识,同时也能够提高学生的学习积极性和兴趣,使学生能够更好地理解数学概念和公式,提高他们的理解能力和应用能力。

案例1:利用方块纸片解决自然数求和问题

教师:"思考问题,计算 $1+2+3+4+\cdots+99+100$。"

学生:"由错位相加法,可知

原式 $=\dfrac{(1+100)+(2+99)+\cdots+(100+1)}{2}=\dfrac{100\times101}{2}=5\,050$。"

教师:"非常棒!我们还可以从其他角度思考吗?譬如数形结合,'加数1'可以用边长为1的一个小方块表示,其数字为1,面积为1;'加数2'可以用两个小方块表示……把这些小方块拼在一起(图3-3-1),这个图形像什么?"

学生:"梯形、台阶……"

教师:"这个图形与算式的和有什么关系呢?"

学生:"图形中小方块的数量就是算式的和。"

学生:"图形的面积就是算式的和。"

教师:"很好!那如何求这个图形的面积呢?"

学生:"由错位相加法得到启发,利用网格格点可以再拼一幅图形,旋转180°后与原图形拼成一个大长方形(图3-3-2),其中大长方形的长为 $100+1=101$,宽为100,所以原'台阶形'的面积为大长方形面积的一半,即 $\dfrac{101\times100}{2}=5\,050$。"

【设计意图】

在数学教学中运用具身认知理论的优点,强调身体和环境的交互作用,有助

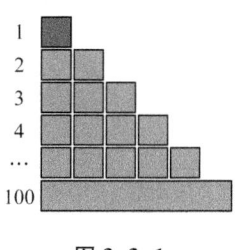

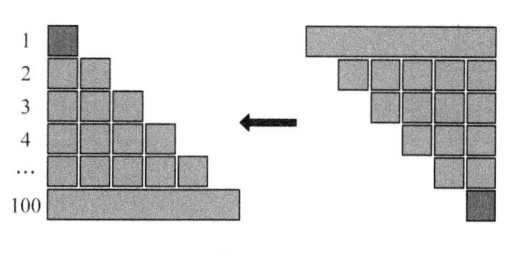

图 3-3-1　　　　　　　　图 3-3-2

于学生更好地理解和掌握抽象的数学知识。使用方块纸设计拼图实验,将算式中的加数用方块纸表示,这样算式的和就转化成所有方块纸的面积和。这个过程可以帮助学生直观地理解抽象的数学公式。教师提出问题:如何求方块纸的面积和,引导学生思考将方块纸拼成有规律的图形,如正方形、长方形或其他形状。通过动手操作和动脑思考,学生可以体验和感受数学结论的发现和再创造的过程。在这个过程中,学生可以自主探究,发现问题并解决问题。教师启发学生自主探究,不仅可以帮助他们理解抽象的数学公式,还可以培养他们主动发现、提出问题、分析并解决问题的能力。

案例 2:频率与概率的概念学习

活动一:篮球比赛分析

教师:"在亚运会中国队和菲律宾队的篮球比赛最后阶段,我国队员周琦得到了一个决定比赛结果的罚球机会。罚球出手一刹那(视频画面停止),为什么在这个时刻,所有人都紧张地注视着周琦和他罚出的篮球?"

学生 1:"这个罚球能否命中决定了中国队能否获胜。"

教师:"周琦罚进的可能性有多大?"

学生 2:"这要看周琦的罚球命中率。"

教师:"你能解释求周琦罚球命中率的意义吗?"

学生:"若周琦的罚球率较低,其罚进去的可能性就较小,此时对方犯规是徒劳的;反之犯规就是有价值的。"

教师:"那如何求周琦的罚球命中率呢?"

学生:"通过周琦以前比赛的罚球数据来计算其罚球命中率。"

教师:"如何计算,你能否说得具体一点?"

学生:"命中率 = $\dfrac{\text{罚球命中数量}}{\text{罚球总数量}}$。"

活动二:建构概念

学生操作 1:(抛掷硬币)把全班分成 10 个四人小组,给每组分配两枚质地均匀的硬币,抛掷一枚硬币一次,统计"正面朝上"的情况。试验规则:每小组分成两队,每队完成 25 次试验,每组共完成 50 次试验,做好记录;每小组的组长汇总 50 次试验的结果,并报给教师,师生共同完成统计表 3-3-1 和折线统计图 3-3-3。

教师:"观察得到的数据,如表 3-3-1 和图 3-3-3 所示,能够观察出事件中正面朝上的频率的规律吗?"

学生:"各组频率的统计结果显示,正面朝上的频率在 0.5 上下波动。"

表 3-3-1

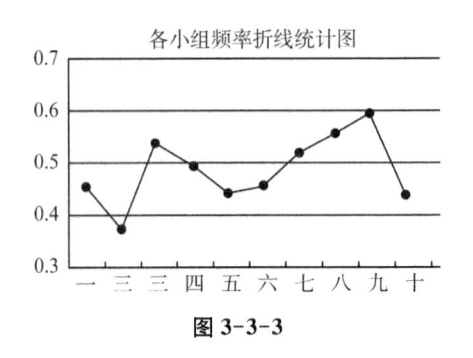

小组	一	二	三	四	五	六	七	八	九	十
正面朝上的频数 m	23	19	27	25	22	23	26	28	30	22
正面朝上的频率 $\frac{m}{n}$	0.46	0.38	0.54	0.50	0.44	0.46	0.52	0.56	0.60	0.44

图 3-3-3

学生:"借助 Excel 进行统计,我们绘制折线统计图(图 3-3-3)。观察发现,随机事件"抛掷一枚硬币一次,正面朝上"的频率值波动很大,最小为 0.38,最大为 0.60。这说明随机事件发生具有随机性,获得的数据虽有一定规律性,但很难以较为精确的数据估计事件发生的概率。"

教师:"结合已有经验,思考如何更精确地估计事件发生的概率?"

学生:"增加实验的次数。"

教师:"这个问题有一定的开放度。前面对命中率问题的研究经验表明,大量重复做同一试验是更为精确地估计事件发生概率的有效手段。一方面,经过对周琦罚球命中率问题的研究,大家已经了解累计数据的方法,即累加所有数据,从而用频率估计概率。显然累积出来的数据类似于大量重复同一试验得出的数据。另一方面,受时空限制,大量重复做同一试验不太现实。好在历史上统计学家曾经做过的成千上万次抛硬币的试验可以给我们提供参考数据(表

3-3-2)。当大量重复进行这一试验时,硬币正面朝上的频率在 0.5 左右摆动,此时估计硬币正面朝上的概率为 0.5。之所以要用大量重复试验的频率来估计概率,是因为实验次数越多,累计数据的频率就体现了一定的规律性——稳定性,使得我们能够从表 3-3-2 和图 3-3-4 的相关数据中估计出事件概率的大小。"

表 3-3-2

掷抛次数 n	50	100	150	200	250	300	350	400	450	500
正面朝上的频数 m	23	42	69	94	116	139	165	193	223	245
正面朝上的频率 $\dfrac{m}{n}$	0.46	0.42	0.46	0.47	0.46	0.46	0.47	0.48	0.50	0.49

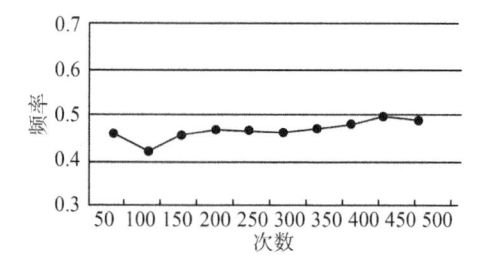

图 3-3-4

表 3-3-3

实验者	抛掷次数 n	正面朝上的次数 m	正面朝上的频率 $\dfrac{m}{n}$
布丰	4 040	2 048	0.506 9
德摩根	4 092	2 048	0.500 5
费勒	10 000	4 979	0.497 9
皮尔逊	12 000	6 019	0.501 6
皮尔逊	24 000	12 012	0.500 5
罗曼诺夫斯基	80 640	39 699	0.492 3

教师:"你能从上述试验中总结出一般性规律吗?"

学生:"在多次重复试验中,一个随机事件发生的频率会在一个常数附近摆动,并且随着试验次数的增多,其频率会呈现出一定的稳定性。"

教师:"非常好。人们常把试验次数很大时,事件发生的频率作为其概率的估计值。"

【设计意图】

对于本专题课"频率与概率",在专题式动感数学教学中,教师引导学生将两

让数学"动"起来——动感数学的实践研究

者结合起来,通过大量反复操作,积累活动经验,获得大量数据,建立概率模型。同时数据统计也不应仅仅局限于纯数字的运算,更应通过看似杂乱无章的数据预测未知的信息,让学生感受到其与概率是密不可分的。

对于统计与概率的很多内容,教师要想从理论上向初中生解释清楚相当困难,只有让学生在活动中感受、体验、领悟,从而实现内化。专题式动感数学教学方式,在学生活动经历中,强调学生的自主参与和合作讨论,教师则主要扮演负责启发诱导的角色,引导学生发现和解决问题。这种教学方式倡导学生"多感官参与"探究活动,使知识呈现可视化,不仅让学生学习到数学知识,更重要的是培养了他们的动手能力、探究能力和创新能力。

案例3:圆锥的侧面积

教师:"玩具厂欲生产一种圆锥形圣诞老人帽(图3-3-5),你打算怎么计算用料(不计接缝用料和余料)?"

图3-3-5

学生:"可以把帽子看成一个无底的圆锥,求圆锥的侧面积。"
教师:"你对圆锥有哪些认识?"
学生:"我们已经学过圆锥的顶点、底面、高的有关定义。"
教师:"请你在黑板上的圆锥中标出这些元素。"

【设计意图】

通过生活中的本源性问题,在激活原有认知的同时,引导学生用数学的眼光审视实际问题,学生经历了将实际问题抽象成数学模型,并对其主要元素进行符号化处理的过程,一方面提高了学生的数学洞察力和空间想象力,增强了学生的数学意识,另一方面可以使学生的思维"前伸",将数学思维根植于经验的土壤。

活动一：操作实验，领悟转化思想

运用直尺、剪刀、可剪开的圆锥模型，采用小组合作的方式，探究圆锥的侧面展开图。

学生1："沿顶点及底面圆周上一点的连线剪开，可得圆锥的侧面展开图，将立体图形转化为平面图形——扇形，计算扇形面积就可以得到圆锥的侧面积。"

学生2："我们小组一开始从底面圆周上一点到顶点没有沿直线剪开，而是'剪歪了'，不过展开后再通过'割补'，可以拼成扇形，拼的时候还是要沿直线再剪一下。"

教师："很好，这条剪开的线很重要，我们称其为母线。母线有哪些特点？"

学生："母线有无数条，母线都相等。"

【设计意图】

学生通过实验操作，领悟到把立体图形转化为平面图形的研究方法，并理解引入母线概念的必要性。所交流的"剪歪了"、再"割补"说明学生初步形成了自觉"转化"的数学意识，也加深了对母线概念的理解。这些经验为后继学习起到积极的迁移作用。

活动二：自主探究，主动建构

教师："请同学们对比立体的圆锥模型和展开后的图形，从'形'和'数'上继续探究它们之间有何对应关系？"

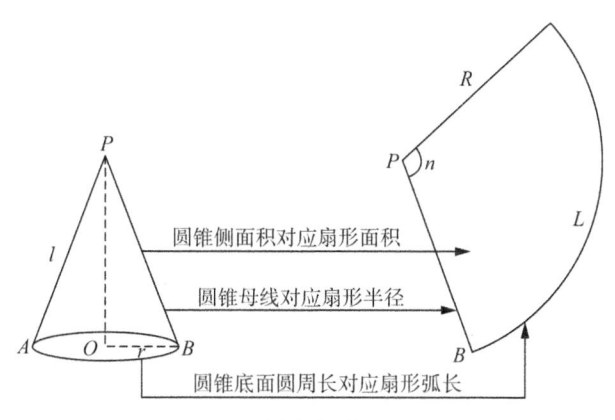

图 3-3-6

学生1："如图 3-3-6 所示，从'形'上看，立体图形转化成平面图形；△POB 为直角三角形。"

学生2："从'数'上看，圆锥的侧面积对应扇形面积；圆锥的母线对应扇形的半径。"

让数学"动"起来——动感数学的实践研究

学生3:"还有圆锥的底面圆周长对应扇形的弧长。"

教师:"你能推导圆锥侧面积的计算公式吗?"

学生4:"如图,展开后可以量出扇形的圆心角度数 n,由扇形的面积公式: $S_{扇形}=\dfrac{n}{360}\pi R^2$,可得 $S_{圆锥侧}=\dfrac{n}{360}\pi l^2$。"

学生5:"如果圆锥不能剪开,就无法量出圆心角的度数,这个公式就不能用了。"

学生6:"可以把 n 由 $n=\dfrac{n}{2\pi R}\cdot 360°=\dfrac{2\pi r}{2\pi l}\cdot 360°=\dfrac{r}{l}\cdot 360°$ 表示,代入学生4推导的公式 $S_{圆锥侧}=\dfrac{n}{360}\pi l^2$ 中,得到 $S_{圆锥侧}=\pi rl$。"

学生7:"还可以由 $S_{扇形}=\dfrac{1}{2}lR$,得 $S_{圆锥侧}=\dfrac{1}{2}\cdot 2\pi rl=\pi rl$,这样就不必展开去度量圆心角。"

教师:"非常好,同学们推导出了两个计算公式,由学生6的推导可知,这两个公式本质上是一致的。你能说出两个公式中 n,r,l 的几何意义吗?这两个公式的适用条件是什么?"

【设计意图】

实验操作之后,引导学生观察、感悟转化过程中的"变与不变",寻找内在关联,养成联想、对比、反思的习惯,从"形"和"数"两方面体会用对比的方法研究立体图形到平面图形的"变与不变",同时也为推导圆锥的侧面积公式搭建"脚手架"。在推导公式的过程中,教师并没有按课本要求限制性地用 r,l 表示圆锥的面积,而是允许学生发挥想象力,开放性地、多途径去探究答案。在动感数学的课堂上,学生不仅由圆心角得出公式,而且还提出了不用展开图中的圆心角就可计算的公式,在主动思考、质疑中加深对两个公式一致性的理解,使学生完善知识结构,提高活用公式的自觉性及运算能力。

案例4:图形的旋转

教师:"请说说我们之前是如何研究图形的平移和翻折的?"

学生:"先通过动感数学活动,对一些图形进行平移和翻折,在活动中感受图形的形状、大小和位置。"

教师:"同学们,生活中有不少旋转现象,你能准确说出旋转的基本概念吗?"

学生:"在平面内,一个图形绕着一个定点转动一定的角度得到另一个图形的变化叫做旋转。"

教师:"让我们动手操作来探索旋转的概念(用细绳和砝码),同时请思考,旋转需要研究哪些基本要素？"

【设计意图】

动感数学的理念下，教师要引导学生应用材料和工具，设计实验操作、实验、实践等活动，让学生能够通过具身体验来了解、掌握数学概念和性质。旋转的基本概念和三要素是这节课要研究的重点，也是研究旋转的起点。

学生已经初步知晓了什么样的生活现象是旋转，却不能给出旋转的数学定义。不论是课件上的图片还是精美的动画都无法让学生直观、准确地感受到旋转过程的动态变化，因此也无法帮助学生抽象出旋转的数学模型。该环节紧扣学生的具身体验，以细绳和砝码为材料设计了实验操作，让学生上台演示旋转过程。在操作的过程中，教师再引导学生观察并思考："拿住细绳一端的手是否能够改变位置？旋转过程中细绳的长度是否发生改变？砝码向哪个方向旋转？砝码旋转的角度是什么？"在观察运动的过程中，学生归纳出旋转的基本概念，同时明确旋转需要研究的三要素：旋转中心、旋转方向、旋转角度。值得注意的是，细绳也代表了旋转中心与对应点的连线，其长度不变也代表了旋转中心与对应点的连线长度不发生改变。

教师："我们已经知道了旋转的概念，下面我们要研究什么？我们又该如何研究呢？"

【设计意图】

动感数学的理念强调学生学习的主体性和教学过程的交互性。对旋转性质的探究是这节课的核心内容，这个环节不是直接告知学生旋转的性质，而是引导学生知晓研究目的、明确研究方法。研究目的是非常明确的，即让学生明白旋转的性质。对于研究方法，案例4中砝码的旋转恰好给出了一个范例。我们可以将砝码抽象成一个点，从点的旋转开始研究，再研究线段和三角形的旋转，从特殊到一般，从局部到整体，进而归纳出图形旋转的一般性质。图形旋转性质的研究路径详见图3-3-7。

点的旋转 ⟹ 线段的旋转 ⟹ 三角形的旋转 ⟹ 复杂图形的旋转

图 3-3-7

教师："请同学们动手操作（旋转硫酸纸），并在操作的过程中探索点的旋转有什么性质。"

【设计意图】

数学问题的研究应当是有序的，须由浅入深，沿着研究路径逐步探索复杂问题

让数学"动"起来——动感数学的实践研究

的解决方法。该环节从点的旋转入手,"拾级而上",再研究复杂图形的旋转。通过旋转硫酸纸,学生能够观察到点是如何旋转的,这就解决了"为什么要连接旋转中心与对应点"这个朴素又关键的问题。据此,学生能直观地发现点的旋转的基本性质,即对应点到旋转中心的距离相等。对点的旋转进行探索能够帮助学生明确探究的目标,即在旋转这个动态变化的过程中有哪些元素是不变的,继而让学生对下阶段探究线段和三角形的旋转进行类比、联想和深化,明确研究旋转性质的一般方法。

教师:"你会探究线段旋转的性质吗?请按照点的旋转的研究方法继续探究。"追问:"和点的旋转不同,线段的旋转要注意什么呢?"

【设计意图】

基于对点的旋转的研究经验,线段的旋转性质的探究路线也逐渐明晰。和点的旋转有所区别的是,在线段的旋转中,旋转中心位置具有不确定性,即在线段上和在线段外,这也是在探究过程中需要处理好的问题。在实际操作中,学生从点的旋转角度延伸,能够自然联想到的是图中旋转中心在线段端点处的情况(图3-3-8)。这种情况下能够得到如下发现:$AB = AB'$,且$\angle BAB'$即旋转角。这也是大部分学生得到的结果。此时教师应进行追问:"旋转中心的位置是否具有不确定性?"从图中不难有如下发现:$AB = A'B'$,$OA = OA'$,$OB = OB'$,$\angle AOA' = \angle BOB'$。

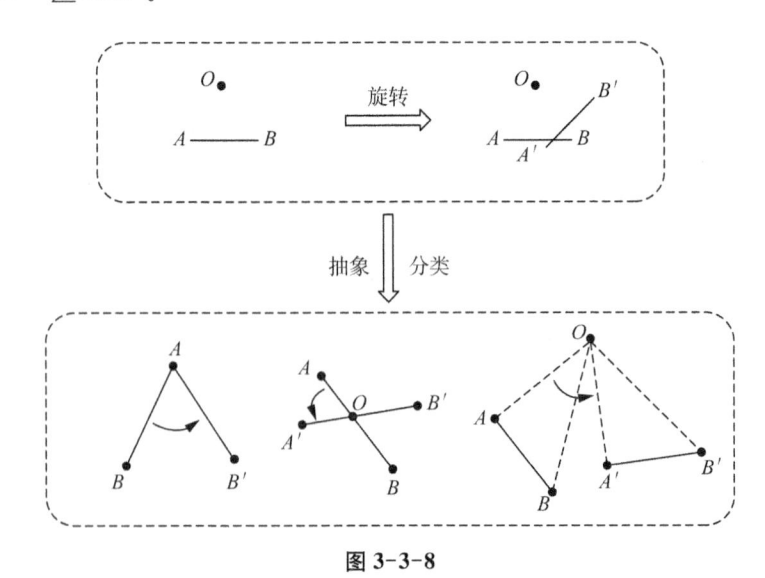

图 3-3-8

动感数学课堂教学中,嵌入式的实践操作或演示方法需要教师通过教具模拟操作或软件演示,将抽象的数学知识转化为形象、直观的内容,帮助学生更好地理解知识。为了更好地嵌入实践操作或演示且不影响教学主题,教师首先需要明确演示的内容和目标,确保学生明白即将要学习的主题。教师通过动手操作教具或软件演示,进行直观的呈现。这个过程应该清晰、形象,确保学生能够理解即将要学习的内容。在学生观察演示的过程中,教师鼓励学生进行猜想,尝试自己归纳得出结论,这个过程有助于培养学生的思考能力和自主学习的能力。学生根据教师的演示和自己的猜想,进行验证和归纳,得出结论。这个过程需要教师的引导和帮助,以确保学生能够正确地表述结论。最后,教师需要对结论进行重点强调和分析,确保学生充分理解并掌握。因为嵌入式的实践操作与演示在整节课所占权重不大,会有个别学生沉浸其中而忽略后续学习。因此,教师应及时引导学生将所学知识应用到实际问题中,以检验学生是否真正掌握了所学的知识。这种教学模式有助于提高学生的学习效果和理解能力,同时也有助于培养学生的思维能力和自主学习的能力。动感数学鼓励教师经常使用这种教学模式,以激发学生学习热情,提升教学效果。

(二) 主题式

动感数学主题式教学要求教师必须明确教学目标,选择适合的数学主题,并设计相应的教学活动。主题式教学需要完整的一堂课时间,对一个问题进行探索研究,要求学生观察或记录与研究主题相关的数据,这些数据可以来自实验、观察、调查等。通常,学生分组进行讨论,对实验中出现的现象进行分析,提出假设,并尝试解释。学生使用适当的工具和方法对获得的数据与结论进行处理和分析,以验证他们猜想的合理性。根据分析的结果,学生需要组织语言,描述所得出的结论并加以应用,解决数学问题。主题式教学模式通常需要学生撰写完整的报告,包括探究目的、过程、数据、分析、结论和表述。特别在得出结论后,学生需要进一步验证实验结果,确保其准确性和科学性。教师可以就报告和实验结果进行反馈并与学生进行讨论,以便进一步改进和完善教学过程。有序开展主题式动感数学教学,能够让学生通过一系列实践操作,感受知识的完整呈现,加深对数学知识的理解和掌握应用。

动感数学主题式教学是一种以数学理论为基底,以实物类操作或软件操作为手段的教学。它不仅可以帮助学生深入理解数学理论,掌握相关技能,还可以激发他们对数学的兴趣。这种教学模式尤其适合数学基础不扎实或者数学学习兴趣不浓的学生。

案例1：突破工具的限制性，通过尺规作图进行主题教学

活动一：仅用圆规作图

问题1：点 A、B 如图3-3-9所示，平面内有 A 点与 B 点，仅用圆规作一点 P，使得 P、A 所在直线与 A、B 所在直线相互垂直。

【设计意图】

我们知道圆规的功能主要是画弧，在本题中缺少工具直尺，无法作直线 AB，故需要分解为作平行线与作垂直线两步。如何过一点作已知两点所在直线的平行线？利用"平移"可知对应点连线互相平行，利用"中心对称"得平行四边形，利用"轴对称"可知对应点连线互相平行，由"轴对称"性质可知对应点的连线与对称轴互相垂直，根据这些知识点完成点 P 的位置确定。

作法：如图3-3-10所示。

（1）分别以点 A,B 为圆心，大于 $\frac{1}{2}AB$ 的长为半径作弧，两弧交于点 C；

（2）分别以点 A,C 为圆心，以 BC,AB 长为半径画弧，两弧交于点 D，得到平行四边形 $ABCD$；

（3）分别以点 C,D 为圆心，以 AC,AD 长为半径画弧，两弧交于点 P，得到菱形 $ACPD$。

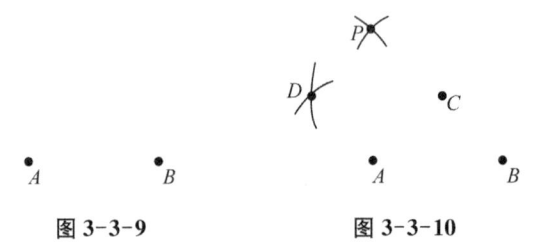

图3-3-9　　图3-3-10

【说明】

由作法（1）得 $CA=CB$；由作法（2）得 $CD \parallel AB$ 且 $CD=AB$；由作法（3）得 $AP \perp CD$，因为 $CD \parallel AB$，所以 $AP \perp AB$。

活动二：仅用直尺作图

问题：如图3-3-11所示，在边长为1的小正方形网格中，$\triangle ABC$ 的顶点 A,B,C 均在格点上，P 是 BC 边上任意一点，以 A 为中心，取旋转角等于 $\angle BAC$，把点 P 逆时针旋转，点 P 的对应点为 P'，当 CP 最短时，请用无刻度的直尺画出点 P'，并简要说明点 P' 的位置是如何找到的（不要求证明）。

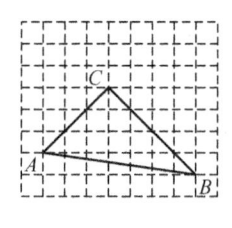

图 3-3-11 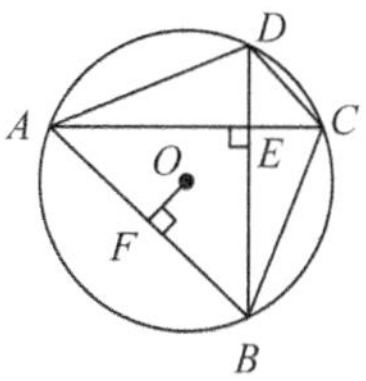　　　　图 3-3-12 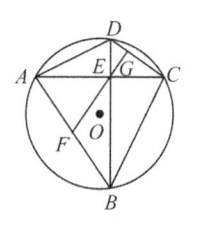　　　　图 3-3-13 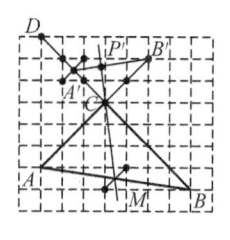　　　　图 3-3-14

【设计意图】

从图不难看出 $\angle ACB=90°,AC=3\sqrt{2},AB=5\sqrt{2},BC=4\sqrt{2}$。设点 B,C 旋转后的对应点为 B',C'，点 B' 在 AC 延长线的格点上，因为点 C' 不在格点上，利用格点的连线就不能直接作 $CP'\perp B'C'$。苏科版数学教材九年级上册第 94 页复习巩固第 19 题的结论"当弦 $AC\perp BD$ 时，圆心 O 到 AB 的距离为弦 CD 长的一半"（图 3-3-12）给我们以启发：如图 3-3-13 所示，若 F 为 AB 中点，FE 的延长线交 CD 于点 G，易证 $EG\perp CD$。由上述分析可知，问题解决的关键是构造 $\triangle CB'A'\backsim \triangle CBA$，由图 3-3-13 的结论可知：$AB$ 的中点与点 C 的连线所在直线必垂直于 $A'B'$。

作法：如图 3-3-14 所示。

(1) 取线段 AB 的中点 M；

(2) 取格点 D，连结 CD，取线段 CD 的中点 A'，连结 $A'B'$；

(3) 作直线 CM 交 $A'B'$ 于点 P'，点 P' 就是所求的点。

【说明】

$\because \triangle CB'A\backsim \triangle CBA$

$\therefore \angle B'A'C=\angle BAC,\angle B=\angle B'$

在 Rt$\triangle ABC$ 中，

$\because M$ 是 AB 的中点

$\therefore CM=AM=BM$

$\therefore \angle A=\angle ACM,\angle B=\angle BCM$

$\because \angle CA'B'=\angle P'CB',\angle B'=\angle A'CP',\angle A'CB'=90°$

$\therefore \angle CP'B'=90°$

即 $CP'\perp A'B'$，

此时，CP' 最短。

【设计意图】

尺规作图是对几何直观、空间观念和模型观念等数学核心素养的考察，有助于学生逻辑推理能力、探索性思维、应用意识和创新意识的培养。以限制作图工具(只允许使用尺规作图)为主题实施动感数学教学,要求学生要明晰现有的作图工具及其功能,明晰要做什么并逆向分析得到施工图,引导学生经历作图的过程,以及由操作过程反思理解。通过使用简单的工具,如直尺和圆规,作出几何图形,这种方法不仅可以帮助学生理解几何学的原理,还可以发展核心素养。在教学过程中,教师除了要引导学生明晰现有的作图工具及其功能,还要帮助学生理解要解决的问题,然后引导学生经历作图的过程,并在完成后反思和理解作图的道理。这样的教学方法可以有效地提高学生的学习效果,并促进他们的数学素养的发展。

案例 2:平行线分线段成比例

教师:"我们手上的实验工具有两根小棒,一根短一点,一根长一点,还有一个最普通的、最为常见的练习本。练习本上面横线是什么?"

学生齐:"平行线。"

教师:"这些平行线有没有什么特点?"

学生 1:"这组平行线,相邻两条平行线之间的距离相等。"

教师:"这是一组等距的平行线。今天我们就利用这些实验工具来做几个小游戏,请大家解决几个小问题。"

【设计意图】

借助身边常见的学具小木棒和练习本,引导学生关注学具特征,小木棒一根长,一根短,练习本所有横线的特征是互相平行。平行线特征的引入为后续数学活动开展的问题设计和验证发现做了有效铺垫。

活动一:利用这组等距平行线找出较长小木棒 AB 的中点 M 并思考这样找的理由

教师:"你是怎么找到的?"

学生 2:上黑板演示(图 3-3-15),标出点 M。

图 3-3-15

教师:"你能证明吗? 在不好直接证明的情况下,要想证明它,我们一般要做什么工作?"

学生齐:"辅助线。"

学生3:"分别过A,B作垂线,构造三角形。"

教师:"构造的这两个三角形全等吗?有哪些条件?判定全等的依据是什么?"

学生4:"有两个直角相等,还有两个对顶角相等,垂线是两条平行线之间的距离,是相等的。所以可以根据AAS证明两个三角形全等。"

【设计意图】

在了解学具特征的基础上,师生首先从一根小木棒和等距的平行线出发,从少到多,从特殊到一般,引导学生利用这组等距平行线找出较长小木棒AB的中点M并思考这样找的理由,这样找的理由并非通过度量,而是通过推理证明得出。在这里,学生初步体会到等距的平行线能够把小木棒等分成两部分,积累了用几何证明的方式证明结论正确的活动经验。对小木棒的动手操作和感知,让学生初步感受到特殊情况下基本事实被发现的可能性和合理性。

活动二:利用这组等距平行线找出较长小木棒AB上一点M,使得$AM:BM=2:3$并思考这样找的理由

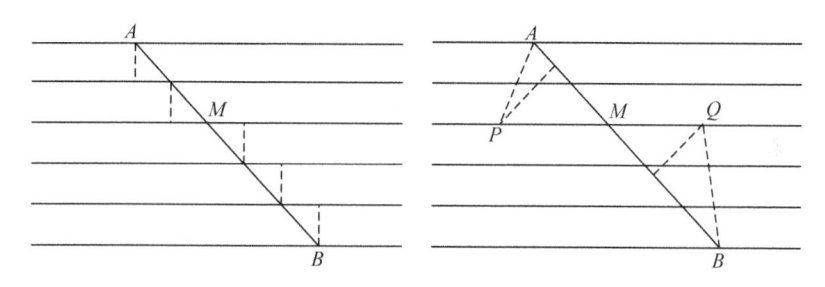

图 3-3-16

学生5:上黑板展示,如图3-3-16所示。

学生6:"我还是想用垂直来证明,将这个转化成前面的问题就可以了。"

教师:"怎么转化?"

学生6:"过小木棒与平行线的交点作垂线,就可以构造出5个直角三角形,和前面一样,这5个直角三角形全等,都是用AAS证明的。已知三角形全等,就可以得到对应的线段相等,也就能够证明长度比是2:3。"

学生7:"我还有一个方法,就是先在交点的左右两侧各取一点,使得这两个点到交点的距离相等。过这两个点P,Q分别作小木棒的垂线,这两个直角三角形全等,所以这两条垂线段相等。分别连接P,Q和木棒两端点A,B,形成三角形APM和三角形BQM。过$A、B$作两个三角形的高,这两条高的比是平行线

间距的比,即两条高的比是 2∶3。所以这两个三角形的面积比是 2∶3,这两个三角形的面积还可以表示成这两条木棒被分得的两部分长度 AM 与 BM 与它们边上高的乘积,而高是相等的,所以这两条木棒的两部分长度 AM 与 BM 的长度比是 2∶3。"

教师:"短时间内能想出这个方法不容易,要给点掌声,对吧?"

教师:"我下面给出一个更难的问题。"

【设计意图】

从活动一的"1∶1"到活动二的"2∶3",简单地展现特殊到一般的设计意图,但活动也有一定难度。教师组织学生独立思考,小组讨论,引导学生发现两个问题之间的关联,从而找到转化的策略。在验证的过程中教师引导学生使用多种方法证明,发现"构造全等三角形"在这里是转化后证明线段相等的有效工具。

活动三:你能利用这组等距平行线在小棒上找出一点,将该小棒分成长度为 13∶77 的两部分吗?

学生 8:"可以先画出 91 条等距的平行线,然后按照前面的方法构造三角形,利用全等来证明。"

教师:"为什么是 91 条等距平行线?"

学生 8:"因为要分割成 13+77,即 90 段,所以多画一条平行线。"

教师:"是不是可以用类似的方法代替作 91 条等距的平行线? 如果设计的方案要找到小木棒上的一点,使得两部分长度的比是 130∶770,是不是要作 901 条等距平行线呢?"

学生 9:"其实我觉得作三条平行线就可以了。"

教师:请学生 9 上黑板来画一画示意图,并说明怎样作这三条平行线。

学生 9:上黑板画图。

学生 9:"可以在纸上画一条 9 厘米的线段,然后用刻度尺量出 1.3 厘米和 7.7 厘米,这就可以形成 13∶77。只要保持这个比例,就相当于有 91 条等距的平行线被分割了,就可以像前面一样分割成小三角形来证明全等。"

教师:"两人一个小组合作实验,看还能利用等距平行线分割小木棒 AB,得到哪些不同的比例?"

教师:"你还能将这个实验进一步推广吗? 大胆猜想,动手验证。"

学生 10:"可以推广到将小木棒分成 $m∶n$ 两部分,只要我们构造平行线之间的距离的比是 $m∶n$ 就可以。"

【设计意图】

活动三系列问题是逐步推进的,学生在现有练习本学具的基础上能够找到

"1∶1""2∶3"对应分线段的方法。积累了"1∶1"到"2∶3"的活动经验之后，探究将该小棒分成长度为 13∶77 的两部分的活动给学生的认知带来了两个方面的冲突，其一是练习本的平行横线不够用，其二是有没有更为一般的方法将木棒分为 13∶77 的两部分。学生带着这样的认知冲突进行合作实验，实际上是操作为"虚"，思考为"实"。将学生的操作行为和关注角度进阶到数学学习更为本质的规律探究和发现上来。其中学生9的回答启发其他学生认识到将长木棒 AB 以任意比例分割的本质就是构造三条平行线，使其间距的比满足要求就可以。

活动四：最短的小木棒太短，够不着现成的平行线，你能不能自己设计一个实验，找到较短小木棒 CD 上一点 N，使得 $CN∶DN=2∶3$？说出方法和理由

学生11："方法和长的小木棒类似，虽然较短小木棒太短，够不着现成的练习本上的平行线，但可以构造距离比是 2∶3 的 5 条等距平行线来完成。"

教师："完成这个实验能不能简单一点，少用几条平行线？"

学生12："和前面的长木棒一样，不需要构造三条平行线，只要满足平行线间的距离比为 $m∶n$，平行线分线段所得的比就是 $m∶n$。"

【设计意图】

虽然在活动三中，学生认识到长木棒 AB 被按符合要求的比例分割的本质基础，但结论还不具有更广泛的一般性，是不是其他任意木棒都能按这样的方法分呢？活动四以短木棒为例，引导学生跳出练习本学具，自己设计符合要求的平行线来分较短的小木棒，从而让学生感受到这个发现更具有一般性。

活动五：利用等距平行线能将两根小木棒 AB、CD 分割得到同样的比例吗？结合两根小木棒的分割，你能写出哪些比例式？

教师："通过上述一系列的操作活动，你有何发现？"

学生13："对于同一组平行线，两条直线被他们所截，所分线段的比都等于平行线的间距比。"

学生14："两条直线被一组平行线所截，分得的对应线段成比例。"

【设计意图】

活动五将两根小木棒置于同一组平行线中，引导学生进行观察，发现两根小木棒被分割的比都等于平行线的间距比，因而概括总结出基本事实：两条直线被一组平行线所截，所得的对应线段成比例。我们看到学生首先利用手上的工具，按教师提供的比例要求分割线段，这里面渗透了从特殊到一般（从"1∶1"到"2∶3"）的思想。

活动三故意设计一定的难度，激发学生的探究兴趣和欲望，也初步揭示问题本质：平行线分线段所得的比就是平行线间距离的比。虽然提供的等距平行线

太宽,但可以自己设计窄的平行线,只要满足相应的比即可,本质是比例而非宽度。接着设置更加开放的活动四和活动五,给学生留有足够的思维空间,让他们尽情发挥创造力和想象力,并进一步引导学生解决更加一般化的问题,从"1∶1"到"2∶3"再到"$m∶n$",最终揭示本质。随着活动的进阶,课堂内容从操作中体会逐渐上升到纯数学的思维体验,归纳概括基本事实。

主题式动感数学教学是在课堂上针对一个主题,学生亲身经历数学操作活动的一种教学方法。《义务教育数学课程标准(2022年版)》明确要求:问题的设置要有利于考查对数学概念、性质、关系、规律的理解、表达和应用,注重考查学生的思维过程,避免死记硬背、机械刷题。以限制工具进行尺规作图为主题的动感数学教学中,活动一的解决经验源于教材例题、习题,其数学本质是图形变换,突出对应、转化等数学思想;活动二的背景是学生熟知的正方形网格,原理是圆中相互垂直的弦所具有的性质,凸显探究功能。这些活动的设置在内容选择上基于"四基",在能力考查上关注"四能",在育人导向上聚焦"核心素养"。以限制作图工具进行尺规作图为主题实施的动感数学教学,可以培养学生的好奇心和兴趣,激发挑战意识和冒险精神,驱动学生去寻找新的解决方案,去面对未知的困难,去尝试新的方法,提高学生的专注力和坚持精神,面对挫折和苦难不轻易放弃。

(三) 专题式

专题式教学通过对知识有效整合,由有限知识向无限知识延伸,构筑结构性知识,以此拓展学生学习空间。专题式动感数学教学是一种非常有效的数学教学方法,它能够帮助学生更深入地理解数学知识体系,提高学生的动手能力和问题解决能力,它能够让学生在实践中学习和掌握数学知识,同时也能培养学生的探究能力和创新能力,增强学生思维灵活性和跨越性。这种教学方式的基本模式"情境创设—建立模型—解释应用",可以概括为三个主要步骤:情境创设、建立模型、解释应用。

1. 情境创设

教师通过设置与数学相关的问题或情境,引发学生的兴趣和好奇心,引导学生进入学习状态。

2. 建立模型

在这个阶段,学生通过观察、制作、测量、实验、游戏等活动,对相关现象进行体验和感悟,并在此基础上,通过推理抽象,建立数学模型。

3. 解释应用

学生运用所建立的模型来解释和解决情境中或现实生活中出现的问题,从而巩固和拓展所学的数学知识,并进一步增强他们的应用能力和创新能力。

案例 1:探索分式的性质

活动一:添加糖水,感受变化

(1) 先感受 A 杯中糖水的甜度,再在 A 杯中再加入一些水,感受此时糖水甜度的变化,完成下面的表格(表 3-3-4)。

设 A 杯中原有的糖的质量为 a 克,糖水的质量为 b 克,后加入水的质量为 m 克。

表 3-3-4

	糖的质量	糖水的质量	糖水的甜度	甜度变化(填:"变甜"或"变淡"或"不变")	数学式子表示甜度变化
A 原来					
A 变化后					

从现象到本质,请用数学知识解释上述式子为什么能够成立。

【设计意图】

本活动采用学生动手操作的实验方法,加强学生动手能力与参与能力,激发学生参与的兴趣和积极性,从生活角度初步感知数学基本模型。

(2) 先感受 B 杯中糖水的甜度,再在 B 杯中再加入一些糖,感受此时水甜度的变化,完成下面的表格(表 3-3-5),设 B 杯中原有的糖的质量为 a 克,糖水的质量为 b 克,后加入糖的质量为 n 克。

表 3-3-5

	糖的质量	糖水的质量	糖水的甜度	甜度变化(填:"变甜"或"变淡"或"不变")	数学式子表示甜度变化
B 原来					
B 变化后					

从现象到本质,请用数学知识解释上述式子为什么能够成立。

【设计意图】

通过设计表格填空,对实验数据加以整理,给学生最直观的感受,在过程中体验快乐。同时要让学生了解,实验仅仅是一种手段与方法,要从实验中进一步找出实验的内在规律。

活动二:配置糖水,感受甜度

(1) 先感受 C 杯中水的甜度,从 C 杯中舀出 1 勺,放入另一个 D 杯中,此时感

让数学"动"起来——动感数学的实践研究

受 D 杯中糖水甜度如何。再舀出 2 勺放入 D 杯中,此时感受 D 杯中糖水甜度如何。若舀出 3 勺,4 勺,5 勺呢? 感受糖水甜度,完成下面的表格(表 3-3-6)。

表 3-3-6

	糖的质量	糖水的质量	糖水的甜度	甜度变化(填:"变甜"或"变淡"或"不变")	数学式子表示甜度变化
1 勺					
2 勺					
3 勺					
…	…	…	…		
n 勺					

从现象到本质,请用数学知识解释上述式子为什么能够成立。

【设计意图】

让学生直接感知从生活中能够直接发现分式的性质,进一步让学生体会到数学来源于生活。

(2) 从 C 杯中任意倒出 3 小杯糖水,舀出 1 勺,再把这 3 小杯糖水全部倒进一个空 E 杯中,混合后 E 杯中水的甜度如何? 感受糖水甜度,完成下面的表格(表 3-3-7)。

表 3-3-7

	糖的质量	糖水的质量	糖水的甜度	甜度变化(填:"变甜"或"变淡"或"不变")	数学式子表示甜度变化
第 1 杯					
第 2 杯					
第 3 杯					

【设计意图】

进一步引导学生在实验中完成从生活情境中构建数学模型。

此实验通过设计表格填空,对实验数据加以整理,给学生最直观的感受,让学生在过程中体验快乐。同时要让学生了解,实验仅仅是一种手段与方法,要从实验中进一步找出实验的内在规律,主要让学生注意观察分式中分子、分母同时发生变化时,分式的值不改变,同时启发学生思考推导分式的性质。

案例 2:A4 打印纸中的数学

活动一:测量 A4 纸数据

(1) 请量出 A4 打印纸的长和宽。

(2) 根据量出的数据,计算其长与宽比的近似值,并猜想 A4 打印纸长与宽的比的精确值。

(3) 怎样说明你的猜想是正确的?

【设计意图】

活动一是本节课的准备学习活动,从学生最为常见的 A4 打印纸入手,运用测量的手段,关注研究对象最基本的数量关系。操作起点低、切入口小,每个学生都有能力做,可以独自亲身体验,有开放性。让学生经历测量、计算、观察、比较、迁移等体验活动后,启发学生独立探究,自觉感悟 A4 打印纸的长宽比与 $\sqrt{2}$ 的特殊关系,发展数感,为后续学习的提升提供思维铺垫,使新知与思想方法共生共长。

活动二:探索 A 类打印纸的关系

(1) 为什么这种打印纸被称 A4 打印纸?

教师简单介绍 A 类打印纸的关系,让学生了解 A4 打印纸是由 A3 打印纸对折而来,而对折 A4 打印纸则得到 A5 打印纸……

(2) 你能猜出 A5 打印纸的长与宽的比值吗?请证明你的猜想。

(3) 由此你能否得出所有 A 类打印纸的关系?请证明你的猜想。

【设计意图】

借助折叠 A4 打印纸的亲身体验,让学生自己感知 A5 打印纸的长宽比,这一问题的设置同样具有开放性,为学生提供广阔的体悟时空。有些学生依然沿用活动一的测量方法,测算出 A5 打印纸的长宽比;有些学生利用活动一中测量出的 A4 打印纸的长宽值,直接算出 A5 打印纸的长宽比。当然,更多的学生不再测量,而是自觉地利用 A5 打印纸由 A4 打印纸对折而来这一事实,从活动一得到的"A4 打印纸的长宽比是 $\sqrt{2}$"这一结论出发,令 A4 打印纸的宽为 1,或是 a,通过猜想、感悟、推理、验证,得出 A5 打印纸的长宽比也是 $\sqrt{2}$。进一步感悟并推理证明,学生得出 A 类打印纸的长宽比都是 $\sqrt{2}$,它们是相似的。学生从亲身体验到自觉感悟,从活动一的感性认识自然上升为理性认识,完成了从"数学好玩"到"玩好数学"的过渡,学生的类比、转化思维能力得以提升。

活动三:探索电视机、电脑显示器等屏幕设计

(1) A4 打印纸是黄金矩形吗?

(2) 为什么 A 类打印纸被称为标准纸?

(3) 你知道为什么电脑显示器被设计成 4∶3 吗?猜想电视机屏幕、电影幕布的尺寸,说说你的思考。

【设计意图】

选择 A 类打印纸作为"载体",帮助学生搭建了图形转化的"桥梁",学生已经通过亲身体验,感悟到 A 类打印纸的长宽比都是 $\sqrt{2}$,了解长宽比不是黄金比,自然就顿悟到 A4 打印纸不是黄金矩形。接着,教师引发学生对打印纸为什么被称为标准纸的思考,活动二中学生已经领悟到 A 类打印纸是相似的,在这里进一步感悟到相似的打印纸能够让图像放大与变小都不变形的原理,就自然与屏幕设计尺寸有了联想和类比,继而转化,产生思考,有新的感悟。学生感叹:原来数学还有如此重要的作用。学生研究数学的兴趣被激发,"好玩"与"玩好"实现了无缝对接。这里并没有重复提出其他 A 类打印纸的相似推理方法,而是转向让学生体验 A 类打印纸的标准性的研究,利用之前形成的经验和感悟,不仅让学生领悟了 A 类打印纸的标准性,更重要的是领悟了其标准性在生活中的应用,自然也就懂得屏幕尺寸的设计原理和依据,对数学的学习完成了从理论理解到实践应用的过渡。

第四节　动感数学的课例实录

动感数学通过实际操作和动手实践,使学生更好地理解和掌握数学知识,这与《义务教育数学课程标准(2022 年版)》中提出的新要求是非常符合的,因为这种方式能够提供更加丰富和多样化的教学手段。通过构建让学生"做"数学的教学环境,教师可以为学生提供一个更加真实和生动的数学学习环境。在这个环境中,学生可以通过实际操作和动手实践,亲身体验数学知识的形成过程,从而更好地理解和掌握数学知识。这种方式可以帮助学生更好地将数学知识与实际生活联系起来,提高他们的数学应用能力。动感数学还可以激发学生的数学潜能。通过实际操作和动手实践,学生可以在认知与非认知因素的参与下,发现数学结论、理解数学知识、验证数学结论。这种方式可以帮助学生更好地发挥他们的创造力和想象力,激发他们的数学潜能,还可以帮助学生建立学习数学的信心。通过实际操作和动手实践,学生可以亲身感受到数学的魅力和乐趣,从而更好地理解和掌握数学知识,提高他们的数学成绩和自信心。

（一）实物模型类操作课例实录

动感数学教学是一种富有创新性的教学方法，它通过创设问题情境，引导学生通过"多感官参与"进行探索，从而发现、猜想、验证和表述结论，使学生在亲历数学建构的过程中逐步掌握认识事物、发现真理的方式方法，是创造性解决问题的有效途径。此外，动感数学强化数学学习中归纳方法与实践手段的交互作用，使学生在学习过程中更加灵活地运用数学方法，增强解决问题的能力。动感数学教学是一种富有成效的教学方法，它能够帮助学生更好地理解和掌握数学知识，提高他们的数学思考能力和动手实践能力。同时，这种方法也有助于培养学生创造性解决问题的能力。

借助实物模型理解数学结论，在初中动感数学教学中占据重要地位，通过让学生亲手操作实物模型，来深刻理解数学概念、法则、原理等数学知识，从而达到理解和接受这些知识的目的。这种课例是动感数学教学研究的主要方式，是通过学生对实验材料的"数学化"操作来实现的。通过实际操作实物模型，学生动眼看、动耳听、动手做、动脑想、动口说，帮助理解数学概念和原理，从而直观感受知识呈现的过程，增强他们的参与感和动手能力。通过亲手操作，学生可以更深入地理解数学知识的本质，从而更好地接受和理解这些知识。这种教学方式可以让学生在较短的时间内掌握更多的数学知识，提高教学效率和质量。借助实物模型操作理解数学结论是一种有效的教学方式，它能够帮助学生经历知识的产生、发展的过程，形成知识的生长点，优化学习方式，提高学生的数学素养和综合能力。

课堂实录 1：利用锐角三角函数解决问题

实验目的：

让学生经历设计活动方案、运用仪器进行实地测量的过程，进一步体会三角函数在解决问题过程中的应用。使学生能够把实际问题转化为数学问题，能够借助于计算器进行有关三角函数的计算，并能对结果的意义进行说明。

（1）知识回顾

教师："我们回忆一下，之前我们学习了直角三角形的哪些知识？"

学生 1："三边关系：$a^2+b^2=c^2$。"

学生 2："锐角关系：$\angle A+\angle B=90°$。"

学生 3："锐角三角函数：正弦、余弦和正切。"

教师:"很好,如图 3-4-1 所示,以∠A 为例你能将边角关系描述一下吗?"

学生 4:"$\sin A=\dfrac{a}{c}$,$\cos A=\dfrac{b}{c}$,$\tan A=\dfrac{a}{b}$。"

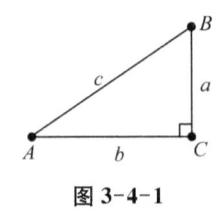

图 3-4-1

教师:"解直角三角形应具备的条件是什么?"

学生 5:"两边或者一边一角。"

【设计意图】

从学生已有的认知经验入手,实验设计符合学生的认知发展规律,既复习了直角三角形三边关系、两锐角关系,以及边角关系,又为接下来的内容学习做好铺垫。

(2) 创设活动情境,认识基本图形

活动一:测量教室高度

学生 1:拿出直尺尝试测量,但长度不够,失败。

学生 2:拿出卷尺尝试测量,长度够,但因卷尺材质较软,失败。

教师:"(拿出测角仪)光用卷尺没有办法准确测量我们教室的高度,给大家介绍一样新工具,测角仪。"详细介绍测角仪使用方法。

【设计意图】

创设活动目标——测量教室高度。让学生尝试单一工具测量后,介绍测角仪,启发学生关于测量高度的思考,让学生主动利用直角三角形边角关系构造出实际问题背后的几何图形。

活动二:利用测角仪、皮尺等工具测量教室的高度。设计活动方案并画出示意图,先独立思考,再小组讨论交流,最后全班交流,分享,优化设计方案

学生展示、分享、交流设计方案。

学生 1:展示小组设计方案(图 3-4-2)。

学生 2:"我们需要首先选定同学 Z 站在教室某一位置 A 处,用卷尺测得此时 A 与墙壁 C 点之间的距离,同时,同学 Z 手拿测角仪测得此时眼睛水平视线与教室顶部 E 的夹角的度数,用卷尺测得 Z 同学的身高 AB。"

学生 3:"在 Rt△BDE 中,

图 3-4-2

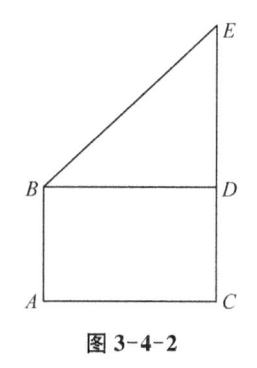

$\because \tan\angle EBD = \dfrac{DE}{BD}$

$\therefore DE = BD \cdot \tan\angle EBD$

又 $BD = AC$,

$\therefore DE = AC \cdot \tan\angle EBD$

$\therefore$ 教室高度 $EC = CD + DE = AB + AC \cdot \tan\angle EBD$。"

教师:"大家觉得这个方案可行学生吗?"

学生 4(全体):"可行!"

教师:"那有没有需要做修改的地方?"

学生 5:"在测 $\angle EBD$ 的度数的时候,测角仪放置在眼睛的位置,所以,AB 不应该是同学 Z 的身高,而是眼睛离地的距离。"

教师:"大家同意吗?"

学生 6(全体):"同意!"

【设计意图】

让学生经历设计、策划、测量方案的过程,让学生体会到只有知识技能无法解决问题,必须借助相关测量工具,结合相关知识设计测量方案,在设计方案中思考如何提高学生数学应用能力和综合分析能力,培养学生数学建模的思想,从而最终发展学生的数学应用意识和解决问题的能力。

活动三:分小组实地测量、记录数据,并计算得到教室的高度

学生 1:"为方便计算,让同学 Y 站在离墙 C 点 1 米的 A 处,测得同学 Y 眼睛离地距离为 1.6 米,测角仪测得 $\angle EBD$ 为 61°。"

学生 2:"通过计算,我们小组得到教室高度 $EC = 1.6 + 1 \times \tan 61° \approx 1.6 + 1.8 = 3.4$ 米。"

【设计意图】

让学生经历对仪器使用和调整的过程,对测量数据和结果进行校准,从而使测量结果符合实际,提高学生数学实践能力。

概念介绍:仰角与俯角(图3-4-3)。

当从低处观测高处的目标时,视线与水平线所成的锐角称为仰角。

当从高处观测低处的目标时,视线与水平线所成的锐角称为俯角。

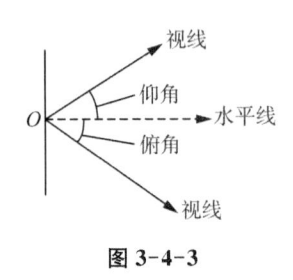

图 3-4-3

【设计意图】

在师生互动的启发下,在学生动手操作活动后,总结提炼出"仰角"和"俯角"的基本模型,为接下来利用"仰角""俯角"解决问题做好铺垫。

(3) 展开探索活动,组织例题教学

例1:如图3-4-4所示,AB 和 CD 是两栋相距36米的楼房,小明(小明身高忽略不计)站在楼 CD 的楼顶 C 点,他需要测得哪些数据就可以求得楼 AB 的高度?(结果保留根号)

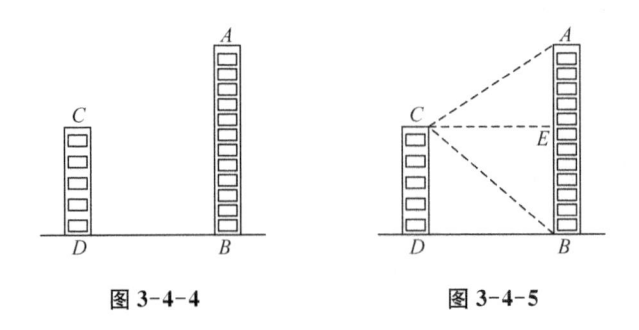

图 3-4-4   图 3-4-5

【设计意图】

将操作活动中掌握的概念应用到实际题目中,根据学生认知规律,让学生逐步加深对知识的认识。通过例题让学生反复理解和深刻掌握本节课中重要的概念和图形。

例2:为了测量停留在空中的气球高度,小明在某处利用测角仪测得气球的仰角为30°,然后他沿正对气球方向前进了50米,再次测得气球的仰角为45°。如果小明身高1.5米,那么气球的高度是多少?(结果保留根号)

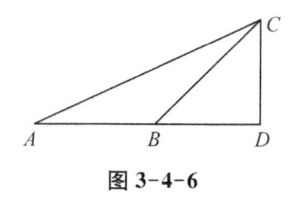

图 3-4-6

【设计意图】

本题需要学生自行作图解题,通过类比的方法作出符合条件的图形(图 3-4-6),并利用锐角三角函数解题。这能培养学生探究问题的意识,使学生渗透类比思想和数形结合的数学方法。

【教学反思】

中华人民共和国教育部制定的《义务教育数学课程标准(2022 年版)》提出学生是学习的主体,教师是学习的组织者、引导者和合作者。动感数学实物模型操作给学生更多"动手实践、自主探索"的机会,让学生获得数学知识,积累活动经验,感悟数学思想。本堂课是尝试让学生有效地开展实物操作,使用有关工具(如卷尺、测角仪及计算器等),在数学思维活动的引入下进行的一种以每个学生都参与实际操作为特征的数学探究活动。但在具体操作中,还存在一些问题,例如:学生分组活动中每人的任务安排与参与度。学生在设计测量方案时,老师要如何帮助学生克服思维定式,引导学生修改作法步骤。

动感数学倡导教师在教学过程中重视学生解决问题的创造性,通过数学实验给学生提供更多的动手操作机会,引导学生用数学的眼光、数学的思维观察世界。

课例实录 2:变化中的四边形

实验目的:

在学生已经完成平行四边形、菱形、矩形、正方形的判定学习,并且已经有了几何画板操作经验的基础上,引导学生动手"做",将判定知识和实践及经验相结合,通过动感数学进行验证,实现了判定知识结构化、系统化,助力学生建构知识谱系。同时通过实验探究,学生树立了敢于质疑、善于思考、严谨求实的科学精神。

课前准备:

自制橡皮筋四边形。如图 3-4-7 所示,用一个图钉将两根雪糕棒钉在一起,木片很薄,轻轻地按下图钉即可完成,这个图钉的位置记为点 O,再用 4 个图钉钉在两根木片上,分别记为点 A、B、C、D,用一根橡皮筋绕过图钉 A、B、C、D,得到四边形 $ABCD$。

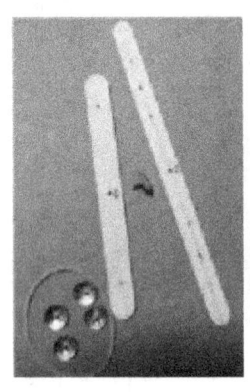

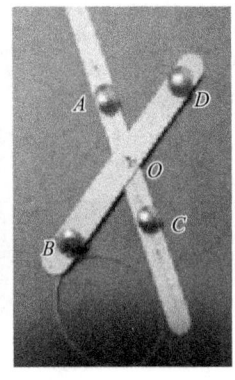

让数学"动"起来——动感数学的实践研究

图 3-4-7

活动一:调整对角线

如图 3-4-8 所示,在较长木片上按下两个图钉 A 和 C,且使两个图钉到与木片中心 O 不等距的位置,在较短木片上,按下两个图钉 B、D,将橡皮筋绕过这四个图钉。观察此时橡皮筋所形成的四边形是否为平行四边形,采取小组合作的形式,学生经历操作、验证、讨论,然后各组派代表,展示、发言。再改变图钉 B、D 的位置,但是要保证 $OB \neq OD$,继续观察四边形 $ABCD$ 的形状,说明其形状。

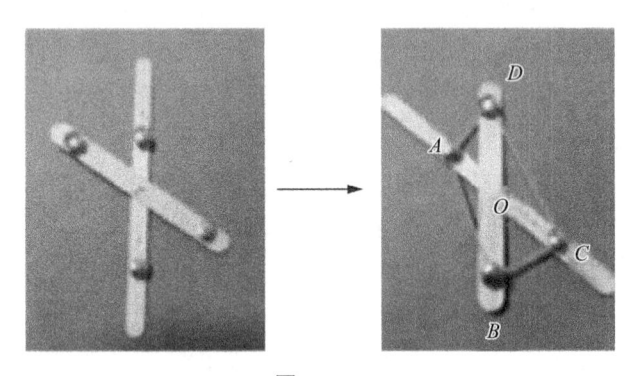

图 3-4-8

活动二:调整为平行四边形

如图 3-4-9 所示,分别调整两根木片上的图钉使其与所在木片中心等距,即 $OB=OD$ 且 $OA=OC$,轻轻旋转两根木片,观察四边形的形状,说出它的形状。采取小组合作的形式,学生经历操作、验证、讨论,然后各组派代表进行展示、发言。

【设计意图】

改变木条上图钉的位置,保证在 $OB=OD$ 且 $OA=OC$ 时,橡皮筋围成的四边形是平行四边形,学生经历操作、验证、讨论,然后各组派代表展示,说出调整

图 3-4-9

方案和理由。

活动三:变化平行四边形的对角线的位置

（1）一同学把如图 3-4-9 所示的一个对角线木条 AC 固定；另一同学旋转木条 BD，使两条对角线木棒垂直，如图 3-4-10 所示，观察四边形 ABCD 的形状，说明其形状。

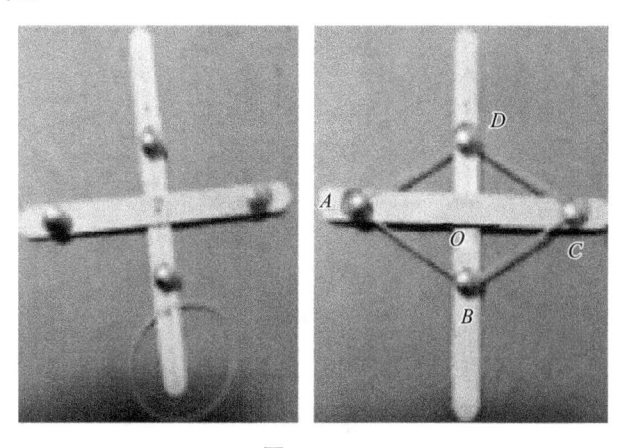

图 3-4-10

（2）两位同学交换做刚才动作，一同学固定对角线木条 BD；另一同学旋转木条 AC，使两条对角线木棒垂直，再观察四边形 ABCD 的形状，说明其形状。

【设计意图】

通过旋转、改变两根木条的位置，保证 $AC \perp BD$ 时，橡皮筋围成的四边形是菱形，学生经历操作、验证、讨论，然后各组派代表展示，说出调整方案和理由。

活动四:变化平行四边形的对角线的长度

（1）取如图 3-4-9 所示的橡皮筋调整长木条上的图钉，使得 $OB=OD=OA=OC$，绕上橡皮筋如图 3-4-11 所示，再轻轻推开两根木条，观察形状，说明理由。

153

让数学"动"起来 ——动感数学的实践研究

图 3-4-11

【设计意图】

改变木条上图钉的位置,保证在 $OA=BO=CO=DO$ 时,木条围成的四边形是矩形,学生经历操作、验证、讨论,然后各组派代表展示、发言说出调整方案和理由。

(2) 上述四边形能否成为正方形?如何调整?

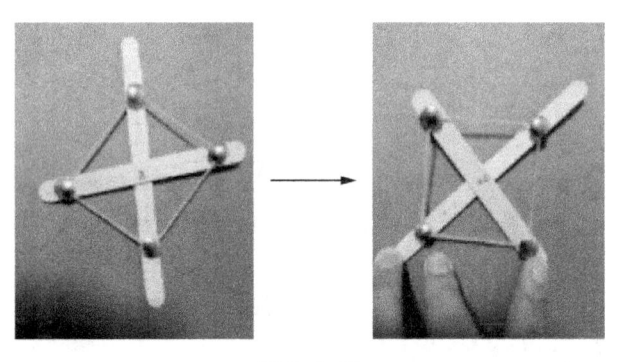

图 3-4-12

【设计意图】

如图 3-4-12 所示,改变木条上图钉的位置,以及两根木条的位置,保证 $OA=BO=CO=DO$ 且 $AC \perp BD$ 时,橡皮筋围成的四边形是正方形,学生经历操作、验证、讨论,然后各组派代表展示,说出调整方案和理由。

【教学分析】

沿着探究对角线变化的实验路径出发,逆向思考平行四边形判定知识中对角线须满足怎样的条件,进而思考如何调整对角线使平行四边形变为菱形、矩形、正方形,难度越来越高,需要数学思考、融会贯通。这个模型操作呈现了特殊四边形的判定问题,操作过程中要求学生采用逆向思考的方式,想通了、实现了之后,在课堂上展示,实现通过实验达成"引领思考—体悟思想—形成思维"的"三思"愿景,也实现了基础知识、基本技能、基本思想、基本活动经验的"四基"达成,说出了数学道理,也就是学会了用数学的语言表达。

【教学反思】

本节课属于实物模型操作类动感数学教学,动感数学教学有利于学生对程序性知识的认知和理解,可以让学习有广度和深度,学习过程中的独立思考与合作有利于关键能力的培养与生成,有利于核心素养的提高。实物类模型动感数学教学方法的运用,使学习过程与学习成果可视化,让学生更好地明白做数学背后的理性,在"润物细无声"的学习过程中,关键能力在悄悄地生长,学生的核心素养得以发展。通过设计有趣的数学实物模型操作,再结合日常生活中的一些问题情境等激发学生的学习兴趣,调动他们的学习积极性,进而提高教学质量。

课例实录3:拼图与因式分解

实验目的:

借助拼图,探索多项式的因式分解,让学生经历操作、观察、思考、交流等活动,初步体会"数形结合"思想。

教学过程:

(1) 课前准备

小组形式:6人一组。

准备材料:剪刀、规格为 $a \times a, a \times b, b \times b$(图 3-4-13)的彩色纸片若干张。

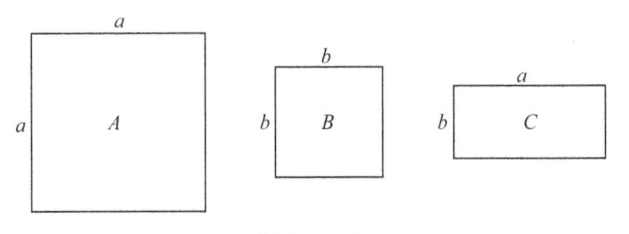

图 3-4-13

(2) 课堂活动

活动一:拼指向性图形

①利用课前准备的纸片,你能通过拼图获得一个边长为 $(a+b)$ 的正方形吗?试试看。

②利用课前准备的纸片,能拼出长为 $2a$、宽为 $(a+b)$ 的长方形吗?长为 a、宽为 $(a-b)$ 的长方形呢?

③利用课前准备的纸片,能剪拼出长为 $(a+b)$、宽为 $(a-b)$ 的长方形吗?

试一试,在(2)(3)操作的基础上,你能得到什么公式?

【操作说明】

活动一选用 A 类纸片 1 张,B 类纸片 1 张,C 类纸片 2 张,拼成一个大正方形,即 $a^2+2ab+b^2=(a+b)^2$,如图 3-4-14 所示;活动二选用的第一个长方形需要用 A 类纸片 2 张,C 类纸片 2 张拼成,即 $2a^2+2ab=2a(a+b)$,如图 3-4-15 所示;第二个长方形需要用 A 类纸片 1 张,C 类纸片 1 张遮盖拼成,即 $a^2-ab=a(a-b)$,如图 3-4-16 所示;活动三选用 A 类纸片 1 张,B 类纸片 1 张,进行叠合、裁剪、拼接,即 $a^2-b^2=(a+b)(a-b)$,如图 3-4-17 所示。

图 3-4-14

图 3-4-15

图 3-4-16

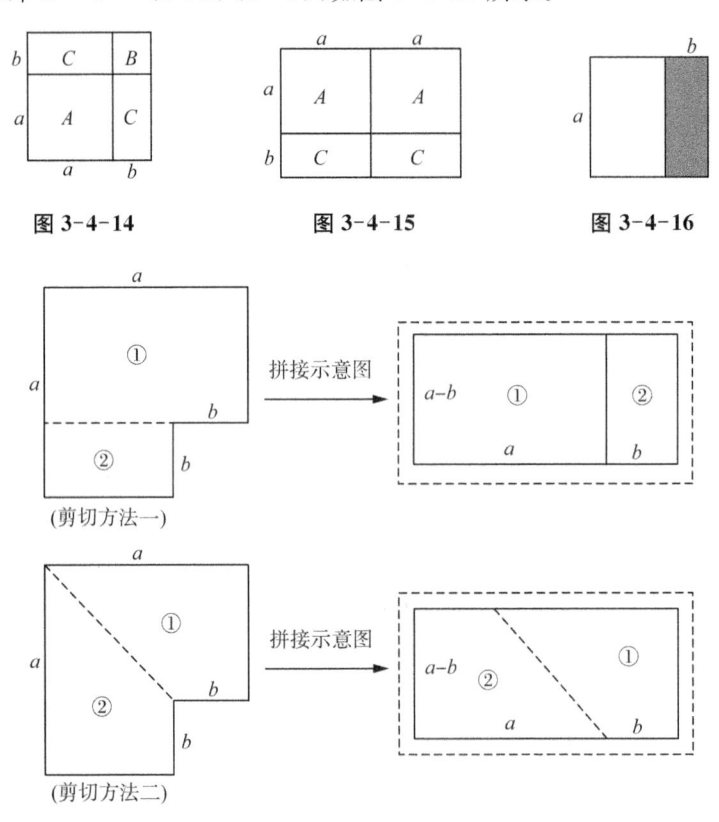

(剪切方法一)

(剪切方法二)

图 3-4-17

【设计意图】

让学生借助裁剪、拼接、叠合等"玩"纸片的方式,经历因式分解方法的产生过程,真正明白因式分解的算理。活动一能帮助学生理解"和的完全平方公式"的来龙去脉,鉴于学生在小学已经接触过类似活动,对他们而言拼图起点低,能激活学生已有的认知经验;活动二的第一个活动容易上手,第二个活动需要通过叠合(即遮盖)的方式解决,目的是让学生明白"提公因式法"的源起;活动三设置的目的是让学生经历"平方差公式"的诞生过程,提高学生思维指数。

活动二:任意拼一个长方形(可以裁剪、拼接但不应有剩余)并填表3-4-1

表 3-4-1

边长	面积	等式	拼图方法

【操作说明】

学生借助活动一的拼图经验,通过裁剪、拼接、叠合顺利完成活动二,并填写表格(表3-4-2)。例如:用直接拼接的方法呈现 $2a^2+4ab+2b^2=2(a+b)^2$,如图3-4-18所示;用叠合法呈现 $2a^2-ab=a(2a-b)$,如图3-4-19所示;用裁剪、拼接、叠合的方法呈现 $4a^2-4b^2=4(a+b)(a-b)$,如图3-4-20所示。

表 3-4-2

边长	面积	等式	拼图方法
$2(a+b), a+b$	$2(a+b)^2$	$2a^2+4ab+2b^2=2(a+b)^2$	直接拼接
$a, 2a-b$	$a(2a-b)$	$2a^2-ab=a(2a-b)$	叠合法
$2a+2b, 2a-2b$	$4(a+b)(a-b)$	$4a^2-4b^2=4(a+b)(a-b)$	叠合+裁剪+拼接

图 3-4-18

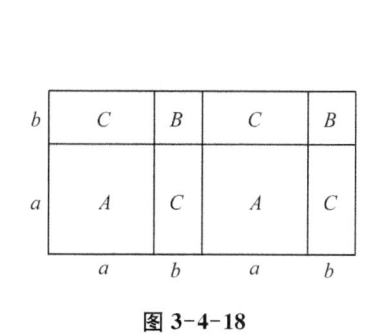

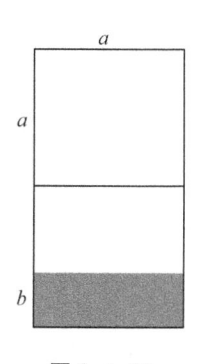

图 3-4-19

【设计意图】

设置该活动的目的是拓宽学生的思考时空,培养学生的发散性思维,实现学生的知识经验、能力多向发展。让学生自己确定拼图的方向(可以先确定长方形的边长,再寻求相关的纸片拼图;也可以先确定长方形的面积,即多项式,再拼

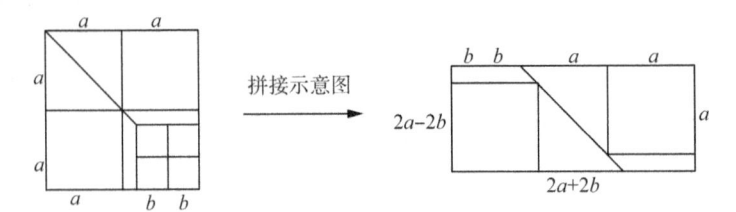

图 3-4-20

图;也可以无序拼图,然后找出长、宽的相关要素。让学生自己发现和提出问题,再自己分析和解决问题,可以帮助学生理解算理,又能为课堂增添乐趣。同时,多种开放活动方案更能使学生感到认同,助推活动的正向展开。

活动三:拼固定面积的长方形

①$6a^2+2ab$　②$6a^2-2ab$　③$9a^2-4b^2$　④$(a+b)^2-4ab$

操作说明:

①直接拼接的方法:$6a^2+2ab=2a(3a+b)$,如图 3-4-21 所示。

②叠合法:$6a^2-2ab=2a(3a-b)$,如图 3-4-22 所示。

③叠合＋裁剪＋拼接的方法:$9a^2-4b^2=(3a+2b)(3a-2b)$,如图 3-4-23 所示。

④叠合＋拼接的方法:$(a+b)^2-4ab=(a-b)^2$,如图 3-4-24 所示。

图 3-4-21　　　　图 3-4-22

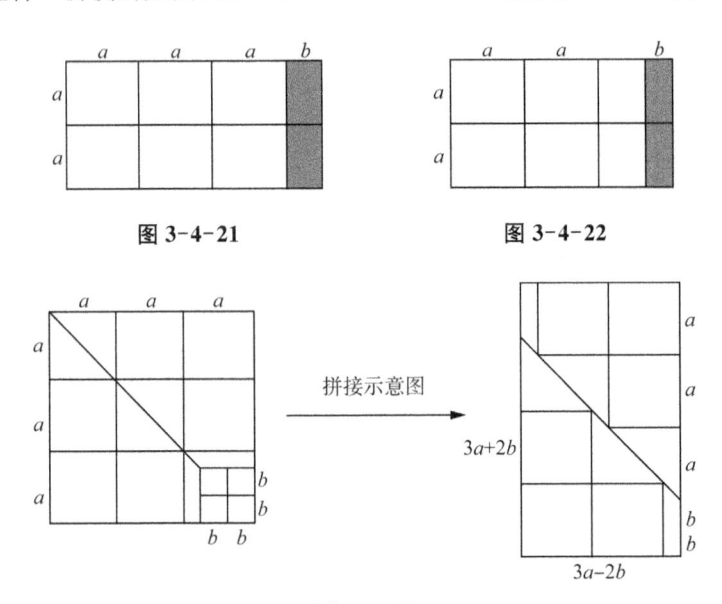

图 3-4-23

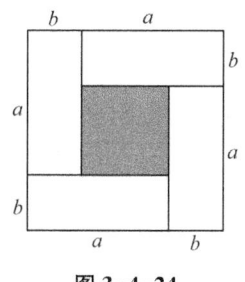

图 3-4-24

【设计意图】

设置这个活动的目的是顺应《义务教育数学课程标准(2022年版)》要求："了解公式的几何背景""能用提公因式法、公式法(直接利用公式不超过二次)进行因式分解(指数是正整数)",让学生在已有操作经验的基础上,思维能够得到提升。也是遵循动感数学的操作性的原则,尊重理解知识的目的(因式分解的算理),发挥了实物模型操作得天独厚的优势(理解抽象的算理)。活动一、二让学生理解提公因式法和公式法(如平方差公式)分解因式的本质,基本技法不变,只是纸片的数量有所增加而已;活动三试图让学生直接借助几何理解差的完全平方公式,但是面积是 $a^2-2ab+b^2$ 没有直观的、对应的拼图方式,换成 $(a+b)^2-4ab$ 的形式则可以通过剪拼来完成(图 3-4-24)。而且让学生经历一种形式上的变换,为学生的思维与图形接轨搭建了"阶梯",实现了差的完全平方公式的图式化,优化了知识建构的路径。

活动四:拼不确定面积的长方形

任意写出一个多项式并分解因式,用剪拼的方式验证它的合理性,填写表 3-4-3。

表 3-4-3

多项式	分解的因式	公式	验证方法

(3) 归纳验证

你能用计算的方法验证以上拼图操作的合理性吗?试试看!

让数学"动"起来 ——动感数学的实践研究

【设计意图】

活动一是经验思维的拓展与衍生。实物动手操作让学生借助拼图直观地实践因式分解,再通过因式分解验证拼图的准确性。通过这样的活动,从感性经验中发展出理性思维,最终凝炼成一种知性思维。活动二让学生借助公式验证拼图的合理性,其实是让学生验证合情推理得出的结论的正确性,让学生的思维意识再度确认诞生于手边知识的可信性,进而实现知识经验、思维能力的正态分布,让原本混沌模糊的知识清晰化、通透化,到达豁然开朗、柳暗花明的清亮视界。

【教学反思】

2024年苏科版七年级下册第9章"整式乘法与因式分解"章头图式(体现提公因式法、和的完全平方公式以及平方差公式)指出本章的教学线路:通过拼图学生更直观地理解因式分解的算理,通过因式分解学生发现得到的因式与长方形边长的关联,得到双向验证,渗透数形结合的思想。学生在辨析表面不同问题的内在联系,在表层知识的接受过程中,生成认知的互动活动,学生感受到了完整的学习过程。因此,教学须立足于教材指向,利用实物模型操作缝合学生思维的"间断区"(这里的间断,一方面指抽象算理理解"夹生"的间断;另一方面,指因式分解方法"缺位"的思维间断)。

(二)数学软件应用类课例实录

借助数学软件进行动感数学教学,可以提升学生的直观体验和启发学生逻辑推理。数学软件在数学教学中,能够创造一个实际"操作"数学的环境,使原本枯燥乏味的数学变得形象生动,进而调动学生学习数学的积极性,让学生在操作实践中体验学习的快乐。由于生理和心理的差异,不同的学生对事物的认识也有一定的差异。因此,在动感数学教学中,教师须考虑到学生的个体差异,提供一些简明直观的生动演示,让学生实实在在地进行动感数学学习,切身体验数学问题。数学软件在数学教学中具有动态探究数学问题的功能及即时操作的特点,可以让教师更好地展示数学知识的本质,帮助学生直观地理解和掌握数学知识。

数学软件在动感数学教学中是一种非常有用的教学辅助手段,它可以通过提供丰富的创造功能和动态的图形来激发学生的兴趣。比如,网络画板,可以通过直观的图形和动态的效果来展示数学概念和公式,这可以吸引学生的注意力,激发他们的学习兴趣。例如,在学习函数时,可以利用网络画板绘制函数的图像,并观察它们的变化规律。再如,在教授几何知识时,可以利用几何画板绘制动态的图形,让学生观察图形的变化和相互关系。通过对 GeoGebra 的操作,学生可以通过亲身实践感受数学概念和公式的应用,从而更好地理解和掌握这些知识。

数学软件提供了一个开放的环境,教师可以通过引导学生使用数学软件,在数学问题设置的环境中探索和发现,从而发展学生的探究能力,例如,让学生自己设计几何图形并观察其形状的变化,或者让他们解决一些开放性问题。数学软件的应用可以促进合作学习。学生可以通过小组合作的方式来应用数学软件,例如,设计不同的图形或解决数学问题。这种合作方式不仅可以提高学生的协作能力,还可以培养他们的批判性思维。在利用数学软件进行教学时,教师须转变自己的角色,从一个讲授者转变为一个引导者和支持者。教师须给学生提供足够的时间和空间来探索和发现,同时也要给予必要的指导和帮助。

为了在动感数学教学中熟练应用数学软件,教师须充分了解数学软件的功能和使用方法,并能够根据教学内容和学生的需求来选择合适的工具。此外,教师还须不断学习和更新自己的知识和技能,以便更好地适应教育技术的发展。

因此,数学软件在动感数学教学中是一种非常有用的教学辅助手段。它可以模拟图形的变化,立体呈现几何图形,动态展示图像,激发学生的兴趣,增强学生的实践能力,提高学生的探究能力,促进合作学习,并帮助教师转变角色。因此,教师应该积极探索如何更好地利用数学软件来提高教学效果和质量。

课例实录1:用网络画板探索一次函数的图像

实验目的:

通过应用数学软件让学生认识一次函数的图像,并掌握选取两个适当的点画一次函数的图像的方法。通过动态观察一次函数的图像和函数表达式,学生可以探索并理解一次函数的性质,进一步理解正比例函数和一次函数的关系。通过由函数图像揭示函数性质的探索过程,培养学生观察、比较、抽象和概括的能力,培养学生用"数形结合"的思想方法解决数学问题的能力。

教学过程:

(1)问题情境

教师:"橘子每千克 2 元,购买 x 千克橘子的费用为 y 元,怎样表示 y 与 x 的关系?"

学生1:"用函数表达式表示为:$y=2x(x\geq 0)$。"
学生2:"用表格表示(表3-4-4)。"

表 3-4-4

x/千克	1	2	3	4	5	…
y/元	2	4	6	8	10	…

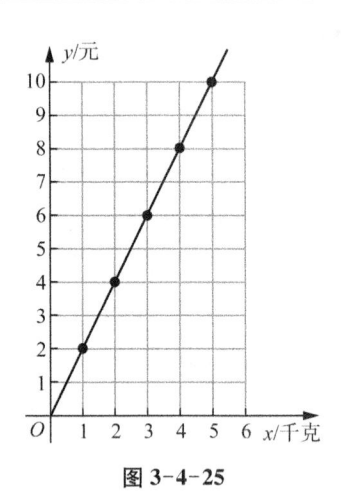

图 3-4-25

学生3:"用图像表示(图 3-4-25)。"

【设计意图】

通过问题情境引导学生回顾函数的定义,并尝试用函数表达式、表格和图像表示问题情境中的函数关系,理解三种函数表示方式之间的关系,初步感知根据函数表达式画函数图像的一般步骤:列表、描点、连线。

(2) 探索一次函数的图像

活动一:探索一次函数 $y=2x+1$ 的图像

①尝试画图

a. 根据问题情境中函数 $y=2x(x\geq 0)$ 的图像,猜想正比例函数 $y=2x$ 的图像是怎样的图形? 一次函数 $y=2x+1$ 的图像是怎样的图形?

b. 在学习任务单中,用列表、描点、连线的方法画出一次函数 $y=2x+1$ 的图像。

根据表中选取的自变量 x 的几个值,计算函数 y 对应的值(表 3-4-5)。

表 3-4-5

x	⋯	−2	−1	0	1	2	⋯
$y=2x+1$	⋯	−3	−1	1	3	5	⋯

描点：

以表中各组 x、y 的值为点的横坐标与纵坐标，得到点 $(-2,-3)$，$(-1,-1)$，$(0,1)$ $(1,3)$，$(2,5)$ 坐标，在平面直角坐标系中描出相应的点。

连线：

顺次连接描出的各点。

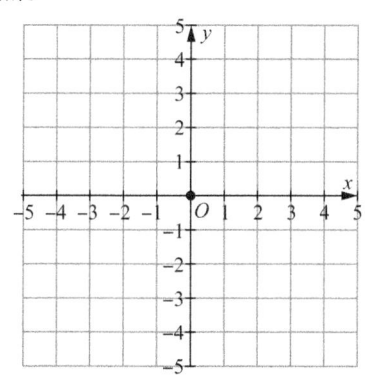

图 3-4-26

【设计意图】

先让学生想一想，通过"数"[函数表达式 $y=2x+1$ 与 $y=2x(x\geqslant 0)$ 的数量关系]和"形"[$y=2x(x\geqslant 0)$ 的图像]，分析、猜想函数 $y=2x+1$ 的图像；再让学生画一画，经历完整的绘制图像过程，掌握通过列表、描点、连线绘制函数图像的技能，初步获得一次函数 $y=2x+1$ 的图像是一条直线的认知。

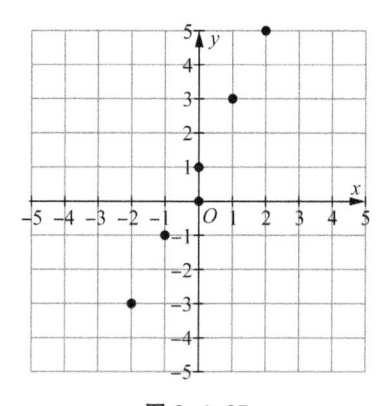

图 3-4-27

②技术探索

a. 打开网络画板,显示表 3-4-5,依次呈现"尝试画图"中描出的 5 个点。

b. 再列出几对 x、y 的值,如表 3-4-6 所示,在上面的平面直角坐标系中构造出相应的点,你有什么发现?

表 3-4-6

x	1.1	1.2	1.3	1.4	1.5	1.6	1.7	1.8	1.9
$y=2x+1$									

c. 构造点 $(a, 2a+1)$,说明其在一次函数 $y=2x+1$ 的图像上,将该点设为"跟踪"点,启动"参数 a"动画,观察该点连续运动的路径,你有什么发现?

【设计意图】

在学生手工绘图,获得对一次函数 $y=2x+1$ 图像初步认知的基础上,基于网络画板引导学生进行技术探索,通过描点、加密、追踪,从宏观到微观,从"有限"到"无限",从静态到动态,建立一次函数 $y=2x+1$ 图像是一条直线的认知。

活动二:探索一次函数 $y=kx+b(k\neq 0)$ 的图像

任意写出几个一次函数的表达式,利用网络画板分别用追踪的方式绘制出它们的图像,这些图像是怎样的图形?与你的猜想是否一致?

【设计意图】

通过任意写出几个一次函数表达式,并绘制其图像,从特殊到一般,运用合情推理,构建一次函数 $y=kx+b$ 的图像是一条直线的认知,从而掌握用"两点法"绘制一次函数图像的基本方法。

(3) 探索一次函数的性质

活动三:探索一次函数 $y=kx+b(k\neq 0)$ 的性质

①如图 3-4-28 所示,在网络画板中新建变量 k、b,绘制函数 $y=kx+b$ 的图像。

②改变变量 k 的值,观察函数 $y=kx+b$ 图像发生的变化,你有什么发现?

③改变变量 b 的值,观察函数 $y=kx+b$ 图像发生的变化,你有什么发现?

【设计意图】

本活动为基于网络画板的学生自主探究,学生通过在网络画板上拖动变量 k、b 的滑杆或启动变量 k、b 的动画,动态观察一次函数 $y=kx+b$ 的图像随参数 k、b 的值变化情况,运用数形结合的方法归纳出一次函数的有关性质,以及一次函数与正比例函数的关系。

步骤1：观察图像随 k 的变化情况
▶ $k=\boxed{1}$

步骤2：观察图像随 b 的变化情况
▶ $b=\boxed{-1}$ 初始化 显示性质

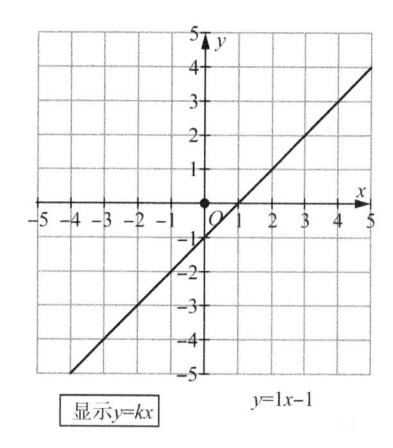

显示 $y=kx$ $y=1x-1$

图 3-4-28

活动四：看直线，估计 k、b 的值

①如图 3-4-29 所示，在网络画板中随机生成一条直线，即随机生成一次函数的图像。

步骤1：生成一条随机一次函数的图像
步骤2：估计、输入随机一次函数 k、b 的值

$k=\boxed{1}$ $b=\boxed{-1}$ $y=1x-1$
$y=-1.3x+1.1$

步骤3：查看答案，完成拟合

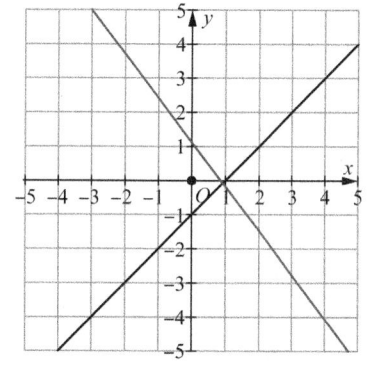

图 3-4-29

②估计并输入随机一次函数 k、b 的值。

③查看答案，完成拟合。显示系统生成的随机一次函数和估计的一次函数的图像与表达式，观察两个图像的拟合程度。

【设计意图】

本活动为基于网络画板的游戏，让学生先根据图像估计参数，再调整参数改变图像。在"数"与"形"的相互变化中加深对 k、b 意义的理解，发展学生直观想象素养。活动时可两人一组，交替游戏，相互"PK"。这能增强学生学习的热情，克服学习函数的畏难情绪。

【教学反思】

本节课是一节基于网络画板设计,典型的、应用数学软件进行的动感数学实验课。网络画板基于网络,具有交互性、探究性、动态性等特征,能以数形结合的形式表征同一数学对象,有利于学生在直觉思维的支持下开展数学实验探究。

在传统学习一次函数的图像和性质的课程中,在画图这个环节耗费的时间较多,无形中削弱了学生理性的思考,传统课中绘制的图形是静态的、孤立的,不利于学生用运动联系的观念整体把握系数 k、b 对函数图像的影响。而在动感数学教学中学生使用网络画板进行探究,把机械的绘图操作交给了"机器",这样有利于学生集中精力,关注知识的形成过程,开展自主与交互探究,实现对知识的意义构建。

实施课堂前,建议师生初步掌握网络画板的基本功能与操作。类似的软件,如 GeoGebra 等也能满足本节课的技术要求。

课例实录 2:走进函数世界

实验目的:

通过数学应用软件让学生初步认识到函数是刻画现实世界的有效模型,学会用数学眼光观察世界;初步认识到数形结合是学习函数的基本策略,可用数学思维思考世界。

教学过程:

(1) 设置情境、构建概念

问题 1:

教师:昆山市葛江中学与张家港市外国语学校相距 105 千米,周老师驾车从昆山市葛江中学开往张家港市外国语学校(图 3-4-30)。

葛江　　　　　汽车　　　　　　　　港外

图 3-4-30

①若汽车平均每小时行驶 60 千米,则 0.5 小时汽车行驶了_____千米。

②若汽车平均每小时行驶 60 千米,汽车 t 小时行驶了 s 千米,则 $s=$_____(用含 t 的代数式表示)。

③若汽车平均每小时行驶 60 千米,则汽车走完全程用了_____小时。

④若汽车平均每小时行驶 v 千米,汽车走完全程用了 t 小时,则 $t=$_____(用含 v 的代数式表示)。

【设计意图】

运用 GeoGebra 的动态演示技术,如图 3-4-31 所示,呈现问题情境中时间 t

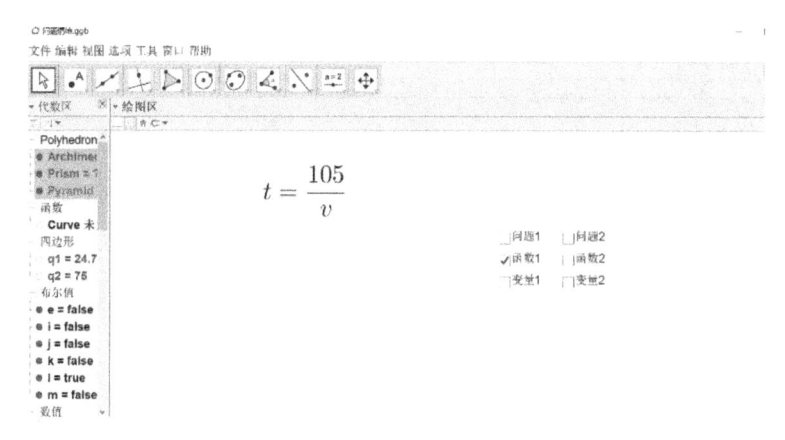

图 3-4-31

和速度 s 两个变量之间变化与对应关系,让学生体验从生活到数学的过程,用运动变化的观念初步认识函数概念。

问题 2：

教师："用长度为 20 厘米的铁丝围成一个长方形 $ABCD$（图 3-4-32）。"

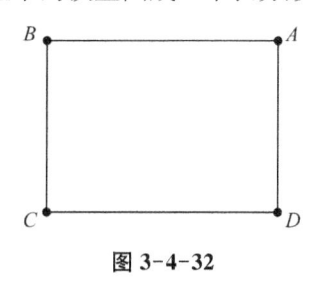

图 3-4-32

①若长方形的一边长为 4 厘米,则相邻一边的长为_____厘米。

②若长方形的一边长为 x 厘米,相邻一边的长为 y 厘米,则 $y=$_____（用含 x 的代数式表示）。

③若长方形的一边长为 x 厘米,面积为 S 平方厘米,则 $S=$_____（用含 x 的代数式表示）。

【设计意图】

运用 GeoGebra 的动态演示技术,如图 3-4-33 所示,呈现问题情境中,长方形的一边长 x 厘米和相邻一边的长 y 厘米两个变量之间变化与对应关系,让学生体验从生活到数学的过程,用运动变化的观念初步认识函数概念。

【说明】

由上述几个问题,我们获得一系列代数式。要求分析代数式中涉及的量,给

让数学"动"起来 ——动感数学的实践研究

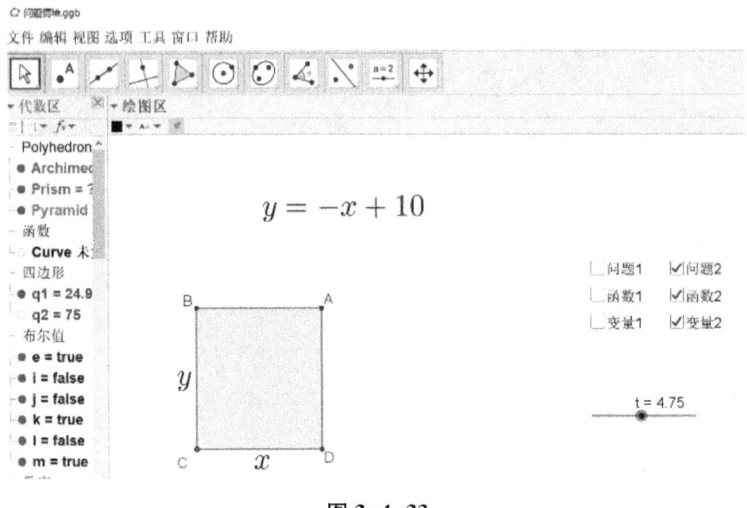

图 3-4-33

出相应的知识。

新授概念：

常量与变量：在某一变化过程中，数值保持不变的量叫做常量，可以取不同数值的量叫做变量。

函数：一般地，在一个变化过程中有两个变量 x 和 y，如果对于 x 的每一个值，y 都有唯一的值与它对应，那么我们称 y 是 x 的函数，x 是自变量，y 是因变量。

【设计意图】

基于学生熟悉的问题情境，从"数"到"式"，从确定到变化，帮助学生理解常量与变量的意义。运用 GeoGebra 的动态演示技术，呈现问题情境中两个变量之间变化与对应关系，让学生体验从生活到数学的过程，用运动变化的观念初步认识函数概念。

（2）数形结合、探索性质

教师："如何刻画问题 2 中的函数 $y=-x+10$ 呢？"

①列表填数（表 3-4-7）：

表 3-4-7

x/厘米	0	2	4	6	8	10
y/厘米						

②描点绘图(图 3-4-34):

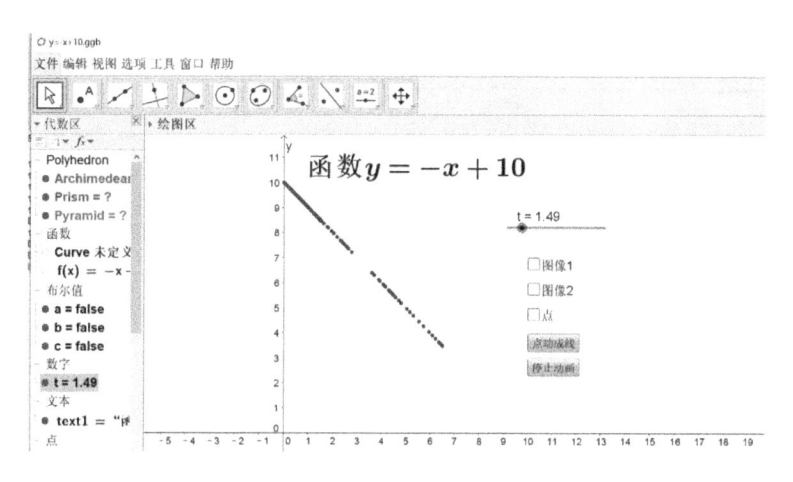

图 3-4-34

③看图说话:

问题 3:

教师:"如何刻画问题 2 中的函数 $S=-x^2+10x$ 呢?"

①列表填数(表 3-4-8):

表 3-4-8

x/厘米	0	2	4	6	8	10
S/平方厘米						

②描点绘图(图 3-4-35);

③看图说话:

教师:"我们观察图 3-4-35,大家可以得出哪些结论?"

学生:"函数图形是一条曲线,是轴对称图形。"

【设计意图】

结合具体函数,让学生经历函数可视化—绘制函数图像的基本步骤:列表、描点、连线,认识函数表示的三种基本方法:表达式、表格与图像。通过观察、交流、思考、归纳,初步认识到图像、数形结合是学习和研究函数性质的重要方法与一般策略。同时,教师运用 GeoGebra 的动态演示技术,如图 3-4-34 和图 3-4-35 所示,让学生更直观、更精确地感受函数图形与性质。

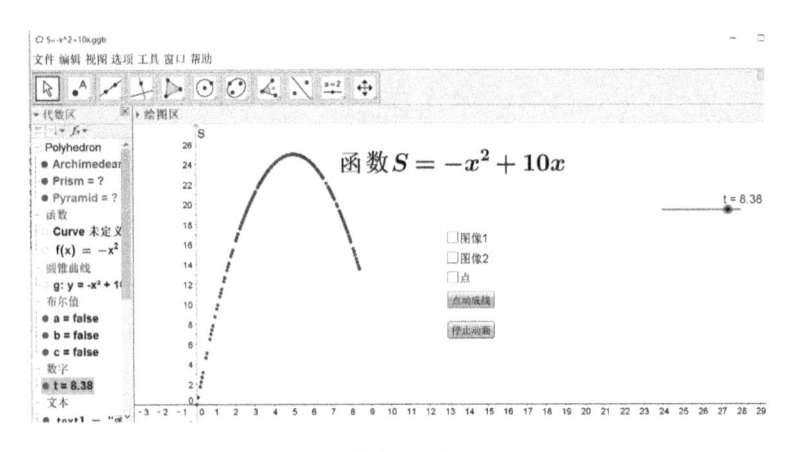

图 3-4-35

(3) 开放应用问题解决

教师:"函数是刻画现实世界的有效模型,例如,函数 $y=3x+1$ 可以表示图 3-4-36 中火柴棒的个数 y 与小正方形的个数 x 之间的数量关系。"

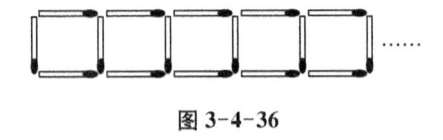

图 3-4-36

利用函数表达式 $y=3x+1$,可以方便快捷地解决如下问题:

①按图示方式搭 100 个小正方形,需要多少根火柴棒?

②按图示方式用 100 根火柴棒,可以搭多少个小正方形?

解答过程如下:

①当 $x=100$ 时,$y=3x+1=3\times100+1=301$,即需要 301 根火柴棒。实质是求代数式的值。

②由题意,得 $3x+1=100$,解得 $x=33$,即可以搭 33 个小正方形。实质是解方程。

请用函数 $y=3x+1$ 表示一个类似实例中两个变量之间的关系,并提出 1 到 2 个问题。

【设计意图】

通过阅读认识函数是刻画现实世界的有效模型,同一函数表达式可以表示不同实例中的变量关系。在用函数解决问题的过程中,初步认识函数与方程(不等式)之间的一般与特殊关系。

(4) 总结提炼、搭设框架

函数知识结构(图 3-4-37)：

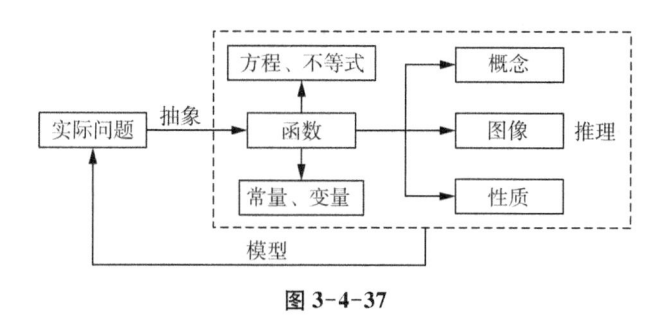

图 3-4-37

【设计意图】

通过课堂回顾与小结,梳理函数学习的基本思路与一般策略,搭设函数单元知识整体框架。

(5) 拓展延伸、迁移应用

教师:"尝试用列表、描点、连线的方法,利用 GeoGebra 画出函数 $y=\dfrac{6}{x}$ 的图像,并根据图像写出该函数的两条性质。"

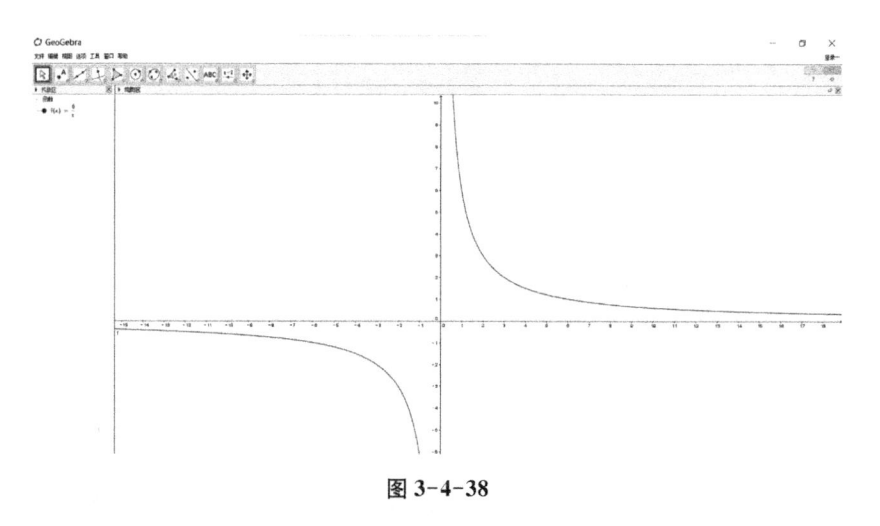

图 3-4-38

【说明】

学生根据绘制出 $y=\dfrac{6}{x}$ 的图像(图 3-4-38)可知,$y=\dfrac{6}{x}$ 的图像分别位于第一、三象限;图像关于原点成中心对称;在每个象限内,y 随 x 的增大而减小等性质。

【设计意图】

通过问题驱动,引导学生课后自主探究,将课堂所学的知识、技能、方法迁移应用到新的情境,进一步体会函数学习的一般策略。

【教学反思】

①单元起始课要凸显知识生长点

以义务教育阶段数与代数知识领域为例,该领域大体可以分为递进式的三个大单元,每个大单元又包含若干个相关小单元。大单元起始课通常以其下位的大单元知识为生长点,以"A 关系 $B \to C$"的方式由下位概念 A,B 生成上位概念 C,其中的"关系"可以是数量、位置或对应关系等。如图 3-4-39 所示,A,B 两个代数式建立相等(或不等)关系时,就有了方程(或不等式)C,如 A,B 两个变量建立对应关系时,就有了函数 C,接下来要做的就是帮助学生理解相等(或不等)的对应关系。

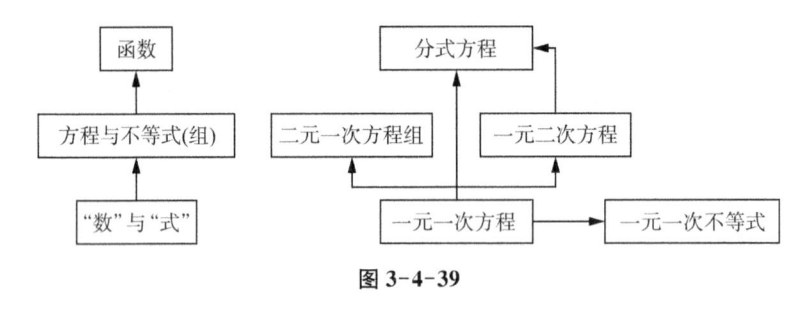

图 3-4-39

同一大单元中的小单元起始课一般选择其相近的单元作为其生长点,以"A(属性 a)$\to B$(属性 b)"的方式由原有概念 A 改变属性生成平行概念 B。如一元一次不等式单元起始课可以以一元一次方程作为其生长点,将一元一次方程 A 中的属性"表示相等关系的式子"改为"表示不等关系的式子",就得到了一元一次不等式 B,这样就可以运用类比与对比的方法呈现一元一次不等式的相关知识点。

②单元起始课要展现全貌

单元起始课不同于单元第 1 课时新授课,也不是单元核心概念课,所以要在进行具体的课时教学前,以生长点为根基,运用适当的途径,展现本单元宏观知识结构,揭示新旧知识之间的内在逻辑联系。也就是说,单元起始课要解决"山中不识山""碎片化学习"的弊端,让学生通过单元起始课学习,在头脑中形成一张"导游图",使学习变得"系统化""可预见"。

以本节课为例,在"通过问题情境构建概念"环节,基于运动联系与对应的观念引入本单元的核心概念——函数;在"通过数形结合、探索性质"环节,基于 GeoGebra 技术多维度表征具有实际意义的两个具体函数，渗透函数学习的基本方法——数形结合，逐步展现函数的图像与性质；在"开放应用、问题解决"环节，基于阅读，联系生活，让同学们感受函数的模型思想与应用价值；这样在"总结提炼、搭设框架"环节就自然呈现出函数单元的基本结构与基本思想。

课例实录3：应用三角形中位线解决问题

【实验目的】

通过画图、计算机模拟操作等方式，研究四边形中的"中点四边形"，并在活动与思考中进一步理解特殊四边形的性质与判定，发展推理能力。

【教学过程】

(1) 创设情境、获得感知

①知识回顾

a. 特殊平行四边形

b. 三角形中位线定义以及性质定理

用几何语言，描述图 3-4-40：

∵ 在 $\triangle ABC$ 中 $AD=DB, AE=CE$

∴ $DE /\!/ BC, DE = \dfrac{1}{2}BC$

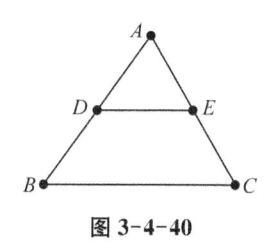

图 3-4-40

②引入

问题1：现要在一块对角线互相垂直的四边形场地 $ABCD$（图 3-4-41）中，规划出一块矩形足球场，应该如何做呢？

问题2：假如测得原四边形的面积为 6 000 平方米，请问新建的矩形足球场面积是多少？

小明同学采用了如下方法，先在各边中点处各栽一棵树，再以这四棵树为顶点顺次连接出一个四边形，你认为这样做是否符合要求？

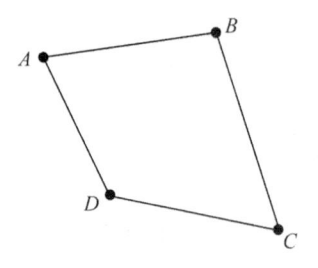

让数学"动"起来 ——动感数学的实践研究

图 3-4-41

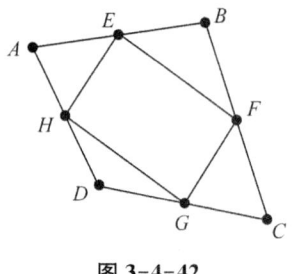

图 3-4-42

中点四边形定义:如图 3-4-42 所示,像四边形 EFGH 这样,顺次连接四边形的各边中点所形成的四边形称为中点四边形。

(2) 自主探究、交流合作

①中点四边形的形状会不会变化?

a. 使用几何画板演示:改变原四边形的形状,请同学们观察中点四边形的形状。

b. 请同学们自己画一个任意四边形,并画出它的中点四边形,然后通过测量验证自己的猜想。

c. 有没有同学可以帮老师给出证明呢?

已知:如图 3-4-43 所示,点 E、F、G、H 分别是四边形 ABCD 各边中点。
求证:四边形 EFGH 为平行四边形。

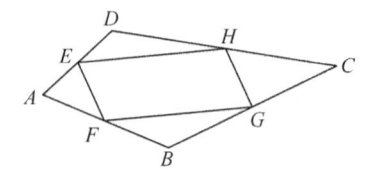

图 3-4-43

④结论:任意四边形的中点四边形都是平行四边形。

【设计意图】

学生通过观察、动手操作来直观感知需要学习的内容,包括中点四边形与原四边形之间的关系。通过计算机模拟操作,学生获得直观认识,感知中点四边形的形状与原四边形的关系。

②研究特殊四边形的中点四边形形状

a. 使用几何画板演示原四边形是矩形、菱形、正方形、等腰梯形时中点四边形是什么?

b. 请问这些中点四边形为什么会变成特殊的平行四边形,由原四边形的什么决定的?

c. 分三种情况讨论:原四边形对角线相等或垂直或垂直且相等;得出相关结论(图 3-4-44)。

小结:

中点四边形一定是**平行四边形**,但它是否特殊的平行四边形取决于原四边形的两条对角线 **是否垂直** 或者 **是否相等**。
　　　　　　　　　　　　　位置关系　　　　数量关系

原四边形两条对角线	中点四边形形状
互相垂直	矩形
相等	菱形
互相垂直且相等	正方形
既不互相垂直也不相等	平行四边形

图 3-4-44

(3) 学以致用、巩固提升

例1:如图 3-4-45 所示,在四边形 $ABCD$ 中,对角线 $AC \perp BD$,垂足为点 O,E、F、G、H 分别是边 AD、AB、BC、CD 的中点,若 $AC=8$,$BD=6$,四边形 $EFGH$ 的面积为_____,它的周长为_____。

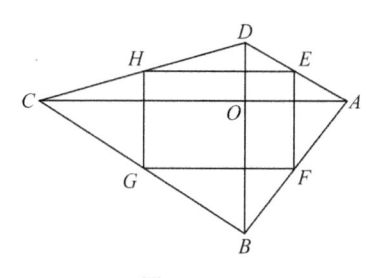

图 3-4-45

变式1：如图3-4-46所示，在四边形 ABCD 中，点 E、F、G、H 分别是边 AD、AB、BC、CD 的中点，若四边形 ABCD 的面积为 S，则四边形 EFGH 的面积为_____。

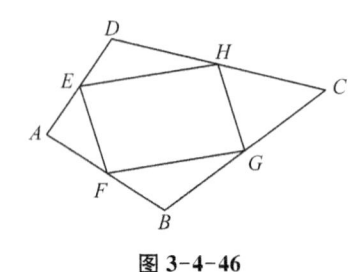

图 3-4-46

变式2：两个直角三角形 ABC 和 BDC 按照如图3-4-47所示的方式拼成一个四边形 ABDC，$\angle A=45°$，$\angle D=30°$，$AB=6$，E、F、G、H 分别是各边中点，则四边形 EFGH 的面积等于_____。

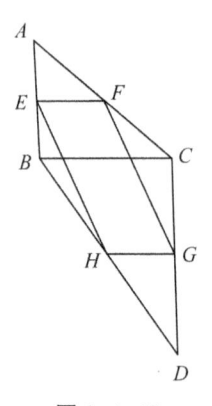

图 3-4-47

【设计意图】

通过拓展，进一步巩固有关中点四边形的性质和判定的知识点，促进学生推理能力的发展。

（4）解决问题

由学生解决课前的引例提出的问题。

（5）总结

本节课探究了有关中点四边形的内容。在这节课上，学生认识并掌握了中点四边形的形状与原四边形的对角线之间的关系：任意一个四边形的中点四边形是一个平行四边形；当原四边形的对角线相互垂直时，中点四边形是矩形；当原四边形的对角线相等时,中点四边形是菱形;当原四边形的对角线相互垂直且相等时,中点四边形是正方形。

【教学反思】

数学软件在数学课堂中的应用,可以大大提高教学的直观性和趣味性,帮助学生更好地理解和掌握数学概念和原理。数学软件可以通过动态展示,将原本静态的数学概念和原理展现得淋漓尽致;丰富的交互功能,使学生可以通过操作软件,亲自体验数学概念和原理;数学软件可以帮助教师更好地进行教学设计,极大地激发学生的学习兴趣,让他们更积极地参与到教学中来。

第四章

动感数学的教学评价

动感数学教学评价是指在数学教学过程中基于"动"起来数学的特性，立足于学生核心素养的发展，有计划、有目的地观察、分析教师在教学过程中和学生在学习过程中的变化，并以这些变化数据为出发点，结合教学目标、教学计划、教学效果、学生的学习质量及个性发展水平为参照依据，运用科学的方法，做出有针对性、有价值的评价，进而进行"调靶"、优化教学过程的教学实践活动。

第一节 动感数学教学评价的含义

动感数学教学评价，是一种针对数学教学过程的综合评价方式，它强调教学知识呈现的可视化、教学过程的动态性、学生的主体性和评价的多元性。这种评价方式不仅关注学生的学习成果，更重视学生在学习过程中所展示的思维活动、合作精神和创新能力。以下从评价的描述与原则、评价的核心环节和评价的依据三个方面，对动感数学教学评价进行具体阐述。

（一）评价的描述与原则

动感数学教学评价从"动"的本质出发，不仅仅指学生数学知识和技能的学习过程，更涵盖了师生之间的教学互动、学生之间的合作交流，以及学生对数学问题的探索与解决过程，旨在通过评价来促进教学过程的持续优化和学生个体的全面发展。

1. 评价的描述

"动"是指改变原来位置或脱离静止状态，与"静"相对。让数学"动"起来的教学，立足于学生的认知、经验和心智，借助数学软件、实物工具，鼓励学生行为、思维、情感共同参与数学学习的活动，经历知识"从哪来""是什么""到哪去"完整的学习过程，发展学生的数学思考和理性思维，形成基本数学素养。

《义务教育数学课程标准(2022年版)》中指出,评价的主要目的是为了全面了解学生的数学学习过程和结果,激励学生学习和改进教师的教学,评价既要关注学生学习的结果,更要重视学习的过程;既要关注学生数学学习的水平,也要重视学生在数学活动中表现出的情感与态度。因此,单一地以成绩为标准进行评价已不可取,动感数学的教学评价结合学习的内容、学生的特点以及教学方式和教学过程,综合运用测验、活动报告、课堂观察、课后总结、教学反思、课内外作业以及成长记录等相结合的方式进行评价。评价过程中既关注"四基""四能"的达成情况,也全面考核和评价学生核心素养的形成和发展。同时,评价不仅能改进教学,提高课堂教学的质量,促进教师的成长,更多的是能关注到学生的进步,关注学生已有的学业水平和提升空间,以提高学生学习数学的兴趣,促进学生数学素养的发展。

动感数学的教学评价主要包括以下几个方面,一是对教学过程进行评价,这种评价主要是对教学过程中的构成要素,例如教师、学生、教学方式、教学手段和教学环境等进行评价;二是对教师的课堂教学进行评价,评价内容包括对教学内容的设计和教学方法的选用是否合理,对知识的呈现是否体现"可视"的理念,是否更有利于学生的理解;三是对学生的学习活动进行评价,这种评价则是以学生的数学素养发展为评价中心,要求对学生在课堂教学中是否得到了认知、情感、能力等的发展和进步进行评价,它以学生在课堂上的具体行为表现作为依据;四是对教学的效果进行评价,它一般是在教学结束之后对学生所取得的成果进行的评价,与第三种评价的不同,对教学效果进行的评价往往是在课堂教学之后通过考试等评判手段来进行的。

2. 评价的原则

(1) 评价的科学性原则

科学性原则是指数学教学评价要遵循科学规律,采取实事求是的科学态度,讲究科学评价方法和手段,从客观实际出发全面考虑制约评价的各个要素,进行科学分析,得到切合实际情况的评价,确保评价结果的准确性和可信度。评价过程中要尊重评价对象的个性差异,注重量化评价和质性评价的结合,从而更全面、更准确地反映教师的教学和学生的学习状况。

(2) 评价的可行性原则

评价实施的可行性原则要求在教学评价时,其内容和标准应明确、具体,不能含混不清;要有统一的指标、合理的评价程序。简单地说,就是整个课堂教学的评价无论从目的、程序、步骤、标准、方法、手段等都应该符合实际,具有可操作性。

(3) 评价的发展性原则

发展性原则一般包含以下两个方面的内容。第一,有助于学生的发展。课堂教学评价的基本目标之一就是通过有效的评价与诊断,帮助教师积极自主地构建和运用新的教学策略,不断调整教学的方法与过程,从而促进学生在认知、情感、能力等方面的全面发展。第二,有助于教师的专业发展。课堂教学评价的重点是关注教师的课堂教学过程,而这个过程的效率和师生间的互动交流直接关系着教学目标的完成。因此,评价时需要考虑的是如何通过评价来进一步提高课堂教学的效率,找到课堂教学中还应该改进的地方。评价既要体现教师教学经验的发展过程,又要体现学生学习经验的发展过程,要体现个体发展的连续性。

(4) 评价的多元性原则

①参与评价者的多元性。传统的课堂教学评价通常是由教育管理者来完成的,主要是通过观察教师的课堂教学过程并填写事先制订好的评价表,被评价对象,即教师和学生一般不参与评价活动。而动感数学教学评价中教师和学生将作为评价活动的重要参与者,不仅要对教师、学生自身进行评价,还要接受教育管理者的评价,乃至与教育活动有关的家长的评价等,这体现了评价主体的多元化。

②评价对象的多元性。在进行评价时,不仅要对教学的基本环节和过程进行评价,还需要对在教学过程中教师的基本教学能力和学生的数学学习能力进行评价,如教师课堂设计和实施过程的评价、学生在学习过程中参与程度的评价以及学生在知识、技能、思想等方面的评价。

③评价方式的多元性。在评价的过程中可以采用多种评价方式,包括同行教师评价、教师自我反思、活动报告、课堂观察、课后访谈、课内外作业、书面测试、问卷、成长记录等。例如,通过教师课后反思回顾课堂教学内容及教学方式选取是否合理,通过课内外作业了解学生基础知识与基本技能掌握的情况,从探究活动中了解学生参与课堂的积极性、动手操作的能力和合作交流的意识,从课后访谈了解学生的情感价值观的变化。

④评价结果的多元性。教学评价的结果应该是多元化的,包括学生的学业成绩、学习报告、作品展示等多个方面。多元化的评价结果可以更全面地展示学生的学习成果和个性特点,同时也能为教师提供更多反馈信息,以便更好地指导学生的学习。在分析评价结果时,教师应该尊重学生的个体差异和个性特点,同时也要关注整体水平和发展趋势,以便制定合理的改进措施和教学计划。

(5) 评价的结合性原则

动感数学教学评价采用定性评价与定量评价相结合的原则。定性评价是评价人根据所学知识、现有的工作经验和自身的主观判断,根据学生的表现和状态来观察、分析的评价模式。定量评价是通过既定的评价标准收集相关的数据,对数据进行整理和分析,根据评价标准对学生给出量化的评定。

在教学过程中,把定性评价与定量评价结合起来,互相参照,互为补充,降低评价的片面性和局限性,增强数学教学评价的可靠性和公平性。

(6) 评价的调节性原则

为了让动感数学教学高效可行,在评价过程中要注重反馈与调节相结合的原则。在数学教学过程中,需要对教学情况不断进行比较和判断,并把获得的结论完整地反馈给施教者,使其在教学过程之中,及时调节和改进数学教学。

首先,通过对学生学习情况的及时反馈,教师可以了解学生在哪些方面掌握得好,哪些方面还存在问题,从而根据实际情况及时调整教学进度、难度、方法等。这种反馈和调节可以是针对个别学生的,也可以是针对整个班级的。例如,如果发现某个学生在数学运算方面存在困难,教师可以针对这个问题进行专门的辅导和训练,帮助他提高运算能力。如果发现整个班级对某个章节的内容普遍掌握得不好,教师可以调整教学计划,将这个章节的内容重新讲解一遍,以确保学生能够理解并掌握。

其次,通过及时的反馈和调节,教师可以更好地适应学生的学习情况,提高教学质量。同时,也可以帮助学生更好地掌握知识和技能,提高他们的学习效果。

(二) 评价的核心环节

数学教学评价是一个复杂而重要的过程,它涉及多个方面的考量。动感数学的教学评价涵盖了目标设定与达成、教学内容与方法、学生表现与反馈、教师素质与教学、教学资源与应用、教学效果与评估以及教学改进与创新等多个方面,本节主要从教师和学生两个核心对象进行详细分析。

1. 教师的教学工作

动感数学的教学评价首先关注的是教师如何开展教学工作。以下是评价教师教学工作的几个关键方面:

(1) 教学内容

教学内容的设计是教学评价的重要组成部分,教学内容应该符合教学大纲。教师在内容的选择和设计过程中应该有充分准备。对教学内容的考虑包括:教师对教学内容的理解程度,是否能清晰明确地描述教学目标,是否适当地准备了教学材料和教具等。

(2)教学实施

对于教学实施方面,评价教师在课堂上具体的教学实施以及对整节课的把控情况。例如,教学知识的呈现方式,是否符合让数学"动"起来的教学理念,是否更容易让学生理解;教学节奏的把控,是否能调动学生的学习积极性,是否能够妥善处理课堂中的问题与挑战,是否关注到所有学生的学习状况并给予适当的帮助和指导等。

(3)教学总结

对教学总结的评价涵盖教学效果、教师的总结与反思。例如,是否能准确概括学生的学习表现和成果,是否对自身的教学策略进行深入剖析,是否从学生和同事的评价中获取有效反馈并改进教学方法等。

案例:以 2012 苏科版七年级上册《主视图、左视图、俯视图》一课为例

片段一(目标要求)

课标要求:

会识别和画简单几何体的三视图,并会根据视图描述简单的几何体。

学习目标:

①经历从不同方向观察物体的活动过程,初步体会从不同方向看同一个物体时所看到的形状往往是不同的,发展空间观念。

②能识别简单物体及简单组合体的三个视图。

③能由简单的三视图分析出对应的立体图形,体会只有从多角度看一个物体才能还原这个物体本来的面貌。

片段二(引入):

从欣赏江苏以及其十三市市名的立体字(图 4-1-1,图 4-1-2,图 4-1-3)开启本节课的数学之旅,让学生在欣赏美学的同时,理解其背后隐藏的深意——从不同方向看物体,看到的图形往往是不同的。紧接着让学生观察一张背面照片,猜测两者之间的关系,学生们的答案五花八门。这时,给出一张正面照片以揭晓谜底,学生从这两张照片中能感悟到:在生活中,我们看问题不能只看单方面,应该从多角度看。在生活中要多角度观察物体,在数学中也要从不同的角度观察物体。然后拿出球、圆柱、圆锥让学生从正面看、左面看、上面看,并将看到的图形画入方框中,这里方框的摆放位置,也为后面学习三视图的画法做了铺垫。通过网络画板的演示让学生再次感受从不同角度看这些物体,并引出本节课的主旨——三视图。"从正面看到的图形,称为主视图;从左面看到的图形,称为左视图;从上面看到的图形,称为俯视图。"从这三个方向看到的图形,叫做这个几何体的"三视图"。

图 4-1-1 　　　　　图 4-1-2 　　　　　图 4-1-3

片段三(新知讲解):

规范三视图的画法也是本节课的重难点,教师在这里用问题链的形式层层递进,使学生更容易理解掌握三视图三者之间在长度上的关联。本节课以长方体三视图的画法为例题,先让学生看着长方体回忆其长、宽、高对应的线段。问题一:长方体的主视图、左视图、俯视图分别对应什么图形?学生答:"长方形"。问题二:这些长方形的形状是一样的吗?学生答:"不一样"。现规定长方形水平方向的线段为长,垂直方向的线段为宽。老师播放 GeoGebra 动画演示长方体的三视图(图 4-1-4、图 4-1-5、图 4-1-6),让学生观察。小组讨论问题三:主视图、左视图、俯视图中长方形的长、宽、高和长方体中的长、宽、高有何种对应关系。学生通过讨论,可以较准确地发现主视图中长方形的长、宽与长方体中的长、高对应;左视图中长方形的长、宽与长方体中的宽、高对应;俯视图中长方形的长、宽与长方体中的长、宽对应。为了便于记忆,老师给出口诀:主俯长对正,主左高平齐,俯左宽相等。既然发现以上长度特点,为了更为规范地画三视图,一般地,我们将左视图画在主视图的右面,俯视图画在主视图的下面。

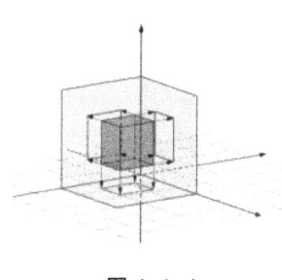

图 4-1-4 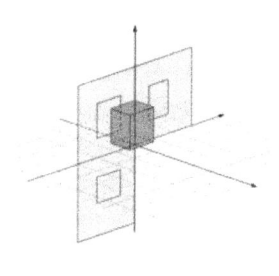　　　　　图 4-1-5 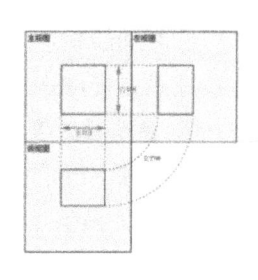　　　　　图 4-1-6

【评价】

(1) 教学准备环节

①教学目标和教学计划的制定。教师根据学生的实际情况和认知水平以及《课标》出发,明确具体的教学目标和学习目标,并制定相应的教学计划,在教学过程中能够有序地执行教学计划。

②教师对教材的理解和把握。教师完全熟悉教材内容,明确重难点,能够将教材内容与实际生活相联系,帮助学生理解。

③教学资源的准备。教师准备了直观的几何教具和多媒体资源,如模型、图片、视频等,以辅助教学过程的进行。

(2) 教学实施环节

①教学内容的呈现。教师将十三市市名的动画展示引入教学,使知识立体化、可视化,同时更能引起学生的兴趣。在概念教学环节,教师用网络画板展示物体不同方向的视觉图片来介绍三视图的概念,让单调的知识具体化,并体现出数学在生活中的应用。同时,在教学实施环节,教师能够根据学生的实际情况和反应,对教学内容进行适当的调整和优化。

②教学策略的选择。教师能够根据学生的认知特点和兴趣爱好,选择合适的教学策略,如视频展示、模型拼搭、竞技比赛、小组合作等,来激发学生的学习兴趣和提高学习效果。

③教学过程的掌控。教师能够有效地掌控教学过程,特别是竞技比赛和小组展示环节,教师不但能够引导学生积极参与课堂活动,而且能够掌控整个课堂的节奏,使得整节课既"活"又"齐"。

(3) 教学总结环节

①教学反馈及时。教师能够在教学过程中及时了解学生的学习情况,能够及时地发现并解决学生在学习过程中暴露出来的问题。

②教学经验总结。教师能够在课后对教学过程进行总结和反思,发现教学中的不足之处,提出改进措施,以便不断提高自己的教学水平。

2. 学生的学习效果

动感数学教学评价的另一个重要方面是关注学生的学习效果。以下是评价学生学习效果的一些关键指标。

(1) 知识掌握

评价学生对课程内容的掌握情况判断学生是否理解和掌握了教学计划中设定的知识点、技能和经验。例如,学生是否掌握了基本的运算和推理,是否能够准确理解和应用所学知识,是否能顺利完成课后的作业和练习等。

(2) 技能提升

评价学生在学习过程中,动手操作能力、合作交流能力和表达能力是否得到提高。例如,是否能正确地进行数学实验的操作、是否能在数学活动中与他人进行合作、对于活动的发现和结论能否用正确的语言表述等。

(3) 情感、态度和价值观发展

评价学生在学习过程中,兴趣、态度、价值观等方面是否有所发展和提升。例如,是否能独立思考并解决问题,是否养成了良好的学习习惯和时间管理能力等。

在对学生学习过程的评价过程中,动感数学的教学评价还应注意以下几点:

(1) 评价应以事实和数据为依据,公平公正地评价学生的表现。例如,可以通过课堂观察、作业分析、考试成绩等多元化的评价方式,客观地反映学生的学习情况。

(2) 评价语言应丰富多样,使用客观词汇和准确数据,避免主观臆断和偏见。例如,可以使用"学生的学习积极性得到了提高""学生的团队合作能力得到了提升"等具体的描述性语言,而不是"学生表现不好""学生没有进步"等过于绝对的语言。

(3) 评价结果应与学生实际情况相符,以便更好地促进学生的成长和发展。这需要教师充分了解每位学生的特点和需求,以便为他们提供更具针对性和实效性的教学策略和方法。

片段四(学生活动环节):

案例:以 2012 苏科版七年级上册《主视图、左视图、俯视图》一课为例

为了呼应开头——生活中我们看问题不能只看单方面,要多角度观察。那么在数学中是否如此?如果只给出三视图中某一视角对应的图形或者两个方向对应的几何体的图形,是否可以还原几何体?教师设计了如下学生活动,先给出主视图,让学生小组讨论,并用小立方体搭建还原几何体(图 4-1-7、图 4-1-8),并请不同的小组用网络画板演示他们小组得到的结论,结果还原的几何体多种多样,所以只靠主视图是无法得到几何体的原样的。于是在主视图的基础上,又给出俯视图,让学生重复以上操作,结果依然会有许多不同的几何体。最后教师把主视图、左视图、俯视图三者都给出,让学生继续用小立方体还原,发现此时同学们还原的答案是唯一的。这也让学生从中感悟到无论在生活中还是在数学中,要还原一个事物的原貌,一定要多角度观看,不要片面化。

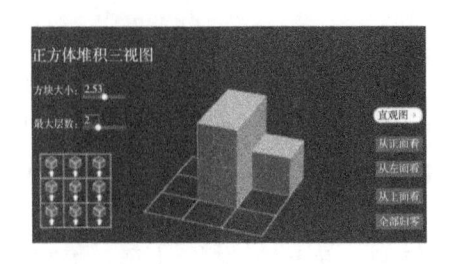

图 4-1-7 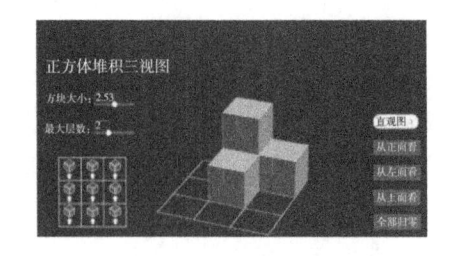　　　　　　　　　　　　　　图 4-1-8

【评价】

（1）知识掌握方面

本节课的知识点主要包括主视图、左视图和俯视图的概念和画法。通过对学生的课堂表现和课后作业的观察与评估，可以发现大部分学生能够较好地理解和掌握简单几何体的主视图、左视图和俯视图的画法，并能够根据三视图准确地识别物体，这表明学生在知识掌握方面表现良好。

（2）技能提升方面

本节课的技能点主要是培养学生的空间想象力和实践能力。通过对学生的课堂练习和课后作业的观察与评估，可以发现大部分学生能够通过观察物体和画图，逐渐提高自己的空间想象力和实践能力。在画图过程中，学生能够逐渐掌握画图的方法和技巧，能够较为准确地画出物体的主视图、左视图和俯视图，这表明学生在技能提升方面也表现良好。

（3）情感、态度、价值观发展方面

本节课的情感、态度、价值观主要是通过数学学习培养学生的空间观念和几何直观能力。通过对学生的课堂表现观察与评估以及课内活动成果的展示，可以发现大部分学生对数学学习表现出浓厚的兴趣和积极性，能够认真听讲、积极思考和探究问题。同时，在小组合作学习和讨论中，学生也能够表现出良好的合作精神和沟通能力，这表明学生在情感、态度、价值观发展方面也表现良好。

总的来说，动感数学的教学评价的设置旨在提高教学质量，促进学生的全面发展。通过评价教师的教学工作和学生的学习效果，我们可以不断优化教学方法，激发学生的学习潜能，为他们今后的学习和生活奠定坚实的基础。

（三）评价的依据

动感数学教学评价的依据主要包括教学目标、学业质量标准以及课程要求。这些依据在教学评价中扮演着至关重要的角色，为教师提供了明确的方向和标准,以确保教学质量和学生的学习效果。

1. 教学目标

教学目标是指教师在教学中希望学生达到的学习成果或标准,明确学生需要掌握的基本概念、理论、方法等,明确学生需要具备的实践操作能力,明确学生需要理解的数学思想,明确学生需要具备的分析问题和解决问题的能力,明确学生对数学的态度和情感发展等多个方面。教学评价则是根据教学目标对学生的学习情况进行评估和反馈,以帮助学生了解自己的学习进展和不足之处,同时也可以帮助教师调整教学策略,提高教学质量。

在进行教学评价时,需要明确教学目标,并以此为依据设计评价方案和评价标准。例如,如果教学目标是让学生掌握某个知识点,那么评价方案可以包括作业、小组讨论、课堂测验等;评价标准则是学生对该知识点的掌握程度和应用能力。如果教学目标是培养学生的创新思维能力,那么评价方案可以包括课堂表现、小组讨论、研究报告等,评价标准则是学生的创新性、独立思考能力和团队协作能力。

总之,教学目标是教学评价的重要依据,明确教学目标可以保证评价的有效性和针对性,同时也可以促进学生的学习和发展。

2. 学业质量标准

学业质量标准是指基础教育阶段的学生在完成各学段教育或者结束基础教育阶段的教育时,应该具备的各种基本素养以及在这些素养上应该达到的具体水平的具体界定和描述。《义务教育数学课程标准(2022年版)》提出:"学业质量标准是以核心素养为主要维度,结合课程内容,对学生学业成就具体表现特征的整体刻画。数学课程学业质量标准是学业水平考试命题及评价的依据,同时对学生的学习活动、教师的教学活动、教材的编写等具有重要的指导作用。"

动感数学的教学评价以学业质量标准为依据,主要从"四基""四能""学会学习"三个方面综合描述学生的"抽象能力""运算能力""几何直观""空间观念""推理意识""数据观念""模型观念""应用意识""创新意识"以及在数学学习中形成初步的"学习能力"。

3. 课程要求

课程要求是教师教学和学生学习的基本规范,同时也是评价教学质量的重要依据。课程要求通常包括教学内容、教学进度、教学方法等方面,在评价过程中需要考虑课程要求是否得到充分的体现和落实。

具体来说,课程要求对数学教学的目标、内容和方法等都做出了明确的规定,这些规定可以作为评价教学质量的标准之一。如果教师没有按照课程要求进行教学,或者学生在学习中没有达到课程要求所规定的目标,那么就需要对教学质量进行改进和提升。

此外,课程要求还包括对学生的学习成果进行评价。学生应该在学习数学的过程中逐步满足数学基础知识、基本技能、问题解决能力等方面的要求,而这些要求也是评价学生学习成果的重要依据。如果学生的学习成果没有达到课程要求所规定的目标,那么就需要对教学方法和教学内容进行改进,以帮助学生更好地掌握数学知识。

总之,数学教学评价的依据应该是多元化的,包括教学目标、学业质量标准和课程要求等方面。通过对这些依据的落实情况进行评估,可以全面了解数学教学的质量和学生的学习状况,从而为改进教学提供有效的参考。

第二节 动感数学教学评价的维度

根据中共中央、国务院印发的《深化新时代教育评价改革总体方案》的精神,动感数学教学评价坚持科学有效的原则,致力于提升数学教育的质量和效果。在这一评价体系中,我们注重结果评价的改进,强化过程评价的实施,探索增值评价的潜力,健全综合评价的体系,并充分利用信息技术提升评价的科学性、专业性和客观性。

(一) 结果评价

结果评价是对教育教学和学习结果等的效果的评价,主要侧重于学生学习效果和教师教学质量的最终结果评判。

目前结果评价最典型的就是当教师的教学活动结束后开展的学业检测活动、期中期末考试、中高考等。结果评价存在最主要的问题就是分数成为衡量学生的学习效果和教师教学能力的唯一标准。动感数学教学评价注重结果评价的改进,重在发挥"结果"的作用以促进教师对教学实践的反思。我们不再仅仅把传统的笔试成绩作为评价的唯一标准,而是将学生的学习成果、思维过程、创新能力等多方面的表现纳入评价范畴。通过多元化的评价方式,如课堂活动、项目作业、口头报告、实践操作等,更全面、客观地反映学生的数学学习成效。

通过对教学结果和学习成果的评价,能够让学生清晰定位自己的学习水平,同时能够发现教师可能存在的教学不足,为教师修正和改进教育行为提供参考数据。改进结果评价,重在发挥"结果"的作用以促进教师对教学实践的反思。

数据材料:

初二年级共 14 个班,是平行分班,其生源质量层次一致,以初二(5)班(学生数为 49 人)学生为实验对象,通过比较七年级下学期期末数学考试成绩和八年级下学期期末数学考试成绩,分析经过一个学年,实施以让数学"动"起来为理念的教学实践后,学生成绩的变化(表 4-2-1),同时结合问卷调查,评价教师的教学情况和学生的学习情况。

表 4-2-1

		平均分(满分130分)	优秀率	及格率	成绩在117分以上人数占比	成绩在111—117分人数占比	成绩在100—111分人数占比	成绩在78—100分人数占比	成绩在78分以下人数占比
2022年6月	班级(49人)	93.600	36.73%	81.63%	10.20%	26.53%	20.41%	24.29%	18.37%
	年级(684人)	98.229	43.42%	79.96%	15.32%	28.22%	23.10%	13.30%	20.03%
	比较	-4.629	-6.69%	-1.67%	-5.12%	-1.69%	-2.69%	10.99%	-1.66%
2023年6月	班级(49人)	97.850	30.61%	83.67%	16.33%	14.29%	32.65%	20.41%	16.33%
	年级(684人)	96.700	29.00%	84.00%	14.59%	14.33%	30.00%	25.17%	15.94%
	比较	1.150	1.61%	-0.33%	1.74%	-0.04%	2.65%	-4.76%	0.39%

动感数学的结果评价坚持以学生成长成才为中心,既重视课程知识的认知与应用,也关注其情感、态度和价值观的变化,促进学生多元智能、个性丰盈的全面发展。坚持以教师为主体,关注教师在知识结构、教学设计、教学组织等方面的表现,创新多元化教师发展路径。

(二)过程评价

过程评价是一种对教育行为的动态性、数据性和全面性的评价,体现对评价对象的可量化、全周期、多角度、反馈性的评价思维。

动感数学教学评价不仅关注学生的学习结果,更注重学生在学习过程中所展现的思维能力、学习态度、合作精神等。通过观察、记录和分析学生在学习过程中的表现，我们能够及时发现问题，提供有针对性的指导和帮助，从而推动学生的持续发展。

在动感数学的评价过程中，充分利用信息化设备来记录和分析过程性评价，辅之以对教师教育教学实践之传统主观的评价，从而形成更科学、方便和全面的过程评价模式。更重要的是，过程评价常常在教师行为发生的当下或不久之后，此时提供的反馈能够更好地发挥激励和促进作用，真正达到以评促教的目的。

动感数学的过程评价注重定性评价与定量评价的有机统一，注重人（教师、学生）的动态发展过程性和全面性，注重教学过程和学习过程的数据收集和应用，通过过程性分析学习、教学和管理的实际问题，及时做出调整和改进。

（三）增值评价

增值评价是一种面向教育主体的发展性评价，既关注教育过程的知识内容、学习结果的评价，又关注德育、美育、体育、情感、思维、创新等核心素养的成长性评价，体现学生和教师的进步幅度、发展量化和付出努力，有利于教育主体体验和感受自我进步的获得感、成就感和幸福感。

在动感数学的评价过程中，依托已有的理论基础，探索更适合自己的评价方式，始终坚守促进教师专业发展和改善学生学习效果的目的。

在学校里，要针对每一位教师制定专门的评价计划，及时反馈评价结果，并根据评价结果帮助教师制定改进计划，最终形成"评价—提高—再评价"的良性循环，让教师的成长有清晰的目标和路径，让学生的数学素养得到明显的提升和发展。

问卷材料：

从七、八、九三个年级中各选取一个班进行动感数学的实践教学，经过一个学年的学习，对学生的学习情况进行问卷调查（表4-2-2）。主要评价学生在经历动感数学主旨的教学实践以后，学生的兴趣、动机、自信心、自我效能感、合作与交流意识、问题解决能力等方面的变化与发展情况，关注主体对象的素养发展。

表 4-2-2　动感数学学习情况调查问卷

1. 你所在的年级	样本数
A. 七年级	52
B. 八年级	49
C. 九年级	51

2. 在学习中,你是否会自己提出一些问题?	样本数
A. 经常提出	65
B. 偶尔提出	75
C. 从未提出	12

3. 在数学课堂中遇到新的问题你是怎样做的?	样本数
A. 运用已有的知识独立解决	80
B. 小组合作,共同讨论	62
C. 不想尝试等待现成的答案	10

4. 你喜欢参加数学课堂活动吗?	样本数
A. 非常喜欢	101
B. 比较喜欢	42
C. 无所谓	9

5. 在课堂上凡有讨论时机你总是积极争取发言。	样本数
A. 完全符合	59
B. 比较符合	68
C. 不太符合	25

6. 在学习新知识的时候,你喜欢什么形式?	样本数
A. 教师通过具体的情境,借助教学工具,生动地演示和讲解	112
B. 教师照着教材讲清楚就可以了	35
C. 不拘形式	5

续表

7. 你觉得动感数学的课堂能激发你学习数学的兴趣吗?	样本数
A. 完全符合	87
B. 比较符合	60
C. 不太符合	5

8. 你对自己学习数学的能力有信心吗?	样本数
A. 非常有信心	88
B. 比较有信心	45
C. 不太有信心	19

（四）综合评价

综合评价是基于比较系统的、规范的方法，运用多个指标进行教育行为的整体评价，侧重于教育评价对象的系统性和整体性。

动感数学教学评价致力于健全综合评价的体系。我们结合学生的个体差异和发展需求，制定个性化的评价标准和方法。通过自评、互评、师评等多种方式相结合，形成多角度、多层次的评价反馈，帮助学生全面认识自我、提升自我。

以学生发展为例，综合评价在促进学生全面发展方面扮演着至关重要的角色。这种评价模式以道德、文化、人格等核心素养作为标准，多维度地评估学生的发展状况，从而落实立德树人的根本任务。

以教师发展为例，综合评价的实施旨在全面、客观地评估教师的综合素养和发展潜力。这种评价方式不仅关注教师的教学效果，还涵盖了学校管理、专业共同体贡献、论文发表以及人才培养质量等多个方面。同时，它也注重对教师努力程度和进步发展速度的考核，以更全面地反映教师的综合表现。

第三节　动感数学教学评价的内容和方法

动感数学教学注重培养学生的数学思维能力和实际应用能力,采用相应的教学资源和教学工具,使知识"可视化",使学生"动"起来,最终在轻松愉快的氛围中掌握数学知识。为了评估动感数学教学的效果,需要建立一套科学、全面的评价体系。本节介绍动感数学教学评价的内容和方法,从教学内容创新性、教学方法多样性、学生参与度评价、课堂互动活跃度、学生知识掌握度、学生能力提升度、教学氛围和谐度以及教学效果满意度等方面出发,设计针对性的量化表展现教学评价。

(一) 评价的内容

动感数学教学评价涉及多个方面,包括教学目标设定、教材内容处理、教师教学方式、学生学习方式、学习效果评估、互动与反馈效果以及课堂氛围营造等。通过对这些方面的全面评价和改进,可以有效提升动感数学教学的质量和效果,促进学生的全面发展。

1. 教学目标
(1) 符合课程标准的理念,体现知识与技能、数学思考、解决问题以及情感态度价值观等方面的要求。
(2) 符合教材和学生实际发展的水平。
(3) 表述准确、具体,准确使用刻画知识及技能与数学活动水平的目标动词。

2. 教材的处理
(1) 正确分析所教内容各部分知识的本质、地位及与相关知识之间内在的逻辑关系,包括对所教学的知识(数学概念、原理等)的本质及其深层结构的分析。
(2) 选择、运用与知识本质紧密相关的典型材料的分析。
(3) 采用合适的方式对枯燥的数学知识进行再加工,使知识的呈现"可视化"。

3. 教师教学方式

（1）创设合适的学习情境，确保每一个学生都做好学习新知识的准备工作，能遵循学生的认知规律，组织教学过程，选择正确教学方法。

（2）围绕数学知识的本质及逻辑关系，有计划地设置系列问题，使学生得到数学思维训练的分析。

（3）知识生成过程中，教师充分地调动学生参与探索活动的积极性，针对抽象和难以理解的知识内容，以及学生的思维障碍，采用合适的方式使抽象的知识具体化、可视化。同时开展有效的学习活动，引导学生动手、动脑，"多感官参与"课堂活动，在"听""看"的基础上增加"做"，变"被动接受"为"主动探究"，在这个过程中获得新的数学经验，并逐步构建、完善、发展自己的数学认知结构，感悟数学的真谛、体验数学学习的乐趣、积累基本的活动经验，发展学生的实践能力、创新意识和创新精神。

（4）教学过程中充分体现教师、学生间的互动过程。同时，教师能够根据学生的思维发展水平安排教学活动，恰当把握对学生数学学习活动指导的"度"，具有良好的教学组织能力、灵活应变能力。

4. 学生学习方式

（1）关注学生参与课堂教学的各个环节，既关注参与的广度，又注重参与的深度。引导学生开展动手实践、自主探索、合作交流等有效的学习活动。

（2）发展学生的形象思维、抽象思维、统计观念、初步的演绎推理能力与反思能力，为学生提供反思学习、解决问题的机会。

（3）学生在数学学习活动中有获得成功的体验，使学生在学习过程中建立自信心。

5. 教学效果

（1）学生在原有的基础知识上获得知识、技能、情感等方面的发展，特别是探究意识与创新精神。

（2）全面达到教学目标的要求，完成教学任务。

（3）学生思维活跃，表现出积极的学习态度。

（二）量化评价表

本小节主要从教学设计、教师教学情况以及学生学习情况综合评价几个方面，结合动感数学"动"的本质设计合适的评价量表。

1. 教学设计

根据《义务教育数学课程标准(2022年版)》要求,围绕教学设计开展关于教学目标、教学内容、教学方法与策略、学生活动设计等方面的评价项目,形成教学设计评价表(表4-3-1)。

表4-3-1 教学设计评价表

课题				
评价项目	评价要素	评价结果		
		A	B	C
教学目标	1. 教学目标明确、具体、可衡量。			
	2. 教学目标与课程标准和学生实际情况相符。			
	3. 教学目标关注学生的能力培养和素质提升。			
教学内容	1. 教学设计能准确突出教学重点,合理解决教学难点。			
	2. 教学内容符合教学目标和学生实际需求。			
	3. 教学内容的呈现符合动感数学的理念,符合学生认知特点,易于学生理解。			
	4. 体现本课教材的地位与作用,能充分挖掘教材内涵,准确理解内容所反映的数学思想方法,准确把握教材各部分内容的内在联系。			
教学方法与策略	1. 针对学生的不同需求和水平差异,制定合适的教学策略。			
	2. 能充分考虑到学生在学习过程中可能遇到的困难和问题,并制定相应的应对策略。			
	3. 教学方法和手段能充分体现教师的教学思想,注重学生能力的培养。			
	4. 合理运用实物模型和教学软件等教学资源(如课件、网络画板、网络、数学实验设备等),提高教学效果。			
	5. 教学流程设计合理,便于发展学生的思维,体现自主、合作、探究的学习方式。			
学生活动设计	1. 活动紧扣教学目标,具有趣味性。			
	2. 活动难度适中,具有挑战性。			
	3. 活动形式多样,包括探究、合作、实践等。			
简要评语	评课人:_____	等级		

说明:A. 表示达标　B. 基本达标　C. 不达标

2. 教师教学情况

教师教学情况评价由教师课堂教学评价量表(表4-3-2)和教师课堂教学自评表(表4-3-3)两部分组成。

教师课堂教学评价主要围绕教学设计、教学实施和教学效果进行评价。教师课堂教学自评主要围绕教学目标、教学结构、教学方法、教学手段、教学时间、教学氛围和教学效果进行评价。

表 4-3-2　教师课堂教学评价量表

授课教师		班级		评课人			
学科		时间		评价等级			
课题				优秀	良好	一般	较差
评价项目		评价标准		13—15	9—12	5—8	1—4
教学设计	教学目标	1. 目标明确、具体，符合数学课程标准和教材的要求。 2. 与学生学情一致，具有可实现性					
	教学内容	1. 知识结构合理，突出重点、难点，难易适度。 2. 融入学生经验之中，联系学生生活和实际，适时适量拓展。 3. 正确把握学科的知识、思想和方法，注重教学资源的开发与整合。					
	教学过程	1. 根据学科特点创设有助于师生对话、沟通的教学情境，营造民主、和谐、互动、开放的学习氛围，激发学习兴趣。 2. 引导学生主动学习，组织探究、讨论、交流等活动，培养学生发现和解决问题的能力。 3. 激活学生思维，鼓励学生大胆质疑问难，发表不同意见，以学生问题为出发点，形成动态生成的教学过程。					
教学实施	教学方法	1. 善于创设情境，激发学生的求知欲、好奇心和探索欲望。 2. 教学思路清晰，层次清楚，结构合理，突出重点，符合学生的认知规律，教学内容的设计具有多样性、开放性与挑战性。 3. 把动手实践、自主探究与合作交流作为重要的学习形式。 4. 独立思考与小组合作相结合，充分保障学生自主探究学习的时间与空间。 5. 重视知识的发生与发展过程的教学，能针对学生的思维障碍，恰当地提出启发性的问题，引导学生思考并解决问题。重视知识的产生、拓展与延伸，满足个性发展。					
	学生活动	1. 参与知识的发生、发展与形成过程，参与的时间、空间、广度与深度。 2. 通过观察、实验、猜测、验证、推理与交流，主动探究，获取知识。 3. 学生情绪饱满，思维活跃，小组活动中能与他人合作交流。					
	教师素养	1. 有较强的组织协调能力、应变能力和即时评价能力，有教改创新精神，有良好的教学风格。 2. 语言生动、准确，教态亲切又有感染力，板书规范。					

续表

课题			优秀	良好	一般	较差
评价项目	评价标准		13—15	9—12	5—8	1—4
教学效果	1. 学生对知识技能的理解与掌握，每一个学生都有不同的进步与发展。 2. 对问题能发表自己的见解，有独立思考问题与相互交流的意识和习惯，能应用所学知识和方法提出和解决问题。 3. 学生的情感、态度和价值观等都有相应的发展。					
简评	建议：		等级			

1. 本评价表选取了3个维度7项内容，对教师的课堂教学进行基本评价。在评价过程中要重点关注知识的呈现方式和学生的课堂活动是否体现"动"的核心。
2. 本评价表设置了优秀、良好、一般和较差四级评价，总体评价分为优秀、良好、合格和不合格四个等级，满分105分，90分以上为优秀，80—90为良好，60—80为合格，60分以下为不合格。

表 4-3-3　教师课堂教学自评表

评价指标	评价因素	评价等级				简要评价（可以改进的地方）
		优秀	良好	一般	较差	
教学目标	1. 根据课程标准、教材内容，从学生的实际出发，制定合理具体的教学目标。 2. 整节课围绕教学目标进行教学。					
教学结构	1. 根据学生的认知过程和能力特征，结合教材内容，灵活安排教学环节，具有自己的特色。 2. 过程设计科学合理，抓住重点、关键，突破难点。 3. 过程层次清晰，布局合理，信息反馈及时。 4. 基础知识、基本技能等扎实，提供学法指导。 5. 注重学生数学学科能力的培养，体现出对学生智力、自学能力、创造能力等素养的培养。					
教学方法	1. 注重优化教学过程，讲究教学实效。 2. 注重启发式教学，教学语言精当，富有激励性。 3. 依据教材和实际改进知识呈现的方式，以学生已有知识为基础改进教法、指导学法。 4. 发挥教师的主导作用和学生的主体作用，激发学生的学习主动性。 5. 注意教与学的调节，科学性和艺术性相结合。					
教学手段	1. 根据教学需求，合理运用教学技术手段，如多媒体、网络画板等。 2. 精心设计实物模型和数学软件。					

续表

评价指标	评价因素	评价等级				简要评价（可以改进的地方）
		优秀	良好	一般	较差	
教学时间	1. 根据课程内容、教学目标，合理安排教学环节。 2. 各环节用时合理，学生活动时间充分，讲练时间安排合理。					
教学氛围	1. 学生课堂热情高，探究主动，参与度高，体现学生的主体作用。 2. 课堂气氛活跃、和谐。					
教学效果	1. 教学措施落实到位，教学任务完成。 2. 教得实，学得活，教学效率高。 3. 不同层次的学生都有所收获，得到一定程度的发展。					
教学反思						评价人：

3. 学生学习情况

学生学习情况评价由学习过程评价表(表4-3-4)、课堂学习成果评价量表(表4-3-5)和学生课后反思表(表4-3-6)三部分组成。

学生学习过程评价主要围绕学生课堂参与程度、学生活动中的合作情况、学习中的创新意识、学习态度、自主探究意识进行评价。课堂学习成果评价主要围绕知识与技能、过程与方法和情感态度价值观进行评价。学生课后反思问卷主要调查学生通过学习在知识、能力等方面的成长。

表4-3-4 学生学习过程评价表

评价内容	评价等级及标准			评价方式		
	A	B	C	个人评价	同学评价	教师评价
参与程度	积极举手发言，积极参与讨论与交流。	有举手发言，有参与讨论与交流。	少有举手发言，较少参与讨论与交流。			
合作情况	团结合作，在小组中起领导作用，吸收接纳别人的看法并能给出自己的建议，并帮助其他小组成员，贡献大。	帮助协调，推动整个小组的工作，鼓励其他成员。工作至最后一刻，对最终成果有一定的贡献。	参与了讨论、工作，并对最终成果进行了评价，对活动过程只是作为旁观者。			
创新情况	学习中有明显的创新意识，且观点合理。	学习中有一定的创新意识。	学习中能开始培养创新意识。			

续表

评价内容	评价等级及标准			评价方式		
	A	B	C	个人评价	同学评价	教师评价
学习态度	能刻苦钻研,积极主动交流、思考、回答问题,努力争取出色地完成任务。	能认真听讲,参与交流,努力完成自己的任务。	能认真听讲,在同伴帮助下完成任务。			
自主探究	有强烈的求知欲,不断提出许多与任务相关的问题,并努力寻找答案,能在遇到困难时,寻找解决问题的办法,不放弃。	能够提出与主题相关的问题,能在遇到困难时与同伴一起研究讨论,寻找解决问题的方法。	无自主探究意识			

表 4-3-5　课堂学习成果评价量表

（以 2012 苏科版七年级上册《主视图、左视图、俯视图》一课为例设计）

评价项目	评价标准	评价等级				评价方式		
		优秀	良好	一般	较差	个人评价	小组评价	教师评价
知识与技能	了解主视图、左视图和俯视图的概念和画法。	10	8	6	4			
	能够掌握简单几何体的三视图,能根据三视图判断立体图形的形状。	10	8	6	4			
	掌握三视图与立体图形之间的关系,培养空间观念。	10	8	6	4			
过程与方法	经历从不同方向观察物体的活动过程,发展空间观念,积累活动经验。	10	8	6	4			
	能在与他人交流的过程中,合理清晰地描述自己的思维过程。	10	8	6	4			
情感、态度与价值观	课堂上积极参与,积极思考,积极动手、动脑,发言次数多。	10	8	6	4			
	小组成员间配合默契,彼此协作愉快,互帮互助。	10	8	6	4			
	对课堂内容兴趣浓厚,提出了有深度的问题。	10	8	6	4			
在本节课的学习中你遇到了什么困难,或者有什么建议? || 总计							

表 4-3-6　学生课后反思问卷

学生姓名		班级		课题	
问题				学生反思具体内容	
上完本节课你有什么感受？					
课程知识点的呈现是否容易理解？					
这节课你最大的收获是什么？					
这节课你在哪些方面还可以改进？		小组合作方面			
		课堂参与方面			
		练习方面			
		其他方面			

案例：以 2012 苏科版七年级下册《认识三角形》一课为例

教学片段一：活动探索

活动目的：

探究三条线段组成三角形的条件。

活动要求：

前后四人一组，利用彩纸条（表示线段）合作完成实验，填写表格 4-3-7，并将拼出的图形展示在黑板上。

表 4-3-7　探究三条线段组成三角形的条件

序号	能组成三角形的三条线段的长度	不能组成三角形的三条线段的长度
1	（　），（　），（　）	（　），（　），（　）
2	（　），（　），（　）	（　），（　），（　）
3	（　），（　），（　）	（　），（　），（　）
4	（　），（　），（　）	（　），（　），（　）
5	（　），（　），（　）	（　），（　），（　）
6	……	……

（分给每组学生 3 根 4 cm、1 根 5 cm、2 根 6 cm、1 根 8 cm、1 根 10 cm 的彩纸条。）

活动步骤：

(1) 学生小组合作探索，小组分工搭建三角形、记录线段长度、补充缺少的。

(2) 学生通过观察已记录的数据，大胆猜想能组成三角形的三条线段长度应满足的数量关系,无论对错,老师不做评判。

(3) 验证学生猜想。

(4) 通过黑板上的图形回忆所学过的三角形形状。

(5) 将这些三角形进行分类。

【设计意图】

活动探索不仅仅是为了寻找答案,更多的是为了理解数学规律,通过具体的数据让学生进行猜想,不仅激发学生的好奇心,更推动学生不断地向前探索,在探索过程中,猜想不一定都是正确的,但它们是我们认识世界、理解数学的重要途径。验证猜想是数学研究中不可或缺的一环,通过验证,我们可以确保猜想的正确性,并将其转化为数学定理或原理。以上三个环节的设计,也是让学生体验数学定理发现的一般过程:探索、猜想、验证。分给学生小棒的长度和数量是经过设计的,这样设计的目的是可以囊括所有类型的三角形,以便学生将这些三角形进行分类,让学生发现可以通过边或者角对这些三角形进行分类。

教学片段二:例题

现有两根长度分别为6个单位长度和10个单位长度的木棒,问:

(1) 再取一根长度为2个单位长度的木棒,它们能摆成三角形吗?为什么?

(2) 如果取一根长度为16个单位长度的木棒呢?

(3) 你能取一根木棒,与原来的两根木棒摆成三角形吗?求出木棒长度的范围。

【设计意图】

(1)(2)让学生巩固三角形三边关系,可以利用三角形的任意两边之和大于第三边的性质来判断"2、6、10""16、6、10"能否组成三角形,让学生举例哪些木棒长度可以和6、10组成三角形,由特殊到一般。学生会发现第三边的范围是大于4,小于16。然后利用网络画板验证,让学生更直观地感受第三边的范围。先在网络画板中画好10厘米的线段AB,若AC是6厘米,C点应在哪里,学生通过观察感知,会发现C点在以A为圆心6厘米为半径的圆上,然后连接BC(即第三边),通过点C在圆上运动一周,观察线段BC长度的变化,发现BC长度大于等于4厘米,小于等于16厘米,但是通过图也可以发现,当BC为4厘米或16厘米时,A、B、C三点共线,并不构成三角形。

针对本节课的教与学,分别从同行教师评价、教师自评和学生反思三个方面进行了测评。

(1) 同行教师评价

评价示例如图 4-3-1 和图 4-3-2 所示。

教师课堂教学评价量表

授课教师	王瑜		班级	初一（4）班		评课人	章茹霞		
学科	数学		时间	4.10		评价等级			
课题	《认识三角形》					优秀	良好	一般	较差
评价项目		评价标准				13-15	9-12	5-8	1-4
教学设计	教学目标	1、目标明确、具体，符合数学课程标准和教材的要求。 2、与学生学情一致，具有可实现性				15			
	教学内容	1、知识结构合理，突出重点、难点，难易适度。 2、融入学生经验之中，联系学生生活和实际，适时适量拓展。 3、正确把握学科的知识、思想和方法，注重教学资源的开发与整合。				13			
	教学过程	1、根据学科特点创设有助于师生对话、沟通的教学情境，营造民主、和谐、互动、开放的学习氛围，激发学习兴趣。 2、引导学生主动学习，组织探究、讨论、交流等活动，培养学生发现和解决问题的能力。 3、激活学生思维，鼓励学生大胆质疑问难，发表不同意见，以学生问题为出发点，形成动态生成的教学过程。				13			
教学实施	教学方法	1、善于创设情境，激发学生的求知欲、好奇心和探索欲望。 2、教学思路清晰，层次清楚，结构合理，突出重点，符合学生的认知规律，教学内容的设计呈现具有多样性、开放性与挑战性。 3、把动手实践、自主探究与合作交流作为重要的学习形式。 4、独立思考与小组合作相结合，充分保障学生自主探究学习的时间与空间。 5、重视知识的发生与发展过程的教学，能针对学生的思维障碍，恰当地提出启发性的问题，引导学生思考并解决问题。重视知识的产生、拓展与延伸，满足个性发展。				13			

学生活动	1、参与知识的发生、发展与形成过程，参与的时间、空间、广度与深度。 2、通过观察、实验、猜测、验证、推理与交流，主动探究，获取知识。 3、学生情绪饱满，思维活跃，小组活动中能与他人合作交流。	12	
教师素养	1、有较强的组织协调能力、应变能力和即时评价能力，有教改创新精神，有良好的教学风格。 2、语言生动、准确，教态亲切又有感染力，板书规范。	12	
教学效果	1、学生对知识技能的理解与掌握，每一个学生都有不同的进步与发展。 2、对问题能发表自己的见解，有独立思考问题与相互交流的意识和习惯，能应用所学知识和方法提出和解决问题。 3、学生的情感、态度和价值观等都有相应的发展。	14	
简评	建议：在数学课堂中，注重培养学生的合作精神，让学生在互动中学习和成长。 除基础知识的传授，更应培养学生的创新思维，课堂上可设置一定的活动，让课堂"动"起来。	等级 优	

1、本评价表选取了3个维度7项内容，对教师的课堂教学进行基本评价。在评价过程中要重点关注知识的呈现方式和学生的课堂活动是否体现"动"的核心。

2、本评价表设置了优秀、良好、一般和较差四级评价，总体评价分为优秀、良好、合格和不合格四个等级，满分105分，90分以上为优秀，80-90为良好，60-80为合格，60分以下为不合格。

图 4-3-1

教师课堂教学评价量表

授课教师	左谕	班级	初一(1)班	评课人	周佳翔
学科	数学	时间	4.10	评价等级	

课题	《认识三角形》		优秀	良好	一般	较差
评价项目		评价标准	13-15	9-12	5-8	1-4
教学设计	教学目标	1、目标明确、具体，符合数学课程标准和教材的要求。 2、与学生学情一致，具有可实现性	14			
	教学内容	1、知识结构合理，突出重点、难点，难易适度。 2、融入学生经验之中，联系学生生活和实际，适时适量拓展。 3、正确把握学科的知识、思想和方法，注重教学资源的开发与整合。	13			
教学实施	教学过程	1、根据学科特点创设有助于师生对话、沟通的教学情境，营造民主、和谐、互动、开放的学习氛围，激发学习兴趣。 2、引导学生主动学习，组织探究、讨论、交流等活动，培养学生发现和解决问题的能力。 3、激活学生思维，鼓励学生大胆质疑问难，发表不同意见，以学生问题为出发点，形成动态生成的教学过程。	14			
	教学方法	1、善于创设情境，激发学生的求知欲、好奇心和探索欲望。 2、教学思路清晰，层次清楚，结构合理，突出重点，符合学生的认知规律，教学内容的设计呈现具有多样性、开放性与挑战性。 3、把动手实践、自主探究与合作交流作为重要的学习形式。 4、独立思考与小组合作相结合，充分保障学生自主探究学习的时间与空间。 5、重视知识的发生与发展过程的教学，能针对学生的思维障碍，恰当地提出启发性的问题，引导学生思考并解决问题。重视知识的产生、拓展与延伸，满足个性发展。	14			

206

	学生活动	1、参与知识的发生、发展与形成过程，参与的时间、空间、广度与深度。 2、通过观察、实验、猜测、验证、推理与交流，主动探究，获取知识。 3、学生情绪饱满，思维活跃，小组活动中能与他人合作交流。	14			
	教师素养	1、有较强的组织协调能力、应变能力和即时评价能力，有教改创新精神，有良好的教学风格。 2、语言生动、准确，教态亲切又有感染力，板书规范。	14			
教学效果	1、学生对知识技能的理解与掌握，每一个学生都有不同的进步与发展。 2、对问题能发表自己的见解，有独立思考问题与相互交流的意识和习惯，能应用所学知识和方法提出和解决问题。 3、学生的情感、态度和价值观等都有相应的发展。		13			
简评	建议：数学教学在培养数学思想过程中有着极其重要的作用。通过展示、积极地化解数学中的难点，教师在数学教学活动中以"动"为载体，有机交融了抽象推理模型等数学思想。				等级 优秀	

1、本评价表选取了 3 个维度 7 项内容，对教师的课堂教学进行基本评价。在评价过程中要重点关注知识的呈现方式和学生的课堂活动是否体现“动”的核心。

2、本评价表设置了优秀、良好、一般和较差四级评价，总体评价分为优秀、良好、合格和不合格四个等级，满分 105 分，90 分以上为优秀，80-90 为良好，60-80 为合格，60 分以下为不合格。

图 4-3-2

（2）教师自评表

自评示例如图 4-3-3 所示。

教师课堂教学自评表

评价指标	评价因素	评价等级				简要评价（可以改进的地方）
		优秀	良好	一般	较差	
教学目标	1、根据课程标准、教材内容，从学生的实际出发，制定合理具体的教学目标。 2、整节课围绕教学目标进行教学。		√			可以多设计几道不同类型直角三角形、等腰三角形的题目。
教学结构	1、根据学生的认知过程和能力特征，结合教材内容，灵活安排教学环节，具有自己的特色。 2、过程设计科学合理，抓住重点关键，突破难点。 3、过程层次清晰，布局合理，信息反馈及时。 4、基础知识、基本技能等扎实，提供学法指导。 5、注重学生数学学科能力的培养，体现出对学生智力、自学能力、创造能力等素养的培养。		√			还应注重培养学生的数学学科能力。例如，可以通过设计一些开放性的问题或项目，让学生在解决问题的过程中锻炼逻辑推理、创新能力等。
教学方法	1、注重优化教学过程，讲究教学实效。 2、注重启发式教学，教学语言精当，富有激励性。 3、依据教材和实际改进知识呈现的方式，以学生已有知识为基础改进教法、指导学法。 4、发挥教师的主导作用和学生的主体作用，激发学生的学习主动性。 5、注意教与学的调节，科学性和艺术性相结合。		√			应该增加学生的单独回答的次数，语言还需要精炼简洁。
教学手段	1、根据教学需求，合理运用教学技术手段，如多媒体、网络画板等。	√				

	2、精心设计实物模型和数学软件。				
教学时间	1、根据课程内容、教学目标，合理安排教学环节。 2、各环节用时合理，学生活动时间充分，讲练时间安排合理。	✓			
教学氛围	1、学生课堂热情高，探究主动，参与度高，体现学生的主体作用。 2、课堂气氛活跃、和谐。	✓			
教学效果	1、教学措施落实到位，教学任务完成。 2、教得实，学得活，教学效率高。 3、不同层次的学生都有所收获，得到一定程度的发展。		✓		对于学生提出的猜想需要进行及时反馈。
教学反思	首先，通过画三角形和摆小棒的活动，学生能够直观地感知三角形的形态和组成，这种教学方式有效地激发了学生的学习兴趣，也使他们更加深入地理解了三角形的概念。同时，这种动手实践的方式也培养了学生的空间想象能力和操作能力。其次，在实验环节，我引导学生通过选取不同长度的小棒来尝试搭建三角形，并记录能否成功搭建的数据。这一环节不仅让学生亲身经历了探索的过程，也培养了他们的观察能力和数据分析能力。通过对比和分析实验数据，学生开始猜想能构成三角形的三边应满足什么条件，这为后续的理论证明奠定了基础。然而，在反思中我也发现了一些需要改进的地方。在学生提出猜想的时候，我无法对他们的每一种猜想进行反馈，在以后的教学中要把学生所想的要想想全面，并且提高自己的临场应变能力。其次，在引导学生进行理论证明时，我发现部分学生的逻辑思维能力还不够强，难以从实验数据中推导出三角形的构成条件。因此，在未来的教学中，我应该更加注重培养学生的逻辑思维能力，通过更多的练习和引导，帮助他们建立起从具体到抽象的思维模式。最后，我认为在今后的教学中，我还应该进一步拓展教学内容，引导学生探索更多与三角形相关的知识点和应用场景，以帮助他们形成对三角形的全面认识和理解。通过本节课的教学实践，我深刻体会到了动手实践和实验探究在数学教学中的重要性。在未来的教学中，我将继续探索更多有效的教学方法，努力提升学生的数学素养和综合能力。 评价人：王瑜				

图 4-3-3

（3）学生反思

学生反思示例如图 4-3-4、图 4-3-5 和图 4-3-6 所示。

学生姓名：	偶敦弛	班级：	扬~(1)	课题：	三角形的三边关系

问题	学生反思具体内容
上完本节课你有什么感受？	老师上课内容清晰，容易理解
课程知识点的呈现是否容易理解？	容易理解，利用科技手段加深理解
这节课你最大的收获是什么？	同学之间交流合作，小组之间互相讨论

这节课你在哪些方面还可以改进？	小组合作方面	
	课堂参与方面	
	练习方面	加一些拓展的题
	其他方面	

图 4-3-4

学生姓名: 蔡然心	班级: 初一(4)	课题: 三角形的三边关系
问题		学生反思具体内容
上完本节课你有什么感受？		课堂生动活泼，互动性强，易于理解。
课程知识点的呈现是否容易理解？		容易理解，使用几何画板和科技手段帮助理解。
这节课你最大的收获是什么？		能上黑板操作，小组间讨论得出假设。
这节课你在哪些方面还可以改进？	小组合作方面	能更加安静有秩序。
	课堂参与方面	要仔细参与课堂。
	练习方面	无
	其他方面	无

图 4-3-5

学生姓名：	张雅雅	班级：	七(1)班	课题：	三角形的三边关系
问题					学生反思具体内容
上完本节课你有什么感受？					老师上课逻辑清晰，让人容易理解
课程知识点的呈现是否容易理解？					容易，运用科技和自动手实践，让知识更易懂，让三角形动起来。
这节课你最大的收获是什么？					小组讨论，自己动手实践
这节课你在哪些方面还可以改进？		小组合作方面			多好，多交流
	课堂参与方面				无
	练习方面				无
	其他方面				无

图 4-3-6

学生通过课后反思，可以清晰地了解到自己在课堂学习过程中的表现、学习任务的完成情况，从而更好地认识自己的优点和不足，为今后的学习找到改进的方向。

第五章

动感数学的资源建设

如果说动感数学的教学实践走进初中数学课堂,意味着学生建构数学知识的基础发生了变化,那动感数学所依赖的资源就更加值得研究。动感数学的资源是指帮助学生理解数学、发现数学、验证数学的实物类及技术类工具的统称,是学生经历知识形成过程的重要载体,在教学过程中恰当地使用资源,很大程度上可以提高学生参与数学活动的水平。学生可以运用有关资源,在积极主动的数学思维活动的参与下,进行一种以实际操作为特征的数学探究或验证活动。

第一节 动感数学的实物工具开发

"工欲善其事,必先利其器",作为提升数学课堂效益的一种有效手段,动感数学的实际效果如何,很大程度上取决于动感数学资源的选择与优化。动感数学基于课堂教学的目标去设计数学活动,基于数学活动的开展去选择实物工具。

(一) 已有实物工具介绍

江苏省初中数学实验研究团队在董林伟教授等人的组织带领下,以"做"为支架,手脑并用,启思明理,让学生享受完整的数学学习过程,促进学生数学思维发展的数学实验教育理念,基于数学课程标准和数学课堂教学的需求,根据发展学生数学核心素养的需要,系统研发了与课程标准核心内容相配套的"凤凰数学学具",学具将课标中概括的内容具体化,成为学生操作数学的素材,符合初中生的数学学习心理,极大地方便了学生的数学学习,对于激发学生的数学学习兴趣与好奇心,调动学习积极性,促使"多感官参与"数学认知活动,获取数学抽象所需的现实材料,形成对数学知识的直接体验等,都有积极意义。同时,对于提升学生的数学素养,引导学生用数学的眼光观察现实世界,用数学的思维思考现实世界,用数学的语言表达现实世界,也起到积极作用。

我们项目组受其启发也研发了一些动感数学的实物工具,下面介绍其中的三组实物工具及其用途和用法。

1. 实物工具一：边角关系多功能演示器

边角关系多功能演示器是由昆山市张浦中学袁丰泉、薛建彪老师研发的,制作材料为：带量角器的 10 厘米长尺一把、30 厘米长尺一把、15 厘米×30 厘米角尺一把、30 厘米长尺条三根（其中一根带卡槽）、铝制锐角三角形一个、固定用的钉子五个。

用途 1：研究余角关系

图 5-1-1

用法：将三把尺子一端用螺丝固定,并保证外侧两把尺子垂直,旋转中间一把尺子（图 5-1-1）。通过量角器就可以读出互余两角的度数以及两角的大小变化规律。

用途 2：研究补角关系

图 5-1-2

用法:将一把尺子一端用螺丝固定在另一把带量角器的尺子上,旋转上面一把尺子(图 5-1-2)。通过量角器可以读出互补两角的度数以及两角的大小变化规律。

用途 3:研究垂直关系

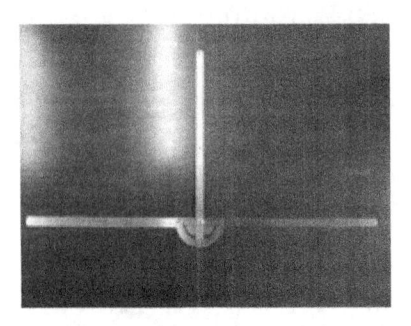

图 5-1-3

用法:将两把尺子一端用螺丝固定在带量角器的尺子上,旋转两把尺子成一直线,让其与第三把尺子垂直(图 5-1-3)。通过该操作可以使学生感受垂直的关系。

用途 4:画角的平分线

图 5-1-4 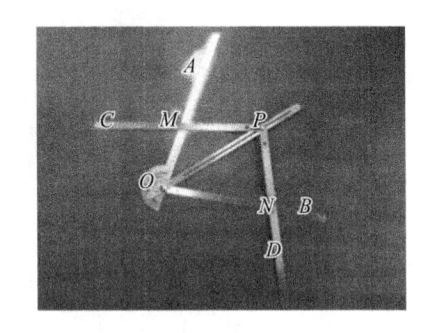　　　　　　　　　　　图 5-1-5

用法:将 30 厘米长尺、带量角器长尺、有卡槽尺条的一端用螺丝固定在一起(中间一根为带卡槽尺条),将另外两根尺条一端用螺丝固定在卡槽中(图 5-1-4)。使用时将点 O 与角的顶点重合,调节 30 厘米长尺、带量角器长尺使其分别与角的两边重合(图 5-1-5),在两把长尺上取 $OM=ON$,调节尺条 OP、PC、PD 的位置,使 PC 与 OA 交于点 M,PD 与 OB 交于点 N,且 $PM=PN$,此时 OP 即为 $\angle AOB$ 的平分线。反过来,当 OP 为 $\angle AOB$ 的平分线时,在两把长尺上取 $OM=ON$,调节尺条 OP、PC、PD 的位置,使 $PC \perp OA$ 垂足为 M,$PD \perp OB$ 垂足为 N,此方法可以用来探究角平分线的性质。

用途 5:构造三角形全等"边边角"的反例

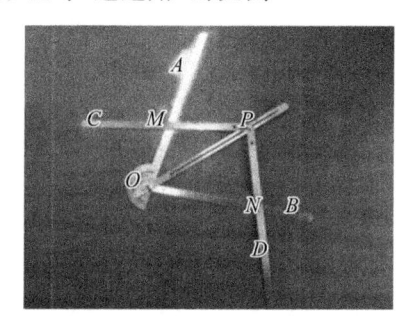

图 5-1-6

用法:将 30 厘米长尺、带量角器长尺、有卡槽尺条的一端用螺丝固定在一起(中间一根为带卡槽尺条),将另外两根尺条一端用螺丝固定在卡槽中。如图 5-1-6 所示,当 OP 为∠AOB 的平分线时,调节尺条 PC、PD 的位置,使 PM=PN,OM≠ON,此时就得到了满足"边边角"对应相等的两个三角形不全等的实例。

推广:

(1) 上述图形还可以用来验证直角三角形的判定"边边角"即 HL 定理成立;

(2) 上述图形也可以用来深入研究当三角形为锐角三角形或钝角三角形时,"边边角"判定方法成立的条件。

用途 6:研究邻补角的角平分线的位置关系

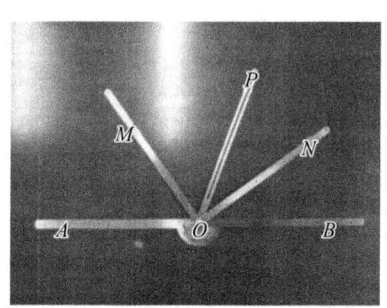

图 5-1-7

用法:如图 5-1-7 所示,将三把尺子一端用螺丝固定在带量角器长尺上的点 O 处,旋转上面三把尺子,使得 OM、ON 分别成为∠AOP、∠POB 的角平分线。通过量角器可知此时∠MON 为直角,即一组邻补角的角平分线互相垂直。

解决问题:如图 5-1-8 所示,△ABC 是⊙O 的内接三角形,∠BAD 是△ABC 的一个外角,∠BAC、∠BAD 的平分线分别交⊙O 于点 E、F。若连接 EF,则 EF 与 BC 有怎样的位置关系?为什么?

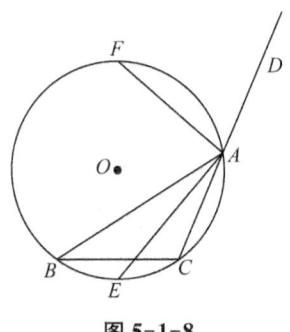

图 5-1-8

用途 7：2012 苏科版数学八年级上册教材 59 页中的数学实验

图 5-1-9

用法：如图 5-1-9 所示，将 30 厘米长尺、带量角器长尺、有卡槽尺条的一端用螺丝固定在一起（中间一根为带卡槽尺条），并保持外面两根长尺垂直位置，再将角尺用螺丝固定在中间尺条卡槽内合适的位置即可。

附：2012 苏科版数学八年级上册教材 59 页中的数学实验

画$\angle AOB = 90°$，并画$\angle AOB$的平分线OC。

(1) 把三角尺的直角顶点落在OC的任意一点P上，并使三角尺的两条直角边分别与OA、OB垂直，垂足分别为E、F（图 5-1-10）。度量PE、PF的长度，这两条线段相等吗？

(2) 把三角尺绕点P旋转，三角尺的两条直角边分别交OA、OB于点E、F（图 5-1-11），PE与PF相等吗？

推广应用：上述图形还可以推广到一般情形，如图 5-1-12 所示，$\angle AOB$为小于 180°的任意角，OC为$\angle AOB$的平分线，$\angle AOB + \angle EPF = 180°$，当$\angle EPF$绕点$P$旋转时，始终有$PE = PF$。

2. 实物工具二：多功能活动多边形

多功能活动多边形是由昆山市葛江中学周小明、范莉老师研发的。它是由两把 25 厘米、两把 50 厘米的刻度尺（50 厘米长的刻度尺上特殊位置上打了若干个孔）和若干个铆钉组成的，可以用来验证三角形的稳定性、三角形的三边关

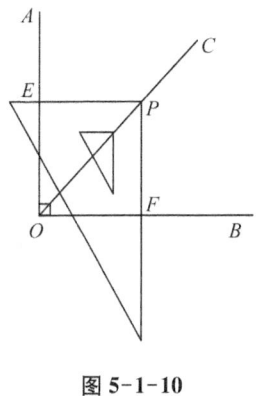

图 5-1-10 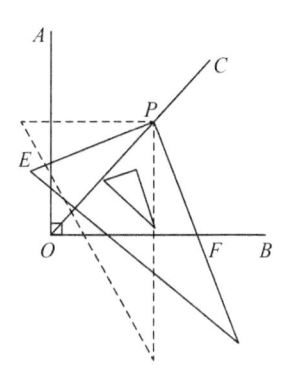　　　　　　　　图 5-1-11

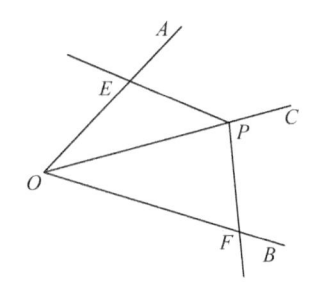

图 5-1-12

系,画特殊三角形,验证等腰三角形三线合一的性质,验证四边形的不稳定性,作角平分线(SSS),认识凹多边形和凸多边形、筝形。通过交换直尺的位置和移动铆钉的位置可以构造平行四边形、矩形、菱形、正方形,并可以画平行线,验证平行线之间的距离处处相等。

用途1:用刻度尺构造特殊三角形(等腰三角形、等边三角形、等腰直角三角形、含30°、60°角的直角三角形)

图 5-1-13 　　　　　　　　图 5-1-14

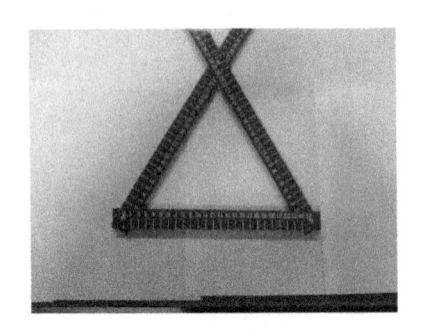

图 5-1-15

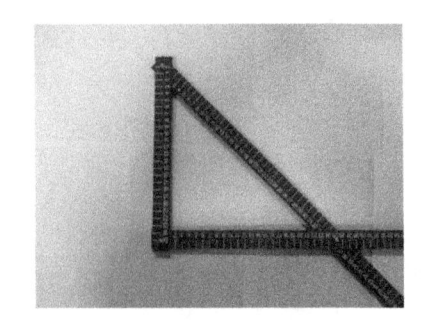

图 5-1-16

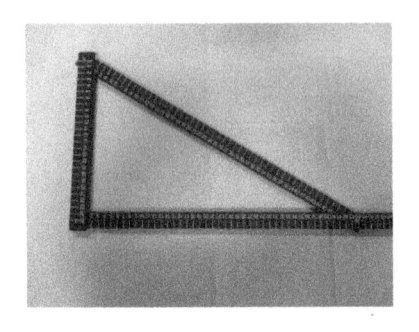

图 5-1-17

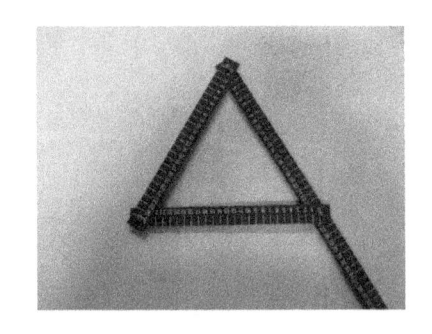

图 5-1-18

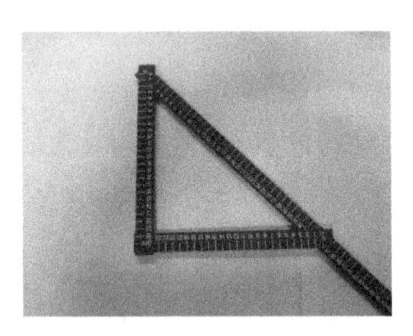

图 5-1-19

用法：用两把 50 厘米的刻度尺、一把 25 厘米的刻度尺和三个铆钉构造等腰三角形(图 5-1-13)。用两把 50 厘米的刻度尺、两把 25 厘米的刻度尺和四个铆钉构造等边三角形(图 5-1-14)，用两把 50 厘米的刻度尺、一把 25 厘米的刻度尺和三个铆钉构造等边三角形(图 5-1-15)或等腰直角三角形(图 5-1-16)或含 30°角的直角三角形(图 5-1-17)，用一把 50 厘米的刻度尺、两把 25 厘米的刻度尺和三个铆钉构造等边三角形(图 5-1-18)或等腰直角三角形(图 5-1-19)。可以用来验证三角形的稳定性、三角形的三边关系，验证等腰三角形三线合一的性质。

用途2:用刻度尺构造特殊四边形(平行四边形、矩形、菱形、正方形、梯形、筝形等)

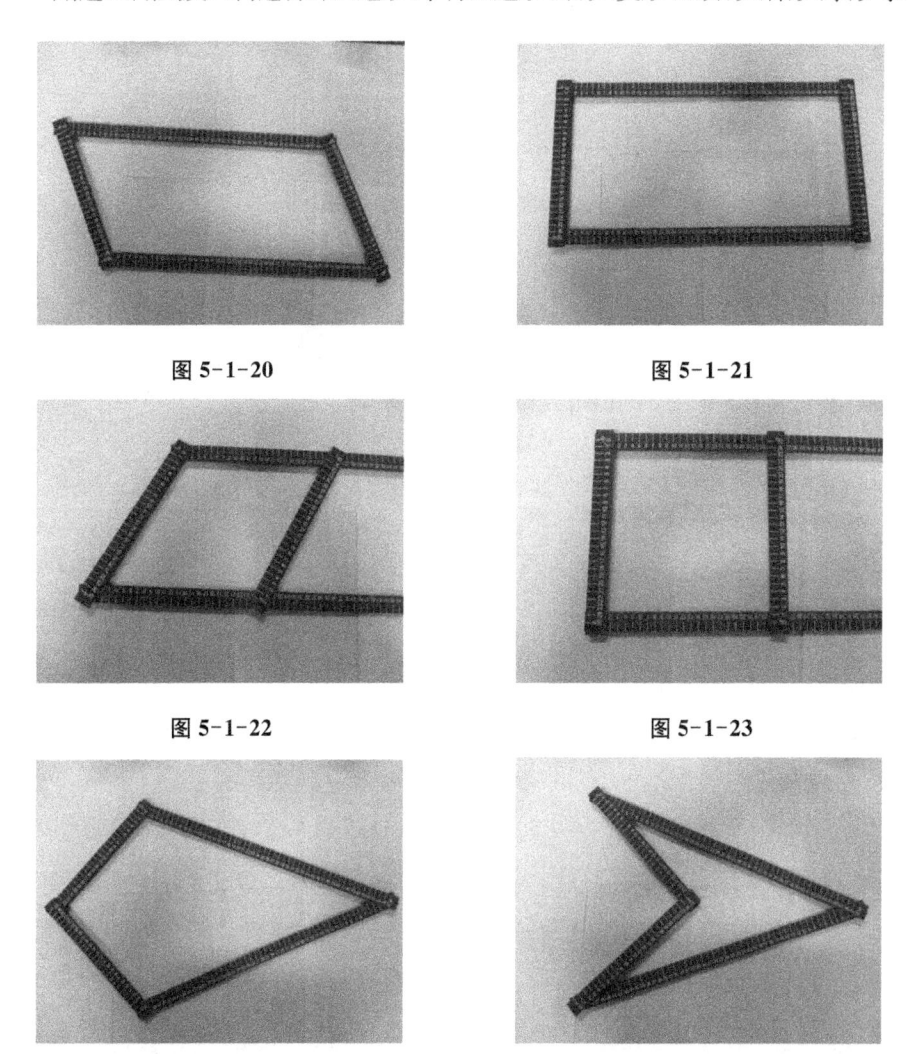

图 5-1-20

图 5-1-21

图 5-1-22

图 5-1-23

图 5-1-24

图 5-1-25

用法:用四把刻度尺和四个铆钉构造平行四边形(图 5-1-20)或矩形(图 5-1-21)。通过移动铆钉的位置可以构造菱形(图 5-1-22)、正方形(图 5-1-23)、梯形、筝形(图 5-1-24)。结合具体的平行四边形和特殊平行四边形、梯形等图形来研究它们相关的性质。并可以画平行线,验证平行线之间的距离处处相等的结论,认识凸多边形和凹多边形(图 5-1-25)。

用途3:作角平分线、体验四边形的不稳定性、了解伸缩衣架的伸缩原理
用法:用四把刻度尺和四个铆钉构造如图 5-1-26 所示的菱形,将点 O 与角

的顶点重合，调节 OA、OB 使其分别与角的两边重合，连接 OP，此时 OP 即为 $\angle AOB$ 的平分线。绕点 P 转动 AD、BC，学生可以体会四边形的不稳定性，同时了解伸缩衣架的伸缩原理。

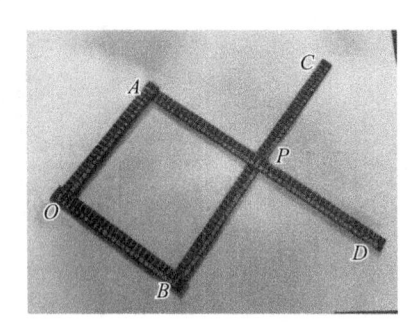

图 5-1-26

3. 实物工具三：三角形三边关系探究器

三角形三边关系探究器是由昆山市葛江中学周小明、章茹霞老师研发的，所使用的材料有小木条三根（每根长约 25 厘米），蘑菇钉（或图钉）四枚，橡皮筋三根（橡皮筋长约为 6.5 厘米），刻度尺一把，硬纸箱一个（用来固定蘑菇钉）。

用途：探究三角形的三边关系

用法：如图 5-1-27 所示，在小木条上取线段 $AB=14$ 厘米，用两个蘑菇钉把 A、B 两点固定在硬纸箱上，把两根橡皮筋的一端分别固定在 A、B 两点，不改变橡皮筋的长度，把两根橡皮筋分别绕 A、B 两点旋转，观察两根橡皮筋和线段 AB 能否首尾顺次连接围成一个三角形，并思考为什么？

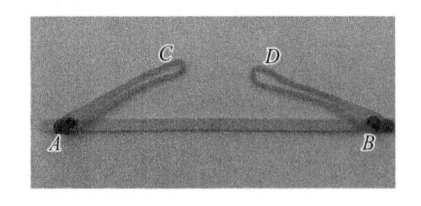

图 5-1-27    图 5-1-28

如图 5-1-28 所示，在图 5-1-27 的基础上，增加一个蘑菇钉，改变 AC 与 BD 的长度，把两根橡皮筋的另一端都套在第三个蘑菇钉上，构造 $\triangle ABC$，移动第三个蘑菇钉的位置，从而拉动橡皮筋的长度变化，在 A、B、C 不共线的前提下，在移动的过程中随机选择几个不同的 C 点，测量橡皮筋 BC、AC、木条 AB 的长度，把测得的数据记入表 5-1-1。通过计算、比较，探究此时三角形三边长之间存在任意两边之和大于第三边的关系。

表 5-1-1

测量对象	测量次数及结果			
	第一次测量结果	第二次测量结果	第三次测量结果	第四次测量结果	......
橡皮筋 BC 的长度				
橡皮筋 AC 的长度				
木条 AB 的长度				

如图 5-1-29 所示,在图 5-1-28 的基础上,把橡皮筋 AC 换成小木条,在这根小木条上取线段 AC=22 厘米,用两个蘑菇钉把 A、B 两点固定在硬纸箱上,把剩下一根橡皮筋的一端固定在 B 点,不改变橡皮筋的长度,将橡皮筋绕点 B 旋转,木条 AC 绕点 A 旋转,观察橡皮筋和线段 AB、AC 能否首尾顺次连接围成一个三角形,并思考为什么?

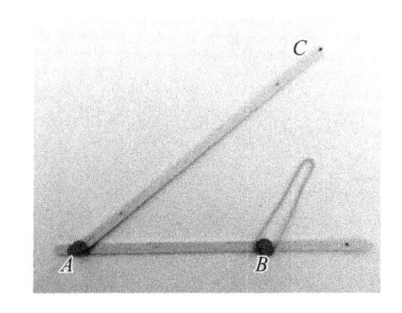

图 5-1-29 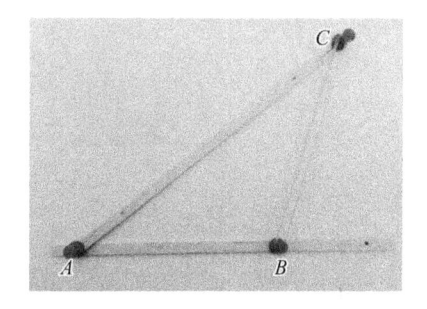　　　　　　图 5-1-30

如图 5-1-30 所示,增加一个蘑菇钉,把橡皮筋的另一端套在第三个蘑菇钉上,构造△ABC,把木条 AC 绕点 A 旋转,从而拉动橡皮筋使其长度变化,在 A、B、C 不共线的前提下,在旋转的过程中随机选择几个不同的 C 点,测量橡皮筋 BC 的长度,把测得的数据记入表 5-1-2。通过计算、比较,探究此时三角形三边长之间存在任意两边之差小于第三边的关系。

表 5-1-2

测量对象	测量次数及结果			
	第一次测量结果	第二次测量结果	第三次测量结果	第四次测量结果	......
木条 AC 的长度				
木条 AB 的长度				
橡皮筋 BC 的长度				

通过前面的操作和探究得出的结论,利用图 5-1-30 得出橡皮筋 BC 长度的取值范围,得到了已知三角形的两边求第三边取值范围的方法,即三角形的第三边大于另两边之差并且小于另两边之和。

【拓展与迁移】

如图 5-1-31 所示,用三根小木条和一根橡皮筋,固定线段 AB、BC、AD 的长度,用蘑菇钉固定 A、B 两点,将木条 BC 绕点 B 旋转,木条 AD 绕点 A 旋转,在旋转的时候随机选择几个不同的 C 点和 D 点,构造四边形 ABCD,通过测量、计算、比较,探究此时橡皮筋 CD 的长度的取值范围。

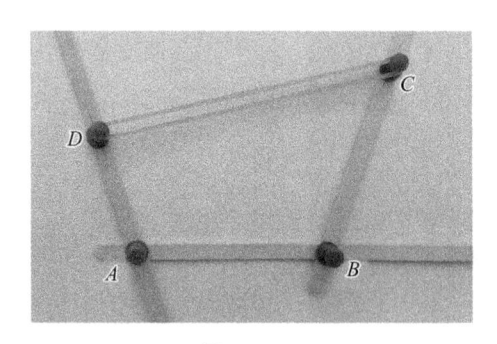

图 5-1-31

(二) 实物工具开发的基本原则

手脑并用是当前数学教学中的一种有效方式,陶行知先生对手脑并用有如下精辟的论述:"人有两件宝,双手和大脑;双手能做工,大脑能思考"。初中数学课程具有一定的抽象性,是初中各学科中的难点学科,对处于具象思维阶段向抽象思维阶段转变的学生而言,学习起来具有一定的难度,将抽象的数学内容具象化、直观化有助于学生的理解和接受,实物工具的使用有着不可替代的作用,手和脑是儿童认识世界最原始最基本的工具,两者都对儿童认知和发展起着重要的作用,不可厚此薄彼。然而,到了初中阶段,基于课程难度和思维训练的需要,教师不自然地更注重脑的开发和思维的训练,而忽视甚至无视手的运用。实际上,在教学中同时调动学生的双手和大脑,让学生在动手实践和动脑思考中获取知识、增长能力,不仅有助于学生大脑深层次的开发,也是提升学生素养、促进学生全面发展的必经之路。实物工具的开发应有利于学生能力的发展、素养的提高,一个数学活动进行得是否顺利,有时取决于活动工具是否合适,是否能够让学生进行顺利的思维加工。因为实物工具的使用者是人,实物工具是为学生服务的,因此实物工具的开发一般应遵循目标性、科学性、启发性、创新性、主体性、实用性、简易性、低成本等原则。

1. 目标性原则

教学中设计的每一个数学活动都应具有明确的目标,老师们根据教学目标设计具体的数学活动,包括活动的目的、内容和形式等等。动感数学的实物类实验工具的设计自然就要遵循这个原则,充分考虑数学活动所要达到的目的和其应发挥的作用,实物类工具的开发就是为了达到某一个或几个数学实验的目的,所以开发要紧密联系主题,有利于活动目标的达成。

例如,在"感受无理数"这一数学活动中,虽然学生已经知道了无理数的定义是无限不循环小数,并且早在小学已经认识了无理数的一个典型代表——圆周率 π,但在学生的内心里总觉得无理数是非常少的,觉得少的原因就是除了 π 就没有见过其它的无理数。为了让学生们感受无理数的存在性和数量众多,老师们开发了如下的一些实物工具和对应的数学活动方案。

用一个普通的正六面体骰子。先在纸上写上一个一位小数,比如 0.6,然后通过不停地投掷骰子,在 0.6 的后面记录下骰子掷出的点数,这样就会出现一个不断延续的小数,如果不断地投掷骰子,那么就将得到一个无限不循环小数。

这个实物工具的目的就是产生无限不循环小数,目标可以达到,但在实验时又存在一个明显的缺陷,就是产生的无理数中不包含数字 0、7、8、9。为了更好地实现目标,可以对以上实物工具进行一些改进。

改进 1:

将一个普通的正六面体骰子改为两个普通正六面体骰子,同时投掷两个骰子,记录两个骰子出现的点数和个位数。这样就出现了 0 到 9 之间的所有整数。虽然每个数字出现的概率不同,但产生的无限不循环小数各个数位上的数字就会包含 0、1、2、3、4、5、6、7、8、9 这十个数字。

改进 2:

在一个普通正六面体骰子的基础上增加一个正四面体骰子,其中正四面体骰子的四个面分别标有数字 1、2、3、4。同时记录两个骰子出现的点数和(正四面体骰子记录朝下一面的数字),当和为 10 时记录 0。这样不会出现和超过 10 的数字,缺点同样是每个数字出现的概率不同。

改进 3:

将骰子换为分别标有数字 0~9 的十个棋子,这十个棋子只有标的数字不同(也可以是十个小球、十张卡片或纸片),把这十个棋子放进不透明的袋子中,以有放回的方式每次抽取一个棋子,记录抽出来的棋子上的数字,把它顺次写在0.6的后面,如果不断地抽取棋子(并放回)就可以产生一个具有普遍性的无限不循环小数。

上述实物工具的开发,尽管材质和做法各异,但始终遵循实物工具开发的目标性这一原则。

2. 科学性原则

科学性原则是指所开发的实物性工具要符合科学原理,对学生学习正确的数学知识、领悟数学道理、理解数学本质、掌握科学方法等有很好的促进作用。例如在"糖水实验"中,所用的实物工具是非常常见的糖和白开水。把 a 克糖放进玻璃杯中,加入白开水,糖充分溶化后,将液体摇匀,得到一杯质量为 b 克的糖水,糖水的甜度可以用分式 $\frac{a}{b}$ 来表示,如果再添加适量的糖(假设是 c 克糖),糖完全溶化后糖水会变得更甜,即糖水的甜度增加了,这说明了分式的一个性质:当 $0<a<b, c>0$ 时, $\frac{a}{b}<\frac{a+c}{b+c}$。这个"糖水实验"正好可以用来探索分式的一些不等关系。把这个实验的步骤做一些更改,又可以探索分式的基本性质和等比性质:把 a 克糖放进玻璃杯中,加入白开水,糖充分溶化后,将液体摇匀,得到一杯质量为 b 克的糖水,糖水的甜度可以用分式 $\frac{a}{b}$ 来表示。步骤①:将这杯糖水的一部分倒入三个不同的小杯中,小杯中糖水的甜度与原来杯子中糖水的甜度是相同的,用式子来表示就是 $\frac{ka}{kb}=\frac{ma}{mb}=\frac{na}{nb}=\frac{a}{b}$(其中 k、m、n 均为真分数且和小于1);步骤②:将这三小杯糖水重新倒入原来的杯子中,糖水的甜度仍然没有变化,用式子来表示就是 $\frac{ka+ma+na+a}{kb+mb+nb+b}=\frac{a}{b}$,这两个分式正好体现了分式的基本性质。步骤②也可以表示为:如果 $\frac{a}{b}=\frac{c}{d}=\frac{e}{f}=\frac{g}{h}=k$,那么 $\frac{a+c+e+g}{b+d+f+h}=k$,这个正好就是等比性质。

3. 启发性原则

实物工具的开发还须具有一定的启发性,启发学生学会用数学的思维思考相关问题,充分调动学生探索的积极性,有利于学生主动参与学习的全过程。受上述"糖水实验"的启发,学生可以在上述步骤的基础上,通过自行设置在糖水中加糖、加水、分小杯、合大杯的步骤抽象出不同的数学式子,由浅入深、由现象到本质、由具体到抽象地感受其中蕴含的分式的性质或不等关系。

4. 创新性原则

实物工具的开发还须有一定的创新性,比如学生在使用已有工具的过程中能否在应用新技术、新材料、新工艺等方面有所创新和发展,遇到新问题的过程中能否想到新方法、新思路为解决新问题提供合适的实物载体。

例如,在研究"锐角三角函数"的增减性时,可以把圆规的一只脚水平放置在讲台上,另一只脚的终端系一根细绳,在绳子另一端系上一个小物体,将系绳子的脚缓慢张开,就可以直观地演示锐角三角函数值与锐角大小之间的增减变化规律:随着系绳子的脚张开,锐角的度数变大,锐角的对边增大,邻边减小,斜边不变,说明当锐角增大时,$\frac{对边}{斜边}$的值变大,$\frac{邻边}{斜边}$的值变小,$\frac{对边}{邻边}$的值变大,即正弦函数值随锐角的增大而增大,余弦函数值随锐角的增大而减小,正切函数值随锐角的增大而增大。

5. 主体性原则

老师们都知道,学生是学习的主体,所以实物工具的开发一定要站在学生的角度,适合学生各阶段的认知水平和思维方式,不可过度超越学生的现有基础。同时最好能具有一定的趣味性,能在一定程度上激发学生的学习兴趣。

例如,前文提到的多功能活动多边形,学生通过对几根刻度尺的自主组合可以构造不同形状的三角形和四边形,从而主动用刻度尺探究、验证三角形的稳定性、三角形的三边关系、等腰三角形三线合一的性质,还可以构造平行四边形、矩形、菱形、正方形、筝形等特殊四边形进而研究其性质。

6. 实用性原则

动感数学实物工具的开发要建立在实用的基础上,不在乎设计有多精巧、外表有多漂亮,更多的要关注它的实用性:是否性能稳定、安全可靠,是否有直观可视性,是否能解决某个或某些数学问题,是否会造成学生的认知冲突,是否能引起学生的数学思考,是否能提升学生的实践操作技能。

例如,三角形三边关系探究器使用非常常见的小木条、橡皮筋、蘑菇钉(或图钉),通过合适的组合就可以用来探究三角形的三边关系。它组合灵活、拆卸方便,它的外表朴实无华,在探究三角形的三边关系中却能起到重要的作用。

7. 简易性原则

简易性原则,即工具制作和操作简单,学生一看就会或者是老师简单示范之后学生能立即掌握操作方法,无需在数学活动开展前占用大量的时间来解释工具的使用方法和活动意图,在设计数学活动时也要尽可能多地使用较少的活动工具、经历较少的活动步骤,以在较短的时间内取得较好的活动效果。

让数学"动"起来——动感数学的实践研究

例如,在探究正方体的截面图的形状时,由于学生的空间想象能力不强,有些老师会去找一些萝卜、土豆等实物让学生去切出正方体来,再用刀去切正方体萝卜块、土豆块,探寻截面的所有可能情况。但在实际操作中由于不能准确把握刀的切面,因此很难达到理想效果,况且一个正方体模型被切的次数也是有限的,"水"立方这个实物工具简单易操作,可以多次重复使用,而且几乎没有损耗。

8. 低成本原则

不可否认的是,实物工具的使用和成本存在一定的关联性,成本较大的实物工具,往往没有成本低的工具普及率高。低成本原则具体体现在所用的材料常见、容易获取,工具本身造价低廉、便于自制和推广。

有些实物工具甚至可以是一些常见的物品或者是常见物品的简单改造。比如,在"三角形的稳定性和四边形的不稳定性"活动中,可以使用家庭常用的三角形衣架(图 5-1-32)和几根适当长度的小木条。三角形衣架可以演示三角形的稳定性,但是学生没有比较就难以理解"稳定性"这个词,这时可以用四根适当长度的小木条和四个图钉,首尾顺次连接组成一个四边形框架(图 5-1-33),通过活动发现这个四边形的大小、形状是会变化的,减少一根小木条和一个图钉,用三根适当长度的小木条和三个图钉,首尾顺次连接组成一个三角形框架(图 5-1-34),发现三角形的大小和形状都是不变的,学生经历了这样的过程后对三角形的"稳定性"一定有了深刻的认识。

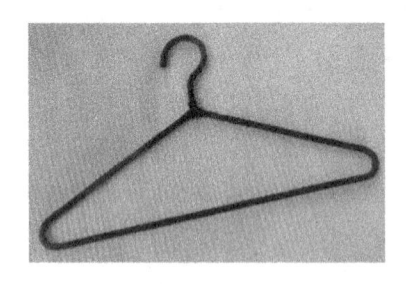

图 5-1-32 　　　　图 5-1-33 　　　　图 5-1-34

当然,实物工具开发的原则不是单纯的统一关系,也不是相互对立的,一个实物工具可能只具有以上几个基本原则当中的一个原则,只要能解决某个具体的数学问题,也不可否认它仍然是一个好的实物工具。

(三) 实物工具开发的思路与类型

实物工具的开发要紧扣主题,有明确的目的,教师通过指导学生使用实物工具进行实验活动,提高学生的动手实践能力,帮助学生深刻领悟数学知识、理解数学的本质和原理,从而激发学生对数学的学习兴趣。启发学生进行数学思考,培养学生的自主探究能力,促进学生主动参与,提升学生发现问题、提出问题、分析问题、解决问题的能力,从而拓宽学生学习空间。在这样的教育理念下,动感数学主张"多感官参与"教学活动,让数学动起来。如果我们将"动眼看""动耳听""动手做"归于操作与实践,相当于"手",将"动口说""动脑想""动情享"归于思考与解决,相当于"脑",那么实物工具的开发应遵循手脑并用的思路。

手和脑是儿童认识世界、改造世界的最基本的工具,两者的相互协同和促进对儿童的发展起着关键的作用。只注重脑的开发而忽视手的运用不仅无助于学生动手能力的培养,更无助于学生大脑深层次的开发,同样只关注手的运用而忽视脑的开发则会使培养学生能力、提升学生素养的效果大打折扣。手脑并用是同时调动学生的双手和大脑,既引导学生动脑思考,又关注学生动手实践,通过手脑并用来提高学生的学习效率,具体可以分为三种类型:以动手促进动脑、以动脑指引动手、手脑并用促发展。

1. 以动手促进动脑

先借助动手实践吸引学生的注意力,提升学生课堂参与度,进而引导学生就动手实践中观察到的现象、遇到的问题展开数学思考。

例如,图形的折叠问题是初中数学中非常常见的一种几何变换,学生通过动手折叠,根据折叠前后图形的不变性,抓住"折痕"这一关键因素,通过反复思考将具体形象思维转化成抽象思维,在每次动手操作之后都有一个观察、发现、分析、思考的过程,这些过程在大脑中形成痕迹,经过长期的坚持,学生的形象思维和想象力都会相应提高。

2. 以动脑指引动手

儿童的大部分认知来源于实践,而认知也会反过来指导实践,实际学习中有些问题是需要在学生充分动脑之后再动手操作的,在学生动手实践之前,可以让学生先根据实践的内容和目的思考实践的方式、步骤、注意事项、可能出现的结果,这样可以在动手环节少走弯路,少做无用功。

比如,把两个大小和形状相同的、含有30°角的直角三角板拼成一个四边形,有哪几种不同的拼法?学生在操作的过程中可以自己尝试不同的拼接方法,有的学生可能凭运气拼接出若干种结果,而通过动脑思考的同学会考虑把相等的边拼接在一起,而每一组相等的边拼在一起都有两种不同的方式,通过这样的思考后指导自己的动手显然就会有条不紊了。

3. 手脑并用促发展

动手和动脑的过程是一个整体的过程，手和脑相互协同，相辅相成，学生在动手的同时思考，根据动手的现象动脑思考，再根据动脑思考的结果调整动手的步骤和方式，动手和动脑同时进行、相互促进。学生既通过操作与体验积累了数学活动经验，又通过动脑思考加深了对数学的领悟与理解，这是数学活动经验外化与数学思维品质内化的过程。

例如，在探索三角形全等的条件时，昆山市葛江中学王瑜老师使用了三角形三边关系探究器（图5-1-35），学生通过动手操作发现在仅有已知两边对应相等的情况下（AB，AC 分别和另一个三角形的两边相等）两个三角形是不全等的，经过思考就会发现不全等的外在表现就是两个图形不能完全重合，具体来看就是有些边或角不相等而导致不重合，此时如果让$\angle A$ 和它的对应角重合就可以发现两个三角形完全重合了，在思考和操作的过程中还会发现如果让BC 等于它对应边的长度也能使两个三角形全等。在动脑和动手的协同下，找到了三角形全等的两种条件的组合，即"SAS"和"SSS"。这种在操作中思考、在思考中操作的过程有利于学生同时获得数学活动经验和提升数学思维品质。

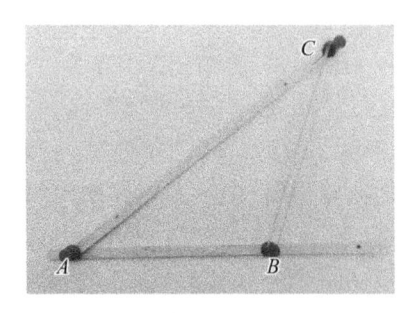

图 5-1-35

（四）实物工具开发的设计模式

基于学生的认知特点和水平，根据实物工具的特征和用途，实物工具可以分为以下三类：用于概念形成的工具（比如函数发生器、线面体形成仪等），用于原理探究的工具（比如月历魔板、圆周角探究仪等），用于拓展应用的工具（比如"移动的小路""水"立方等）。

1. 用于概念形成的工具的开发

数学概念是具有较强的抽象性的，正是由于它的抽象性，大部分概念都是比较难于理解的，基于初中学生认知水平的局限性，初中教材中经常采用描述性的方式给出一些概念的定义，这样就会导致学生对概念的本质属性认识不够、理解不深，往往需要教师做大量的说明和解读，然后让学生记住几个关键词或关键点，最后导致学生要靠机械地记忆和背诵来理解数学概念。但是初中生的思维是从具象到抽象过渡的，这种过渡的过程不是一蹴而就的，在很大程度上需要依靠丰富的感性材料，通过这些感性的、具体的工具去体验、去感悟。因此设计动感数学的实物工具，可以通过对抽象的概念进行具象化，通过对实物工具的直观的观察或操作，化抽象为具象，可以形象化概念的形成过程，丰富概念的获取经历，化结果为过程，从而感悟出概念的本质属性。

对初中生而言，"函数"是一个抽象的概念，常见的函数概念的教学包括列举生活中大量的含有两个变量的变化过程，然后归纳总结出其中的共同点，进而给出函数的概念。凤凰数学学具中有一样学具叫函数发生器（图 5-1-36），主体是一个不透明的长方体盒子，有一个进口和一个出口，另有若干张正、反面分别印了不同数字的红色卡片和正、反面都空白的黄色卡片。当从盒子上方开口处放入一张正面朝上的红色卡片后，卡片自然从下方出口处滑出，并且反面朝上，通过多次实践，观察卡片进出前后朝上一面的数的变化，可以感受函数的意义。如果在黄色卡片的正、反面各写一个数，可以自主演示函数"发生"的过程：即输入一个数，就会输出唯一的一个数，输入的数发生变化，输出的数也可能发生变化。帮助学生直观理解函数概念的本质：对变量 x 的每一个值，变量 y 只有唯一值和它对应，可以避免抽象语言带来的理解上的困难。

图 5-1-36 　　　　　　　　图 5-1-37

线面体形成仪（图 5-1-37）可以用于演示"点动成线、线动成面、面动成体"，设计的精巧之处在于可以把任何形状的卡片插在转动杆上，在旋转中，在视觉上产生不同形状的立体图形,学生可以通过对实物的操作与观察等活动感悟到点、线、面之间的关系。

2. 用于原理探究的工具的开发

数学的原理包括数学公理、定理、性质、数学公式、法则等等,一般情况下,定理、性质、公式、法则等都是通过对研究对象的某些特殊的本质、某种特定的规律、某个特殊的关系的探索,形成猜想,并通过合乎逻辑的数学推理、证明、运算来得出。工具的使用让数学的原理成为学生自主探究发现的结果。

圆周角是学生在认识圆心角之后学习的和圆有关的另一种重要的角,圆周角的概念可以类比圆心角,相对容易认识和理解,但研究圆周角的性质时会遇到很多和圆心角不同的地方:圆周角是怎么产生的?为什么同弧所对的圆周角有无数个?为什么分三种情况来研究同弧所对的圆周角?

圆周角探究仪是由圆形底盘、"圆轨道""直轨道"(过圆心)、两个定点和两个动点以及橡皮筋构成的。如图 5-1-38 所示,通过移动"直轨道"上的动点,使学生认识圆内角(包括圆心角)、圆周角、圆外角,体验"圆周角"产生的过程,发现这个角的顶点不管是在圆内、圆周上还是在圆外,这个角始终对着一条弧。如图 5-1-39 所示,通过动点在"圆轨道"上移动,发现"这个角"始终对着这条弧,也就发现了同弧所对的圆周角有无数个,而这无数个圆周角与圆心有三种不同的位置关系,从而理解圆周角定理的证明为何要分三种情况进行研究。

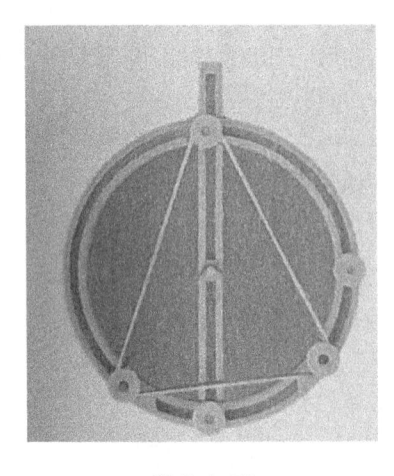

图 5-1-38    图 5-1-39

3. 用于拓展应用的工具的开发

学以致用是数学学习的目的之一,尝试用数学的思维和方法解决问题,正好可以发展学生的应用意识,借助实物操作工具,解决拓展应用型问题同样也可以发展学生的应用意识,提升学生的创新意识与实践能力。

"移动的小路"(图 5-1-40)就是一个用于拓展应用的工具。在长方形草坪中有一条小路,其中一块草坪的小路是直道,另一块草坪的小路是一条弯道,并且弯道处处等宽,宽度与直道相等,可以通过平移草坪的另一侧,研究草坪的实际面积,从而使学生学会用平移的性质解决问题,这样的认识会更系统和深刻,达到让学生"知其然也知其所以然"的效果。

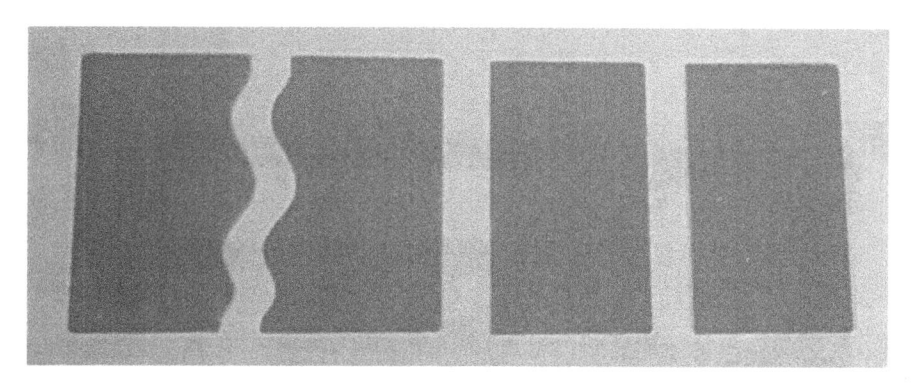

图 5-1-40

又如下一个实际问题:有一圆柱形油罐底面圆的周长为 24 米,高为 6 米,油罐的顶端 B 点处有一个开口,一只老鼠准备从距底面 1 米的 A 处开始爬行到对角 B 处(图 5-1-41),然后钻进油罐偷油吃,问它爬行的最短路线长为多少?

通过设计一个普通的无底的圆柱体模型(图 5-1-42),学生利用这样的圆柱体模型,通过在原始模型上画路线图、压扁之后画路线图和剪开之后画路线图的方式,先探究最短路线的位置,再找到解决问题的方法。

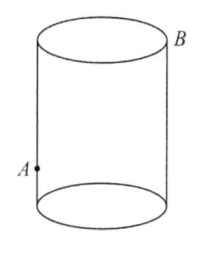

图 5-1-41　　　　图 5-1-42

通过这样的操作活动,学生获得了一定的解决问题的经验,让学生应用所得到的规律解决如下新的问题:如图 5-1-43 所示,桌上有一圆柱形玻璃杯,高为 12 厘米,底面周长为 18 厘米,在杯内壁离杯口 3 厘米的 A 处有一粒蜜糖,一只小虫从桌上爬至杯子外壁,当它正好爬至蜜糖相对方向离桌面 3 厘米的 B 处时(即 A、B 在底面的射影的连线段经过底面的圆心 O),突然发现了蜜糖,问小虫怎样爬,到达蜜糖的路径最近?它至少爬多少距离才能到达蜜糖所在位置。

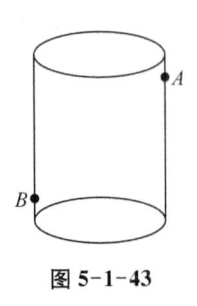

图 5-1-43

这样设计的价值在于将直观的"做"转型为有意识的"用",对学生数学应用意识的发展大有裨益,学生通过动手操作、观察与动脑思考,经历了数学活动的过程,发展了几何直观和空间想象能力,丰富了数学活动经验。

第二节　动感数学的软件功能开发

《义务教育数学课程标准(2022 年版)》鼓励促进信息技术与数学课程的融合、合理利用现代信息技术、提供丰富的学习资源、设计生动的教学活动。教师可以利用信息技术对文本、图像、声音、动画等进行综合处理,丰富教学场景,激发学生学习数学的兴趣和探究新知的欲望。利用数学专用软件等教学工具开展数学实验,将抽象的数学知识直观化,促进学生对数学概念的理解和数学知识的构建。

2013 年教育部实施了全国中小学教师信息技术应用能力提升工程,初中数学的教学逐步走向了信息技术与学科融合的新领域。信息技术与学科教学的融合是新形势下教育长期倡导的重要改革方向。随着信息技术的飞速发展与大众化,教学的手段也逐渐多元化,动感数学的软件功能的开发正是在这样的背景下应运而生。

（一）计算器软件功能开发与应用

张奠宙先生在《数学教育经纬》中写道："我有时在想，高科技在现今数学教育中的应用已相当深入，而我们仍固定人工计算，踏步不前，这似乎像当年用大刀长矛对付火炮火枪一样，虽然功夫了得，却仍然败下阵来，我们纵然可以拿数学奥林匹克冠军，到头来却在技术使用上落在后面，岂不是又要挨打？"计算器作为数学学习的辅助性工具，其使用的便捷性是有目共睹的，在数学的学习过程中，掌握基本的计算方法和法则是必须的，但有时计算往往会耗费不少时间，如果使用一些计算器，就能帮助学生摆脱繁杂的计算，从而把精力更多地放在对数学本质的思考和研究上。除了我们常见的标准计算器以外，初中阶段比较适合使用的计算器有：解方程计算器、函数计算器、几何计算器、图形计算器。

1. 解方程计算器

"数与代数"是数学知识体系的基础之一，是学生认识数量关系、探索数学规律、建立数学模型的基石，其中方程揭示了数学中最基本的数量关系，是一类应用广泛的数学工具。上海鲸韵科技有限责任公司开发了一款共享软件——解方程计算器（图 5-2-1），它是一款可以解方程的软件，依托强大的云计算可以解决几乎任何方程的求解问题，包括初中出现的一元一次方程、二元一次方程组、三元一次方程组、一元二次方程、分式方程等，还能解一元一次不等式、一元二次不等式，有齐全的数学符号输入功能，设计简洁、界面清晰、操作简便、性能强大、"一键"求解，并且输出的运算结果还有详细的解方程的步骤，可以节约学生许多宝贵的时间。其工具箱里还有多种数学工具，可以绘制函数图像。

2. 函数计算器

函数主要研究变量之间的关系，探索实物变化的规律。在初中数学的学习阶段，学生要接触一次函数、反比例函数和二次函数，函数占据了整个初中阶段数学教学大量的篇幅，学生大量的时间花在了函数的计算上，函数计算器（也称"科学计算器"）是具有初等函数数值计算功能的一类计算器的总称，是计算器中最常用的一类。目前世界上能够自主独立研发、生产函数计算器的厂家主要有卡西欧（CASIO）、德州仪器（TI）、惠普（HP）、夏普（SHARP）等几大厂家。卡西欧所生产的科学函数型计算器中，国内的旗舰型号为 CASIO fx-991CN X，提供了丰富的计算功能，并具有中文菜单，适合中学到大学的学生使用，还有一些适合初中生使用的函数计算器型号，如卡西欧的 fx-82ES PLUS A、fx-82CN X

图 5-2-1

等等。

函数计算器集合了几十个常用函数,通过面板上的按键来输入函数(有些需要通过第二功能键,例如"SHIFT""ALPHA"等去调用),还有剪切、复制等弹窗,用来完成函数计算,非常便捷。有的还配备初步统计、数据分析等功能,常用于一般数值函数计算。函数计算器一般不具有编程、文本存储、绘图等功能。

3. 几何计算器

线段的长度、图形的面积和体积等也是初中数学常见的需要计算的对象,西安微鹿网络科技有限公司开发的几何计算器手机应用软件,是一款非常不错的计算器工具。几何计算器(图 5-2-2)内置各种有关平面几何和立体几何等常用计算公式,包括大量有关长度、角度、面积、体积的计算公式,可以快速完成几何计算;内置了许多简单、常见的几何模型,包含三角形、圆弧、椭圆、圆锥台、圆锥体等,通过给定不同的已知数据,可快速求得未知量。超级精确的计算方式、大量的公式选择、专业的计算模式,帮助学生完美地解决各种有关几何计算的内容。除此之外,它还内置了完整的科学计算器。

4. 图形计算器

1995 年,美国德克萨斯州仪器公司将其生产的图形计算器带入中国,1999 年美国惠普公司的图形计算器进入了我国部分中学和大学的课堂,甚至进入了清华大学的考场,清华大学于 2000 年 7 月专门就图形计算器举办了"用新技术探索数学与科学"的培训暨理论研讨会,但是直到目前许多教师和学生对图形计算器的功能并不了解,使得它的应用还处于"四则运算"的低级层次。

图形计算器(图 5-2-3)作为现代数学中的应用工具,具有符号、数值、图像

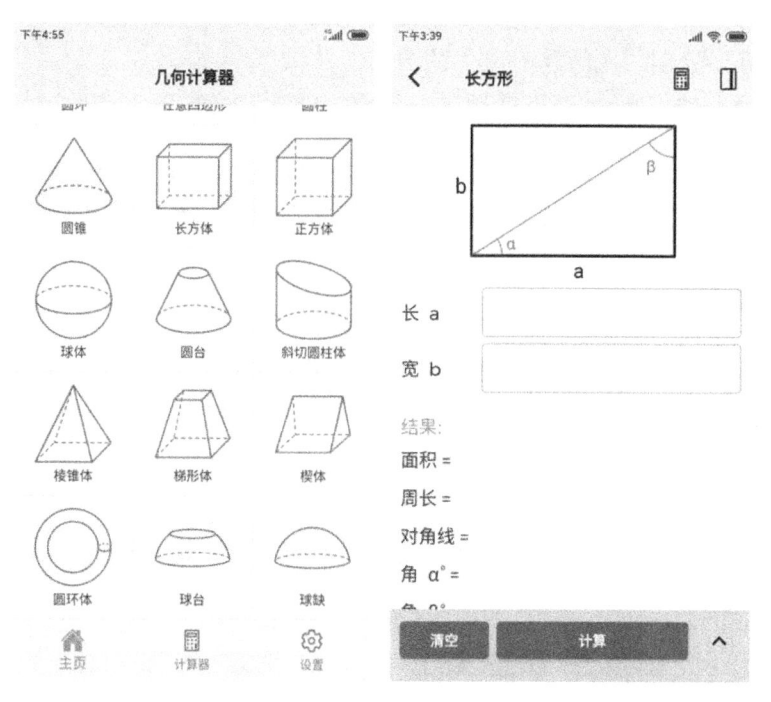

图 5-2-2

三种表现方式,除了具备基本的运算功能外,它还内置了计算机数学软件,能进行代数、微积分等多方面的符号运算;它的几何绘图系统,不仅能完成常规作图,还能动态演示、变换,从而进行图形探索;它的数据处理系统,可以探索数据规律,进行统计推理;它可以利用简单的语句实现程序编辑功能,方便地将数学语言以直观的图形方式展现。借助这一工具,学生可以摆脱繁重的计算和枯燥的记忆,通过观察图形的变化,更直观地体会到数、形变化的本质,从而更好地理解数学知识。

图 5-2-3

案例：用图形计算器研究二次函数、一元二次方程之间的关系

环节 1：绘制二次函数 $y=x^2$ 的图像

如图 5-2-4 所示，开机后新建一个"添加图形"页面，输入函数 $y=x^2$ 的解析式，从而画出函数 $y=x^2$ 的图像。

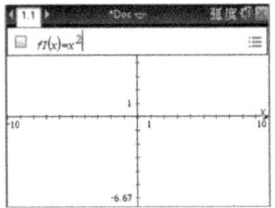

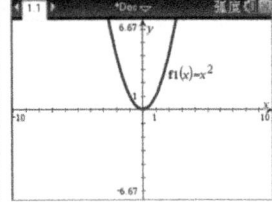

图 5-2-4

环节 2：平移二次函数的图像

如图 5-2-5 所示，滑动触摸板，移动指针，使指针靠近图形的顶点处，抓住顶点，再滑动触摸板，移动指针，把二次函数的图像平移到合适的位置，然后确认。

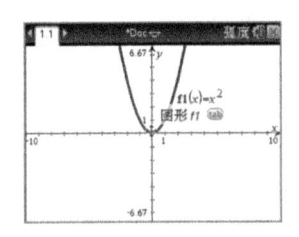

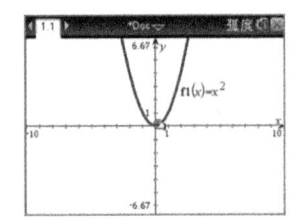

图 5-2-5

环节 3：画二次函数图形与 x 轴的交点

如图 5-2-6 所示，在菜单中找到"交点"功能，移动指针，单击二次函数图像，再移动指针，单击 x 轴，画出图像与 x 轴的交点后放掉指针。

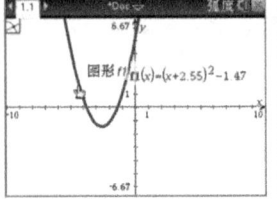

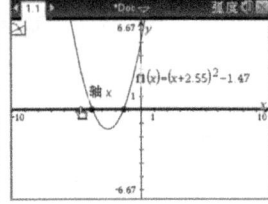

图 5-2-6

环节 4：求交点的坐标

如图 5-2-7 所示，在菜单中找到"坐标与方程功能"，移动指针，靠近图像与

x 轴的一个交点,单击这个交点,得到这个交点的坐标,再滑动触摸板,拖动坐标到合适位置,再单击确认。用同样的方法得到另一个交点的坐标。

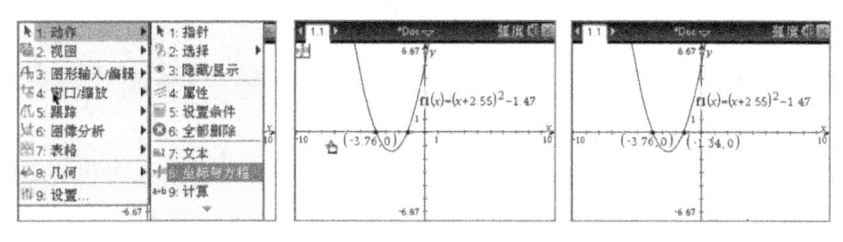

图 5-2-7

环节 5:分屏,添加记事本页面

如图 5-2-8 所示,在文档中找页面布局,把主屏从左屏切换到右屏。选择"添加记事本"页面,左右调整分屏比例(可以让图形页面占比多一点)。

图 5-2-8

环节 6:输入二次函数解析式

如图 5-2-9 所示,先选择"插入"中的"数学框",找到变量 f1,输入环节 3 中的二次函数的解析式,回到上一个数学框,再找到"数学框属性",把连接符号改成等号。

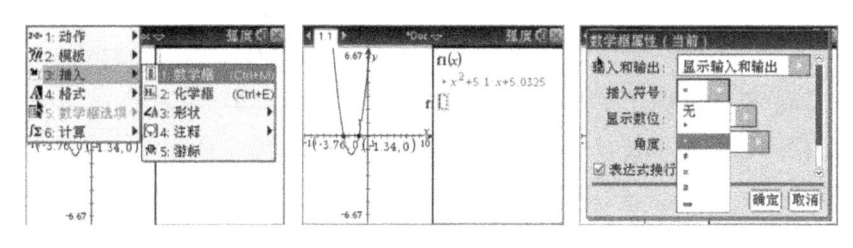

图 5-2-9

环节 7:输入一元二次方程

如图 5-2-10 所示,在菜单中找到"数值求解"功能,输入一元二次方程的表达式,指针回到"数学框选项",找到"数学框属性",修改数据显示数位。

图 5-2-10

把主屏由"记事本"切换到"图形",平移二次函数图像的顶点。在平移的过程中,观察二次函数与 x 轴交点坐标与一元二次方程的解,这样就可以用图形计算器动态研究二次函数与一元二次方程的关系。

值得注意的是,各种计算器的使用虽然能节省很多时间,便于学生把更多的时间用于数学思考,但将计算器引入到课堂的时间点应与学生认知发展水平相适应。国内外的相关研究和教学实践表明,若过早全面引入计算器,可能会削弱学生的数感、量感、运算能力与推理能力等数学核心素养;但若过晚引入,会很大程度上限制学生探索、解决贴近生活的复杂问题,学生会不习惯甚至无法自如使用计算器。因此,计算器软件功能的开发要建立在学生熟悉并熟练掌握各种运算方法和运算公式的基础上。

(二) GeoGebra 功能开发与应用

GeoGebra 是一个涵盖了几何、代数、概率统计等的动态数学软件,它功能强大、使用简单、交互性强。用 GeoGebra 做出来的动态图文件,可以在不同操作系统、不同的网络浏览器上完整而无碍地执行,从而让学生以趣味的方式真正地观察和体验数学。

GeoGebra 是由美国佐治亚州亚特兰大学的数学教授 Markus Hohenwarter 及一个国际性的软件开发团队于 2001 年在萨尔茨堡大学设计开发的,是一个涵盖了几何、代数、概率统计等的动态数学软件。2011 年 5 月 25 日,在北京师范大学数学科学学院曹一鸣教授牵头下,国内首个 GeoGebra 研究院成立,其后,在天津师范大学和南京师范大学的努力下,天津 GeoGebra 研究院和南京 GeoGebra 研究院也相继成立,为师范生和一线教师提供专业的培训,分享数学学习与教学的成功案例和先进经验。

按照界面,GeoGebra 可以划分为代数区、表格区、绘图区、3D 绘图区、指令输入区等(图 5-2-11)。使用者既可以通过点击工具栏上的按钮,直接画出点、线、面、体等,又可以直接在输入框内输入指令、绘制点的坐标和函数图像,或者使用 JAVA 编程来绘制图形或几何体。这些应用可以充分发挥教师的教学思想,解决了传统教学的难点。

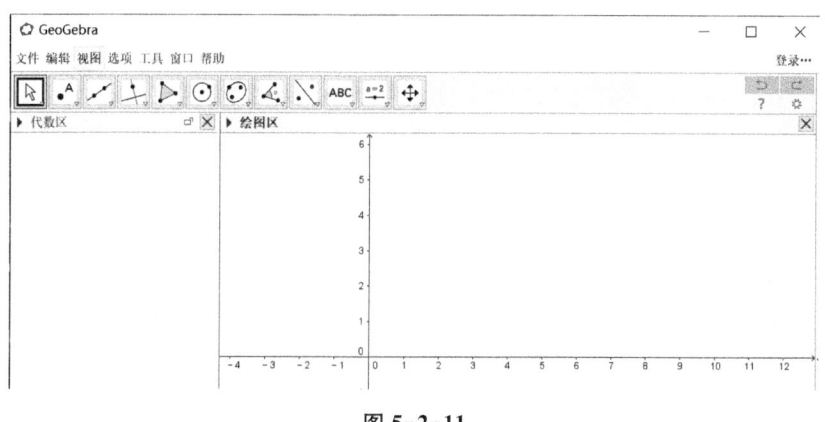

图 5-2-11

1. 立体图形的直观展示

利用 GeoGebra 软件可以进行模拟实验,可以仿真真实的情境,提高课堂效率。教师可以在课前设计出实验过程,通过模拟实验为学生的学习提供更为真实的情境,例如,2012 苏科版数学七年级上册教材中"展开与折叠"的教学,主要目标是让学生认识立体图形的平面展开图,能根据平面展开图判断所对应的立体图形。由于初一学生刚刚接触几何,对图形的认识几乎都来源于平时生活中所见的实物,严重缺乏空间想象力,抽象思维发展不完善,教师在备课时可以利用 GeoGebra 的展示功能,收集学生所须掌握的立体图形信息制作动画。在授课时,老师以适当的速度来拖动滑动条控制立体图形的展开幅度,从而展示点、线、面连接的细节,引导学生仔细观察立体图形的展开过程。接下来,为学生提供一些立体模型,比如正方体,学生以四人为一个活动小组,探究正方体展开图的不同形式,完成后小组间进行交流。教师将课前用 GeoGebra 软件做好的正方体的展开与折叠过程进行动态呈现,学生观察、反思后再次合作探究正方体的展开图,并在观察、反思、探究中归纳出正方体的多种不同的展开形式,促成学生对本课新知的自主建构。

2. 函数图像的动态生成

利用 GeoGebra 软件可以进行观察实验,观察实验就是在直接观察的基础上进行分析,思考数学本质。观察实验可以帮助学生从观察、验证等各角度得出结论,或者验证猜想是否正确,学生在合情推理的基础上尝试通过演绎推理进行数学证明。对学生而言,观察实验直观形象,操作简单。一次函数的图像是一条直线这个结论一直都是教学中的一个难点,2012苏科版数学教材八年级上册"6.3一次函数的图像"中利用"烧香"这一生活实际情境帮助学生理解,而实际上这个生活实际情境对现在的大部分学生来说只能凭空想象,而且在课堂上进行真实的实验操作性不强,可视化的效果也不明显,很难引起学生对"一次函数的图像是一条直线"的感悟,基于课标和学生认知需要,教学中可以依托GeoGebra代数区和绘图区功能完成一次函数图像的可视化,使数与形完美融合。

例如,探索一次函数 $y=-x+30$ 的图像,通过列表先写出 x、y 对应的五组数值(表5-2-1):

表 5-2-1

x	5	10	15	20	25
y	25	20	15	10	5

以这五组数值分别作为点的横坐标和纵坐标,就可以在平面直角坐标系内描出五个点(图5-2-12),学生通过用眼睛观察这几个点的位置关系,用直尺等工具衡量后猜想:满足一次函数 $y=-x+30$ 的五个点 B、B_1、B_2、B_3、B_4 在同一直线上。但满足 $y=-x+30$ 的点不止五个。通过将坐标调整到单位长度为 1、0.1、0.01……点击列表动画按钮、描点动画按钮继续增加描点,可以发现函数图像上的点紧密地挨在一起,并且都在同一条直线上。在 GeoGebra 上通过逐步缩小坐标轴的单位长度,观察所描点的位置,动态地呈现点慢慢地、紧密地挨在一起的过程,这样就把抽象的过程可视化,使研究过程更充分,知识生成更自然,学生能够理解并接受一次函数的图像是一条直线的结论。

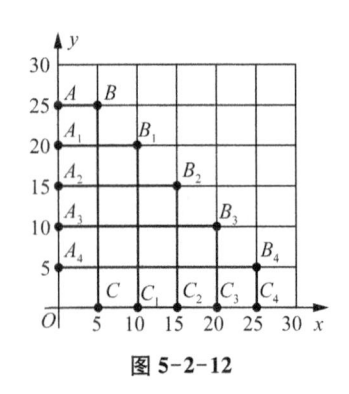

图 5-2-12

研究反比例函数的图像时,可以先让学生运用一次函数图像的绘制方法尝试自主绘制反比例函数的图像,学生经历列表、选点、连线的过程,就会发现反比例函数的图像并不是一条直线。教师要给学生适当的实践及反思的时间,让学生分组讨论、相互借鉴,发现绘制反比例函数图像的关键问题。教师可以应用GeoGebra软件再现学生绘制反比例函数图像的过程,同样的在学生选点的基础上逐步增加点的数量,学生通过观察图像的形成过程,感受反比例函数的图像是"双曲线"。学生根据一次函数k、b对图像的影响总结出反比例函数中比例系数k值带来的影响,让学生在观察中获得丰富体验。

同样地,在应用GeoGebra研究二次函数图像时,通过滑动条改变常数a、b、c的取值,学生能直观观察二次函数图像的开口方向、对称轴、顶点坐标等与a、b、c各个量之间的关系,将静态的数学问题动态化,学生直观地体会知识的形成过程,可以达到很好的教学效果。

3. 数形结合的本质呈现

利用GeoGebra软件可以进行探索实验,新课标对学生探究能力的培养有更高的要求,教材中也加大了自主探索部分内容的比重。利用GeoGebra让学生进行探索实验,对学生的软件操作能力和思维能力的提升都有着极大的促进作用。学生利用GeoGebra的数学结合功能进行自主探索和操作,从而寻求解决问题的思路和方法。在"一次函数与二元一次方程组"的研究中,在输入栏输入两个一次函数的解析式$y=2x-1$,$y=x+1$,可以得到两条直线,自动生成了一个交点$A(2,3)$,函数图像交点的横、纵坐标就是方程组的解中对应的x、y的值。在输入栏中再输入一个新的一次函数的解析式$y=x-1$,发现直线$y=x-1$与直线$y=x+1$没有交点,呈平行的位置关系,由解析式$y=x-1$,$y=x+1$组成的方程组无解。同样,直线$y=x-1$与直线$y=2x-1$有一个交点$B(0,-1)$,由解析式$y=x-1$,$y=2x-1$组成的方程组有一组解。探索得到交点与方程组的解的关系,即有一个交点,方程组有一组解;直线平行则图像没有交点,方程组没有解;实现"形"与"数"的联系。即"形"(位置关系)→"数"(交点的横、纵坐标即是方程组的解)。同时也探索得出:直线的k相同且b不相同时,对应的方程组无解。

GeoGebra在数学课堂中的应用,使得数学知识更生动、直观。学生在课堂上的探索符合学生的认知发展规律,有助于学生在发现问题、提出问题、分析问题、解决问题的基础上引发数学思考,对知识生成有更深刻的认识,理解数学知识的本质。

(三)网络画板功能开发与应用

为适应教育信息化的发展,中国科学院院士张景中教授带领团队在超级画

让数学"动"起来 ——动感数学的实践研究

板的基础上,开发了一款专业的动态数学软件——网络画板,网络画板是第一款国内自主设计的、互联网环境下的专业理科教学工具,是一种新型的智能教学平台,它兼顾了代数与几何,可用于代数的运算、函数及图像、概率统计、算法编程和平面几何、解析几何、立体几何等方面,它支持各种智能设备,如手机、平板、电脑等终端进行操作,也可以通过二维码分享、网址链接等方式实现在线、离线等操作,是一套适用于中学数学、物理教师进行课件制作、课堂演示的工具,也是一套适合学生开展动手实践、自主探索、合作交流的网络实验室,实现了教师之间、教师与学生之间的有效沟通。网络画板汇聚了超过15万个数学教学资源,并且支持学校、工作室等团队建立共建共享的资源云。网络画板在备课、课堂教学、课后拓展和复习中都能起到重要的作用。

1. 网络画板在课前准备中的作用

课前准备主要包含教师备课和学生预习,网络画板对教师备课、特别是集体备课有着极大的推进作用。教师可以将网络画板的功能应用到整个备课环节,首先可以通过网络画板的共建共享资源云创建以学校数学学科、课题组、工作室为单位的团队共有空间,教师之间的课件能够通过共享资源云共享共用,大大提高了资源利用效率,教师在备课时可以在共享资源云选择自己需要的资源模板进行优化并发布,同时,在创作课件、学习和改进他人课件过程中,通过在一些优秀的教学资源中融入一些优质的教学元素,不断丰富、整合教学资源,课件的内涵不断提升,实现了资源在团队中良性循环,从而充分实现了集体备课的共享性,课件质量得到不断提高。

学生预习方面,学生可以通过网络画板庞大的在线资源库,以知识点的名称为关键词进行资源检索,对检索出的资源进行浏览和学习。学生也可以登录网络画板页面或下载老师发的离线课件提前预习,提前熟悉所要学习的知识。通过预习,学生在课前对新知识点有一定理解,在课堂上能够更高效地学习知识,从而提升课堂效率。

比如,三角形的内角和等于180°这个结论,学生在小学的时候就已经知晓,并且把它作为一个结论直接使用,而到了初中又需要证明三角形的内角和是180°,让学生感到很困惑和无助,困惑的是为什么还需要证明,无助是不知道怎么证明。在预习的过程中学生可以观看老师在网络画板中利用动画按钮功能制

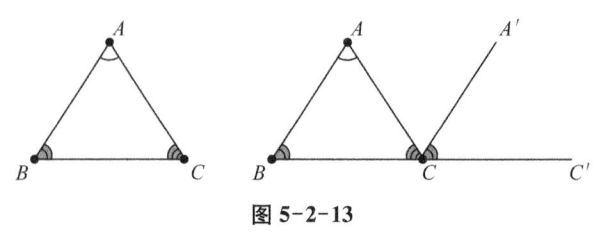

图 5-2-13

作的动画——把线段 AB 沿 BC 方向平移,使点 B 与点 C 重合,演示三角形的三个内角能够组合成一个 180°角的效果,如图 5-2-13 所示。学生能够从这个平移的过程思考得出证明三角形的内角和是 180°的一种方法。

2. 网络画板在课堂教学中的应用

课堂教学的引入、知识点的讲授、师生的互动交流、学生的探究性学习、发现问题、解决问题、知识应用与练习以及总结与反馈等各个环节,都可以有效地依托网络画板,不断帮助学生进行深入性的数学学习。

例如,2012 苏科版数学八年级上册探究三角形全等的条件第一课时,探索三角形全等至少需要几个元素对应相等时,可以采取让学生自己动手利用网络画板画图的方式进行探究。

问题 1:只给定一个元素(已知一条边或一个角)画三角形时,画出的三角形一定全等吗?

问题 2:给出两个元素画三角形时,有几种可能的情况?每种情况下作出的三角形一定全等吗?请同学们分别按照下面的条件用网络画板画一画:①三角形的一内角为 40°,一条边为 3 厘米;②三角形的两个内角分别为 40°和 50°;③三角形的两边长分别为 3 厘米和 5 厘米。

问题 3:给出三个元素画三角形时,有几种可能的情况?每种情况下作出的三角形一定全等吗?你能得到什么结论?请同学们分别按照下面的条件用网络画板画一画。①三角形的三个内角分别为 40°、60°、80°;②两边长分别为 $AB=$ 3 厘米、$BC=4$ 厘米和$\angle ACB=30°$;③两边长分别为 $AB=3$ 厘米、$BC=4$ 厘米和$\angle ABC=30°$。学生借助网络画板画出图形,观察所画的三角形。通过比较认识到:只给出一个条件时,不能确保所绘制出的三角形一定全等。只给出两个条件时,有"边边""角角""边角"三种情况,在分类的基础上,学生展示自己所画的三角形并且互相交流解决的途径并得出结论:只给出两个条件时,也不能确保所绘制出的三角形一定全等。给出三个条件时,分为六种情况,分别是"边边边""边边角""边角边""角边角""角角边""角角角"。老师只给出了其中的三种情况,通过网络画板绘图发现,"角角角"和"边边角"这两种情况,所画出的三角形的形状不能确定,通过"边角边"画出的三角形是全等的,找到了判定三角形全等的条件之一"边角边"。这种实践方式提高了学生学习的满足感和成就感,激发了学生的学习兴趣。在学生利用网络画板画图进行探究比较的过程中,还能够利用网络画板丰富的在线资源库检索相关的作品,在观摩其他作品的过程中深化对于知识点的理解。利用画板不仅能帮助学生对教学重难点进行突破,还能够帮助学生建立数学学习理论体系。

3. 网络画板在课后拓展、复习中的应用

一般我们都认为网络画板的作用主要体现在课前备课预习环节和课堂授课探索环节,事实上,网络画板在课后拓展、复习中的应用也是十分重要且有效的。我们知道,随着学习的深入,课堂教学的难度在不断提升,不同的学生由于自身学习能力的强弱不同或外部环境等非智力因素的影响,其学习效果出现了一定程度的差异,部分学生不能在课堂上将教学内容完全消化,这就需要学生通过课后复习来巩固和拓展。

例如,在教材中三角形的内角和的内容之后,有探究多边形的内角和的内容。在课堂教学中,教师一般会选择从多边形的一个顶点出发,作多边形的所有对角线(图 5-2-14),可以得到若干个三角形,因为三角形内角和为 $180°$,所以多边形的内角和就是若干个三角形的内角和的和,从而得到多边形的内角和公式为 $(n-2)\times 180°$。事实上,除了在多边形的一个顶点上通过对角线来分割多边形进而推导出多边形内角和的探究方法外,学生可以在课后通过在线资源库检索或自主探索的方式,从分割多边形出发点的位置这个角度出发,探寻是否还存在其他分割多边形的方法。从 n 边形内部的任意一点出发作连接多边形各顶点的线段,可以作出 n 条线段,将 n 边形分成 n 个三角形(图 5-2-15),n 边形的内角和等于 $n\times 180°-360°$,即 n 边形的内角和等于 $(n-2)\times 180°$;也可以从 n 边形一边上的任意一个非顶点的点出发作连接多边形各顶点的线段,可以作出 n 条线段,将 n 边形分成 $(n-1)$ 个三角形(图 5-2-16),n 边形的内角和等于 $(n-1)\times 180°-180°$,即 n 边形的内角和等于 $(n-2)\times 180°$;还可以从 n 边形外部的一点出发作连接多边形各顶点的线段,可以作出 n 条线段,将 n 边形分成 $(n-1)$ 个三角形(图 5-2-17),n 边形的内角和等于 $(n-1)\times 180°-180°$,即 n 边形的内角和等于 $(n-2)\times 180°$。借助网络画板探索性的拓展环节,让学生自己通过更多途径寻求多边形内角和的计算方法,体验知识的形成过程,相比让学生死记硬背公式,使用多种方式探索得到的结论才能被更加清晰地理解记忆且不易遗忘。

图 5-2-14

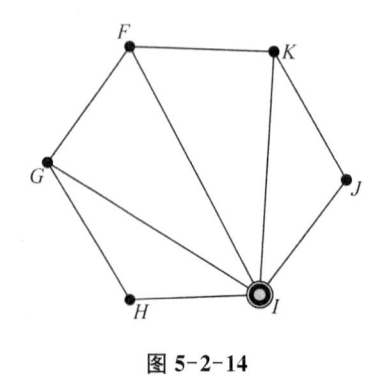

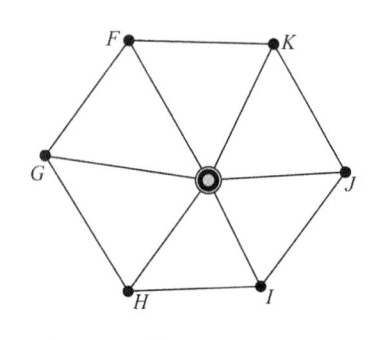

图 5-2-15

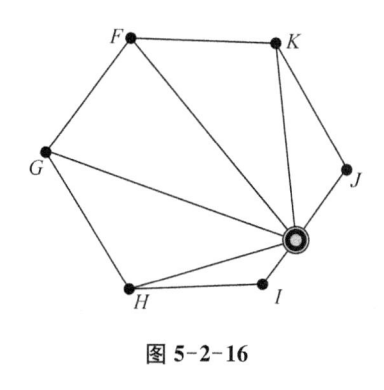

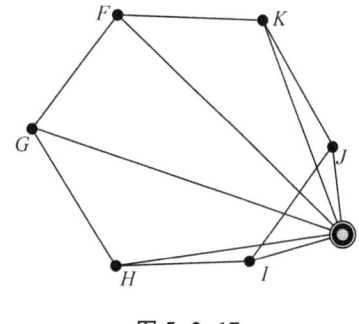

图 5-2-16　　　　　　　　图 5-2-17

将网络画板与数学教学融合的教学模式,不仅有利于培养创造型教师,还有利于调动学生内在学习动力和内在潜力,丰富其想象力和创造力,培养发散性思维,使学生学会创造性地思考,善于猜想并发现问题、提出问题、分析问题、解决问题,把握问题实质与规律。随着现代信息技术的进步和时代的发展,数学教学遇到了新的机遇和挑战,数学教育成为一个开放的系统,教师利用网络画板进行教学,可以帮助理解能力较差的学生来探索基础知识,帮助数学学习兴趣较弱的学生提升课堂参与度。

第三节　动感数学的专用教室建设

社会的发展需要应用型人才,数学课程也需要强调知识的应用性,所以数学课要引入实践性教学环节,动感数学的实验课是很好的载体。数学实验课是用数学实验的方法研究数学。它将计算机软件应用、实物工具的应用、数学建模和数学知识融为一体,是一门既具有演示性又有实践性的课程。

动感数学专用教室的建设,既为开设动感数学实验课提供了必要的硬件条件,又能激发学生学习的兴趣,加深学生对所学知识的理解,提高学生的学习能力。

(一) 专用教室建设案例

1. 项目背景

随着我国科技与经济的发展,工业化和信息化进入了新阶段,数学在各种重

让数学"动"起来——动感数学的实践研究

大领域和尖端科技创新中发挥着越来越重要的作用。这对人才的数学基础、创新能力等都提出了更高的要求。传统的教学方法一直以教师和知识为中心,学生被动接受与记忆知识。这限制了学生的思维,抑制了学生的学习兴趣和热情,不利于学生的发展,也不利于培养适应新时代、新需求的人才。

我校(昆山市葛江中学)以为学生们创造轻松愉快的教学环境和学习氛围为目标,从课堂教学改革、数学学科减负增效、数学学法的研究、核心素养的落实等方面开展工作,研究数学的教学特点,转变数学教学观念,改变教学方法,创新数学课程,深入研究中学生的数学学习与认知规律,达到了集中学生的注意力,唤起学生的好奇心、求知欲与创造力,引起学生对数学的兴趣,促进学生学习的主动性和自主性,培养学生数学思维能力和创新精神的效果。我校在2022年建设了一个动感数学专用教室(图5-3-1)。然而,在建设过程中,我们面临着诸多挑战,如资金短缺、场地不足、设备落后等。因此,本案例旨在阐述动感数学专用教室建设的具体实施过程和方法。

图 5-3-1

2. 项目目标

我校动感数学专用教室的建设目标有以下三个:(1)提供一个舒适、现代化的数学教学环境,提高学生的学习积极性和效果。(2)引入先进的教学设备,提升数学教学的质量和效率。(3)打造一个有利于学生数学思维培养和创新能力提升的平台。

3. 建设过程

场地选择与布局:经过调研和比较,我们选择了学校的一间专用教室,将其改造后作为动感数学专用教室的场地。该场地宽敞明亮,适合开展数学教学和实践活动。在布局上,我们将教室划分为若干区域,包括黑板区、学生座位区、展示区、设备区、实验区等。

设备采购:根据教学需求,我们制定了详细的设备采购清单,包括多媒体设备、计算机、投影仪、触摸屏等。在设备采购过程中,我们选择了江苏凤凰科学技术出版社开发的全套数学学具。

环境布置:为了营造一个舒适、轻松的学习环境,我们对教室进行了装修和布置,例如,我们增加了装饰品,设置了便利的学生储物柜等。

教学资源整合:我们与数学教研组密切合作,整合教学资源,如教学课件、习题库、教学视频等,以满足教学需求。此外,我们还邀请了数学专家和优秀教师开展讲座和提供指导,提高教学质量。

4. 实施效果

学生学习积极性提高:动感数学专用教室提供了丰富的教学资源和先进的教学设备,激发了学生的学习热情和兴趣。学生参与度高,学习态度更加积极。

教学质量提升:通过引入先进的教学设备,动感数学专用教室提升了教学效率和教学质量。教师能够更加生动、直观地展示数学知识,帮助学生更好地理解和掌握。同时,教学资源整合提高了教学的针对性和有效性。

学生数学思维培养:动感数学专用教室为学生提供了更多的数学实践活动和探索机会,有助于培养学生的数学思维和创新能力。学生能够通过亲自操作、实验和讨论,加深对数学知识的理解和应用。

教师专业发展:动感数学专用教室的建设为教师提供了专业发展的机会。教师能够与同行交流教学经验,学习先进的教学理念和方法。此外,教师还能够参加培训和研讨会,提高自身的专业素养。

5. 总结

动感数学专用教室的建设是一个复杂而细致的过程,需要学校、教师、学生和家长等多方面的合作和支持。通过合理的场地选择、设备采购、环境布置和教学资源整合,我们成功地打造了一个舒适、现代化的数学教学环境。实践证明,动感数学专用教室提高了学生的学习积极性和效果,提升了教学质量,培养了学生的数学思维和创新能力,并为教师的专业发展提供了良好的平台。今后,我们将继续优化教学环境,提高教学水平,为学生的数学学习和全面发展做出更大的贡献。

(二)专用教室建设的必要性

《基础教育课程教学改革深化行动方案》指出:"根据课程标准,完善相关学科教学装备配置标准,……推动地方加强中小学实验室建设,支持探索建设学科功能教室、综合实验室、创新实验室、教育创客空间等,鼓励对普通教室进行多功

让数学"动"起来——动感数学的实践研究

能技术改造,建设复合型综合实验教学环境。"动感数学专用教室的出现为信息技术、实物工具和数学教学的融合提供了有效的硬件和软件保障。

随着社会的发展,人们越来越重视数学教育的质量。在传统的教学模式下,学生往往只是被动地接受知识,缺乏主动性和创造性。而动感数学专用教室的建设,将有助于改变这一现状,提高数学教育的质量。

著名的数学家弗赖登塔尔曾指出"要实现真正的数学教育,必须从根本上以不同的方式组织教学,否则是不可能的。在传统的课堂里,再创造方法不可能得到自由的发展。它要求有个实验室,学生可以在那儿个别活动或小组活动"。

动感数学的专用教室建设有助于提高学生的数学兴趣、创设数学学习氛围。在动感数学的专用教室里,学生可以通过各种有趣的数学游戏、数学模型、数学实验等,感受到数学的魅力,从而激发他们对数学的兴趣。此外,教室内的环境设计也可以传播数学发展的文化(图5-3-2),让学生感受到数学的美,从而提高他们的审美能力。

图 5-3-2

动感数学的专用教室建设有助于提高学生的思维能力。在动感数学的专用教室里,学生可以通过动眼看、动耳听、动手做、动口说、动脑想、动情享等方式,培养他们的思维能力。例如,学生可以通过数学实验来探索数学规律,通过数学游戏来锻炼他们的思维敏捷性,通过数学模型来培养他们的空间想象力。这些活动不仅有助于提高学生的思维能力、动手能力,还可以培养他们的创新意识和创新能力。

动感数学的专用教室建设有助于提高教师的专业素养。在动感数学的专用教室里,教师需要具备较高的数学素养和教学能力,才能更好地指导学生进行数学学习。因此,建设动感数学的专用教室在要求教师具备更高的专业素养的同时,为教师提供了更多的教学资源和实践机会,从而促进教师的专业成长。

动感数学的专用教室建设可以更好地适应不同学生的需求。传统的数学教学中,教师往往只能关注到大多数学生的需求,对于少数学生的个性化需求则难以兼顾。而在动感数学的专用教室里利用直观的数学演示、利用电脑、数学软件、实物演示工具给学生提供一种全新的学习感觉,可以为不同层次的学生提供个性化的学习环境,满足不同学生的需求。在数学实验室,学生不再被动接受课本上的知识、不再被动接受老师陈述的结论,而是从自己的原有基础出发,通过自己动手、动脑,用观察、实验、猜想等途径获得基本活动经验,逐步发展自己的数学认知和数学知识结构,对于数学基础较差的学生,可以提供更加基础和简单的数学游戏和模型;对于数学基础较好的学生,可以提供更加具有挑战性和探索性的数学实验和问题。通过强大的技术、实物支持,为学生观察、操作、实验等实践活动提供合适的环境。

综上所述,动感数学的专用教室建设具有多方面的必要性。首先,它有助于提高学生的数学兴趣和思维能力;其次,它有助于提高教师的专业素养;第三,它可以更好地适应不同学生的需求;最后,它也可以为学校和社会带来更多的教育资源和经济收益。因此,我们应该积极推进动感数学的专用教室建设,以提高数学教育的质量和水平。

为了实现这一目标,我们需要从多个方面入手。教师应该积极参与动感数学的专用教室的建设和管理,发挥自己的专业优势,为学生提供更好的学习环境和服务。学生和家长也应该积极支持和参与动感数学的专用教室建设,共同推动数学教育的改革和发展。

动感数学的专用教室建设是提高数学教育质量和水平的重要举措之一。通过建设动感数学的专用教室,我们可以更好地激发学生的学习兴趣和主动性,提高他们的思维能力和创新能力,同时也为教师提供更好的教学环境和资源支持。因此,我们应该积极推进动感数学的专用教室建设,为数学教育的改革和发展做出更大的贡献。

(三)专用教室建设的可行性

1. 背景介绍

动感数学专用教室是一种针对数学学科的教学场所,旨在为数学教师提供更加便捷、高效的教学环境,帮助学生更好地理解和掌握数学知识。动感数学专用教室具有以下特点:

智能化教学设备：配备先进的数学教学设备，如智能黑板、多媒体投影仪等，提高教学效率和质量。

个性化学习空间：根据学生的学习需求和特点，设计不同类型的学习空间，如讨论区、小组合作区、自主学习区等。

丰富的教学资源：提供多种数学教学资源，如数字化教材、在线习题库、教学视频等，方便教师备课和学生学习。

预期目标包括：提高数学教学质量，激发学生对数学的兴趣和自主学习能力，培养学生的创新能力和团队协作精神。

2. 可行性分析

技术可行性：动感数学专用教室的建设将采用最新的智能化教学设备和现代教育技术，实现智能教学和个性化学习。同时，教室的设计和装修也符合教育标准，技术上已经得到了充分的验证。

经济可行性：动感数学专用教室的建设成本主要包括场地、装修、设备采购等费用。学校可以通过自筹经费和项目经费的方式筹措资金用于建设。

社会效益：动感数学专用教室的建设将有助于提高学校的教育质量和声誉，吸引更多的学生和家长。同时，教室的建设还将为教师提供更加便捷、高效的教学环境，有助于提高教师的教学水平和专业素养。

3. 建设方案

选址与设计：选择合适的场地进行装修和设计，确保教室的布局合理、美观、实用。根据动感数学专用教室的特点，可以采用现代化的装修风格，营造出轻松、愉悦的学习氛围。

设备采购：根据教学需求采购合适的智能化教学设备，如智能黑板、多媒体投影仪、数字化教材、动感数学实物工具和软件等。同时，需要采购必要的桌椅、照明等基础设备。考虑到长期运营的需求，建议选择质量可靠、性能稳定的设备品牌。

教学资源整合：与学校其他教学资源和设施进行整合，实现资源共享和优化配置。可以与学校信息技术部门合作，共同管理和维护教室设备，并定期更新教学资源，以满足不同阶段和层次学生的需求。

培训与推广：为教师和学生提供培训和指导，确保他们能够充分利用动感数学专用教室的教学资源，可以通过举办讲座、开展培训课程、线上交流等方式进行推广，提高教室的使用率和影响力。

4. 风险评估

设备故障：智能化教学设备可能会出现故障或损坏，需要定期进行维护和检修。制定合理的应急预案和维修计划,确保设备正常运行,并建立设备档案和维修记录,便于后续管理和维护。

法律合规:教育设施的建设和运营须遵守相关法律法规。确保教室的装修、设备采购等环节符合国家政策法规,避免法律风险,与专业法律顾问合作,确保合规性。

学生参与度:鼓励学生参与教室的各项活动,如讨论、合作、竞赛等,提高他们的参与度和兴趣。同时,建立完善的反馈机制,及时了解学生的学习需求和意愿,不断优化教室环境和服务。

综上所述,动感数学专用教室建设的可行性较高,具有较高的技术可行性和经济可行性。通过合理的建设方案和风险评估,有望实现良好的社会效益和经济效益。在建设过程中,需要注意细节管理和沟通协调,确保项目顺利推进。同时,学校应该加强对动感数学专用教室的管理和运营,定期进行评估和优化,以满足教育改革和学生发展的需求。

(四) 专用教室建设发展方向思考

在"互联网十"的时代里,传统的教育模式无法满足教育的新需求。在信息化浪潮下,教育方式也不再是单纯的口传心授。利用信息化手段可以使得教学更加生动、形象,同时也能发掘并培养学生的兴趣爱好。动感数学专用教室目前已经在专用设备与资源、创新教学设备与课程、模型教具及教室文化四大核心模块上有了一定的探索和应用,虽有一批虚拟现实设备和数字化设备的投入,但在虚拟现实VR教学系统、交互教学系统、全息教学系统等方面尚未形成规模,动感数学专用教室建设的发展方向可以从技术创新、空间设计、多元化教学资源、跨学科融合、教师培训、评价体系几个方面进行思考。

技术创新:随着科技的发展,数字化、智能化的教学工具和资源越来越多,动感数学专用教室应该积极引入这些新技术,如多媒体教学软件、数字展示台、交互式电子活动平台。

空间设计:动感数学专用教室的空间设计应该注重学生的体验感和参与度,可以考虑设置一些互动式学习区域,如数学游戏区、数学创作区、数学讨论区等,同时要注意采光、隔音、温湿度等教学环境因素。

多元化教学资源:除了传统的教材和教具,动感数学专用教室可以引入更多的多元化教学资源,如数学电影、数学讲座、数学绘本等,以满足不同层次学生的需求。

跨学科融合：动感数学专用教室可以与其他学科进行融合，如科学、技术、工程、艺术等，以培养学生的综合素质和创新能力。

教师培训：教师是动感数学专用教室的核心，因此应该加强对教师的培训，提高教师的专业素质和教学能力，使其能够更好地利用教室设备服务学生。

评价体系：动感数学专用教室需要建立完善的评价体系，以评估教学效果和学生的学习成果，同时要注重学生的个体差异和进步，为每个学生提供个性化的支持和指导。

综上所述，动感数学专用教室的发展应该注重技术创新、空间设计、多元化教学资源、跨学科融合、教师培训和评价体系等方面，以实现教学质量的提升和学生综合素质的培养。

第六章

动感数学对师生发展影响的研究

当下的数学教育,教师希望学生能够掌握知识,能够记住知识的"外壳",学生缺少对如何发现知识的研究。学生不去辨析知识的谬误,全盘接受,因而体验不到知识产生的乐趣,导致知识的呈现冰冷抽象,学生对数学缺乏热情。昆山市葛江中学倡导的动感数学课程聚焦提升思维能力的核心问题,强调促进师生发展的行动研究,重视提高教学效果的实证研究。历经三年的实践研究,通过横向、纵向对比,拓展研究的广度、深度,进而对动感数学促进学生和教师发展的效能进行分析。

第一节 动感数学教学效能的研究过程

对于动感数学课程教学的效能研究主要分为教师和学生两个层面,对这两个层面进行了为期三年的动态研究,研究过程包括研究思路、研究方法、研究目的、研究对象、研究工具及统计方法。

(一) 研究思路

作者通过对有关动感数学文献的详细研究及对教材、各地历年中考题、各种相关案例的细致研读,结合日常的教学经验和建议,参考寇静的《初中数学运算能力测试题的编制方法》编写了《学生相关因素调查表》、初中三个年级的《学生数学学习情况反馈表》及《教师相关因素调查表》。

针对本次研究,从学生层面,对我校部分学生进行预测试,并根据预测试结果对问卷和提纲进行了修改;最后选取了我校2021级1—6班学生作为实验组,7—12班作为对照组进行了为期三年的正测试,具体研究思路为:

(1) 搜集文献、确定主题。
(2) 设计问卷和访谈提纲。
(3) 进行预测试、修改问卷。
(4) 正式测试、访谈。

(5) 结果处理及分析。

(6) 得出结论，提出建议。

本次研究教师层面以区域内数学教师作为样本，进行两次问卷调查，主要面向区域内部分数学教师，根据 2021 年至 2023 年为期三年的问卷及访谈结果，记录教师的业务成长与职业发展情况，并分析原因，提出建议。

（二）研究方法

本次研究采用的主要方法是文献分析法、问卷调查法和访谈法。

1. 文献分析法

文献分析法是指通过对收集到的某方面的文献资料进行研究，以探明研究对象的性质和状况，并从中引出自己观点的分析方法。本次研究首先搜集有关动感数学的文献资料，然后结合我校的实践探究，再引出作者对于动感数学对师生影响的观点。

2. 问卷调查法

问卷调查法是调查法中最基本和使用最广泛的方法之一。其关键是编制问卷、选择被试对象和分析结果。本研究通过对学生的调查问卷了解动感数学课程对学生发展的影响，并进行比较全面的分析；又对教师对于动感数学课程的理解及实施情况进行调查，并提出下阶段的改进建议。

3. 访谈法

访谈法是指通过访员和受访人面对面地交谈来了解受访人的心理和行为的心理学基本研究方法。在本次研究中，主要体现在问卷后对学生和教师的访谈，目的是针对书面表达不清晰的地方作补充说明。

（三）研究目的

本次研究通过我校三个年级《学生相关因素调查表》和《学生数学学习情况反馈表》了解动感数学对我校学生发展的影响，通过《教师相关因素调查表》了解动感数学对区域内教师发展的影响，得出结论并进行分析，进而提出此课题下阶段的研究策略，也给相关人士和作者今后教学生涯的发展提供一定的参考。

（四）研究对象

1. 学生预测试

学生预测试的对象为作者所在学校（昆山市葛江中学）三个年级各两个班级的学生（不含参与正测试的学生）。

2. 学生正测试

对我校2021级十二个班的学生开展为期三年（2021年—2023年）的跟踪调查研究，以1—6班作为实验组，7—12班作为对照组。本次学生组的测试共发放问卷1 845份，有效问卷1 718份，表6-1-1为具体的样本分布情况。

表6-1-1　有效样本具体分布情况表

样本代码	对应样本名称	有效样本数量
A	2021年初一实验组	294
B	2021年初一对照组	300
C	2022年初二实验组	280
D	2022年初二对照组	280
E	2023年初三实验组	276
F	2023年初三对照组	288

3. 教师测试

本次研究主要面向区域内部分数学教师，根据2021年至2023年为期三年的跟踪调查结果，发现新教师的加入和老教师的退休也会影响实际结果，因涉及人员数量不多，可基本忽略。2021年的数据涉及教师24位，2023年的数据涉及教师30位。

（五）研究工具

本次学生层面研究工具为《学生相关因素调查表》和三个年级的《学生数学学习情况反馈表》，分为预测试和正测试两个部分，正测试的《学生相关因素调查表》与《学生数学学习情况反馈表》是基于预测试进行修改和调整的；教师层面研究工具为《教师相关因素调查表》及访谈提纲，两次测试的问题均相同。

(六) 统计方法

对于本次调查收集到的学生层面数据,将采用《被试学生统计量描述表》对每组样本学生进行统计,分析我校 2021 级学生三年时间动感数学对各方面影响的整体情况;采用 SPSS 软件进行组间统计量计算和使用独立样本 T 检验,探究实验组和对照组对学生发展的影响,并提出后续改进建议。

教师层面的数据通过两次区域内数学教师的《教师相关因素调查表》问卷调查及补充访谈来统计(两次调查题目均相同),以此来了解区域内数学教师的业务成长与职业发展情况。

第二节 动感数学对学生发展的影响研究

开展动感数学课程的教学,首要目的是促进学生的能力发展,这也是数学教育的价值意义。当然,这个发展指的是学生各项能力的发展,而非只有文化课成绩的提高。本次实践对比探究的主体是昆山市葛江中学 2021 级学生,对实验组和对照组的学生学习数学的兴趣、知识掌握的熟练程度与运用能力等方面进行了为期三年(2021 年—2023 年)的追踪调查。

(一) 数据整理与统计分析

根据对 2021 级学生三年的跟踪调查统计情况,借助 SPSS 软件进行组间统计量计算和使用独立样本 T 检验,探究动感数学对实验组和对照组学生在以下几方面发展的影响:对激发数学学习兴趣的影响、对转变数学学习方式的影响、对提高数学推理能力的影响、对提升数学表达能力的影响及对提高问题解决能力的影响,下面根据数据作简要分析。

下面三张表格分别为实验组、对照组学生的三年统计量描述表。

表 6-1-2　初一年级实验组、对照组统计量描述表

探究类别	实验组或对照组	样本容量	均值	标准差	均值的标准误
对激发数学学习兴趣的影响	实验组	294	16.863 9	3.071 70	0.179 15
	对照组	300	16.200 0	2.974 81	0.171 75
对转变数学学习方法的影响	实验组	294	36.489 8	5.557 48	0.324 12
	对照组	300	35.326 7	5.273 77	0.304 48
对提高数学推理能力的影响	实验组	294	11.006 8	4.512 40	0.263 17
	对照组	300	10.013 3	4.757 65	0.274 68
对提升数学表达能力的影响	实验组	294	5.319 7	1.321 94	0.077 09
	对照组	300	4.833 3	2.466 95	0.142 43
对提高问题解决能力的影响	实验组	294	13.673 5	4.603 25	0.268 47
	对照组	300	12.096 7	6.027 31	0.347 99

如表 6-1-2 所示，实验组、对照组的样本容量分别为 294 和 300，实验组各方面的均值均高于对照组。（说明：标准差仅代表数据的离散程度，下同）

表 6-1-3　初二年级实验组、对照组统计量描述表

探究类别	实验组或对照组	样本容量	均值	标准差	均值的标准误
对激发数学学习兴趣的影响	实验组	280	15.946 4	2.862 56	0.171 07
	对照组	280	14.960 7	3.407 02	0.203 61
对转变数学学习方法的影响	实验组	280	33.325 0	6.054 54	0.361 83
	对照组	280	31.375 0	6.850 59	0.409 40
对提高数学推理能力的影响	实验组	280	8.942 9	3.555 54	0.212 48
	对照组	280	8.171 4	3.945 77	0.235 80
对提升数学表达能力的影响	实验组	280	16.092 9	5.797 54	0.346 47
	对照组	280	14.871 4	6.502 10	0.388 57
对提高问题解决能力的影响	实验组	280	12.435 7	6.954 75	0.415 63
	对照组	280	11.042 9	6.540 61	0.390 88

如表 6-1-3 所示，实验组、对照组的样本容量均为 280，实验组各方面的均值均高于对照组。

表 6-1-4　初三年级实验组、对照组统计量描述表

探究类别	实验组或对照组	样本容量	均值	标准差	均值的标准误
对激发数学学习兴趣的影响	实验组	276	14.826 1	3.372 43	0.203 00
	对照组	288	14.125 0	3.667 12	0.216 09
对转变数学学习方法的影响	实验组	276	30.811 6	6.479 11	0.390 00
	对照组	288	29.520 8	6.690 23	0.394 23
对提高数学推理能力的影响	实验组	276	4.855 1	2.958 01	0.178 05
	对照组	288	4.291 7	3.018 81	0.177 89
对提升数学表达能力的影响	实验组	276	7.228 3	3.886 86	0.233 96
	对照组	288	6.406 3	4.258 82	0.250 95
对提高问题解决能力的影响	实验组	276	7.452 9	7.179 36	0.432 15
	对照组	288	6.260 4	7.057 62	0.415 87

如表 6-1-4 所示，实验组、对照组的样本容量分别为 276 和 288，实验组各方面的均值均高于对照组。

表 6-1-5、表 6-1-6、表 6-1-7 分别为实验组、对照组动感数学对学生发展的影响研究的独立样本 t 检验结果。

表 6-1-5　初一年级实验组、对照组动感数学对学生发展的影响研究的独立样本 t 检验结果

探究类别	探究条件	方差方程的 Levene 检验 F	Sig	均值方程的 t 检验 t	df	Sig.（双侧）	均值差值	标准误差值	差分的 95% 置信区间 下限	上限
对激发数学学习兴趣的影响	假设方差相等	0.315	0.575	2.676	592.000	0.008	0.663 95	0.248 10	0.176 69	1.151 20
	假设方差不相等			2.675	590.387	0.008	0.663 95	0.248 18	0.176 53	1.151 36
对转变数学学习方法的影响	假设方差相等	0.138	0.710	2.617	592.000	0.009	1.163 13	0.444 47	0.290 20	2.036 06
	假设方差不相等			2.616	588.900	0.009	1.163 13	0.444 70	0.289 73	2.036 53
对提高数学推理能力的影响	假设方差相等	1.652	0.199	2.610	592.000	0.009	0.993 47	0.380 61	0.245 96	1.740 98
	假设方差不相等			2.612	591.369	0.009	0.993 47	0.380 41	0.246 36	1.740 58
对提升数学表达能力的影响	假设方差相等	79.060	0.000	2.986	592.000	0.003	0.486 39	0.162 86	0.166 53	0.806 26
	假设方差不相等			3.003	459.599	0.003	0.486 39	0.161 95	0.168 13	0.804 66
对提高问题解决能力的影响	假设方差相等	35.882	0.000	3.578	592.000	0.000	1.576 80	0.440 68	0.711 31	2.442 29
	假设方差不相等			3.588	558.827	0.000	1.576 80	0.439 51	0.713 51	2.440 10

根据表 6-1-5，可以获知动感数学对初一学生发展有如下影响：

（1）动感数学课程对激发学生数学学习兴趣的影响，该检验的统计量观测值为 0.315，对应概率 $P=0.575>0.05$，由此可以认为两总体的方差无显著差异；同时，统计量观测值为 2.676，对应的双尾概率 $P=0.008<0.05$，由此可以

认为两总体的均值有显著性差异,即动感数学课程对激发学生数学学习兴趣有影响。

(2) 动感数学课程对转变学生数学学习方式的影响。该检验的统计量观测值为 0.138,对应概率 $P=0.710>0.05$,由此可以认为两总体的方差无显著差异;同时,统计量观测值为 2.617,对应的双尾概率 $P=0.009<0.05$,由此可以认为两总体的均值有显著性差异,即动感数学课程对转变学生数学学习方式有影响。

(3) 动感数学课程对提高学生数学推理能力的影响。该检验的统计量观测值为 1.652,对应概率 $P=0.199>0.05$,由此可以认为两总体的方差无显著差异;同时,统计量观测值为 2.610,对应的双尾概率 $P=0.009<0.05$,由此可以认为两总体的均值有显著性差异,即动感数学课程对提高学生数学推理能力有影响。

(4) 动感数学课程对提升学生数学表达能力的影响。该检验的统计量的观测值为 79.060,对应概率 $P=0.000<0.05$,由此可以认为两总体的方差有显著差异;同时,统计量观测值为 3.003,对应的双尾概率 $P=0.003<0.05$,由此可以认为两总体的均值有显著性差异,即动感数学课程对提升学生数学表达能力有影响。

(5) 动感数学课程对提高学生问题解决能力的影响。该检验的统计量观测值为 35.882,对应概率 $P=0.000<0.05$,由此可以认为两总体的方差有显著差异;同时,统计量观测值为 3.588,对应的双尾概率 $P=0.000<0.05$,由此可以认为两总体的均值有显著性差异,即动感数学课程对提高学生问题解决能力有影响。

表 6-1-6 初二年级实验组、对照组动感数学对学生发展的影响研究的独立样本 t 检验结果

探究类别	探究条件	方差方程的 Levene 检验		均值方程的 t 检验						差分的 95% 置信区间	
		F	Sig	t	df	Sig. (双侧)	均值差值	标准误差值	下限	上限
对激发数学学习兴趣的影响	假设方差相等	8.117	0.005	3.707	558.000	0.000	0.985 71	0.265 94	0.463 36	1.508 07
	假设方差不相等			3.707	541.897	0.000	0.985 71	0.265 94	0.463 32	1.508 10
对转变数学学习方法的影响	假设方差相等	6.856	0.009	3.569	558.000	0.000	1.950 00	0.546 38	0.876 79	3.023 21
	假设方差不相等			3.569	549.697	0.000	1.950 00	0.546 38	0.876 76	3.023 24
对提高数学推理能力的影响	假设方差相等	0.372	0.542	2.430	558.000	0.015	0.771 43	0.317 42	0.147 95	1.394 91
	假设方差不相等			2.430	552.056	0.015	0.771 43	0.317 42	0.147 94	1.394 92
对提升数学表达能力的影响	假设方差相等	9.070	0.003	2.346	558.000	0.019	1.221 43	0.520 61	0.198 84	2.244 02
	假设方差不相等			2.346	550.817	0.019	1.221 43	0.520 61	0.198 81	2.244 05
对提高问题解决能力的影响	假设方差相等	4.295	0.039	2.441	558.000	0.015	1.392 86	0.570 55	0.272 17	2.513 55
	假设方差不相等			2.441	555.910	0.015	1.392 86	0.570 55	0.272 16	2.513 56

根据表 6-1-6,可以获知动感数学对初二学生发展有如下几个影响:

(1) 动感数学课程对激发数学学习兴趣的影响。该检验的统计量的观测值为 8.117,对应概率 $P=0.005<0.05$,由此可以认为两总体的方差有显著差异;同时,统计量的观测值为 3.707,对应的双尾概率 $P=0.000<0.05$,由此可以认为两总体的均值有显著性差异,即动感数学课程对激发数学学习兴趣有影响。

(2) 动感数学课程对转变数学学习方式的影响。该检验的统计量的观测值为 6.856,对应概率 $P=0.009<0.05$,由此可以认为两总体的方差有显著差异;同时,统计量的观测值为 3.569,对应的双尾概率 $P=0.000<0.05$,由此可以认为两总体的均值有显著性差异,即动感数学课程对转变数学学习方式有影响。

(3) 动感数学课程对提高数学推理能力的影响。该检验的统计量的观测值为 0.372,对应概率 $P=0.542>0.05$,由此可以认为两总体的方差无显著差异;同时,统计量的观测值为 2.430,对应的双尾概率 $P=0.015<0.05$,由此可以认为两总体的均值有显著性差异,即动感数学课程对提高数学推理能力有影响。

(4) 动感数学课程对提升数学表达能力的影响。该检验的统计量的观测值为 9.070,对应概率 $P=0.003<0.05$,由此可以认为两总体的方差有显著差异;同时,统计量的观测值为 2.346,对应的双尾概率 $P=0.019<0.05$,由此可以认为两总体的均值有显著性差异,即动感数学课程对提升数学表达能力有影响。

(5) 动感数学课程对提高问题解决能力的影响。该检验的统计量的观测值为 4.295,对应概率 $P=0.039<0.05$,由此可以认为两总体的方差有显著差异;同时,统计量的观测值为 2.441,对应的双尾概率 $P=0.015<0.05$,由此可以认为两总体的均值有显著性差异,即动感数学课程对提高问题解决能力有影响。

表 6-1-7 初三年级实验组、对照组动感数学对学生发展的影响研究的独立样本 t 检验结果

探究类别	探究条件	方差方程的 Levene 检验		均值方程的 t 检验						差分的 95% 置信区间	
		F	Sig	t	df	Sig.(双侧)	均值差值	标准误差值	下限	上限
对激发数学学习兴趣的影响	假设方差相等	2.859	0.091	2.360	562.000	0.019	0.701 09	0.297 01	0.117 70	1.284 47
	假设方差不相等			2.365	561.054	0.018	0.701 09	0.296 48	0.118 74	1.283 44
对转变数学学习方法的影响	假设方差相等	1.581	0.209	2.326	562.000	0.020	1.290 76	0.554 92	0.200 80	2.380 72
	假设方差不相等			2.328	561.937	0.020	1.290 76	0.554 54	0.201 54	2.379 98
对提高数学推理能力的影响	假设方差相等	0.895	0.344	2.238	562.000	0.026	0.563 41	0.251 79	0.068 83	1.057 98
	假设方差不相等			2.239	561.721	0.026	0.563 41	0.251 69	0.069 05	1.057 77
对提升数学表达能力的影响	假设方差相等	8.958	0.003	2.391	562.000	0.017	0.822 01	0.343 76	0.146 79	1.497 23
	假设方差不相等			2.396	560.673	0.017	0.822 01	0.343 10	0.148 10	1.495 92
对提高问题解决能力的影响	假设方差相等	0.768	0.381	1.989	562.000	0.047	1.192 48	0.599 53	0.014 88	2.370 08
	假设方差不相等			1.988	560.002	0.047	1.192 48	0.599 75	0.014 44	2.370 52

根据表6-1-7,可以获知动感数学对初三学生发展有如下几个影响:

(1) 动感数学课程对激发数学学习兴趣的影响。该检验的统计量的观测值为2.859,对应概率$P=0.091>0.05$,由此可以认为两总体的方差无显著差异;同时,统计量的观测值为2.360,对应的双尾概率$P=0.019<0.05$,由此可以认为两总体的均值有显著性差异,即动感数学课程对激发数学学习兴趣有影响。

(2) 动感数学课程对转变数学学习方式的影响。该检验的统计量的观测值为1.581,对应概率$P=0.209>0.05$,由此可以认为两总体的方差无显著差异;同时,统计量的观测值为2.326,对应的双尾概率$P=0.020<0.05$,由此可以认为两总体的均值有显著性差异,即动感数学课程对转变数学学习方式有影响。

(3) 动感数学课程对提高数学推理能力的影响。该检验的统计量的观测值为0.895,对应概率$P=0.344>0.05$,由此可以认为两总体的方差无显著差异;同时,统计量的观测值为2.238,对应的双尾概率$P=0.026<0.05$,由此可以认为两总体的均值有显著性差异,即动感数学课程对提高数学推理能力有影响。

(4) 动感数学课程对提升数学表达能力的影响。该检验的统计量的观测值为8.958,对应概率$P=0.003<0.05$,由此可以认为两总体的方差有显著差异;同时,统计量的观测值为2.396,对应的双尾概率$P=0.017<0.05$,由此可以认为两总体的均值有显著性差异,即动感数学课程对提升数学表达能力有影响。

(5) 动感数学课程对提高问题解决能力的影响。该检验的统计量的观测值为0.768,对应概率$P=0.381>0.05$,由此可以认为两总体的方差无显著差异;同时,统计量的观测值为1.989,对应的双尾概率$P=0.047<0.05$,由此可以认为两总体的均值有显著性差异,即动感数学课程对提高问题解决能力有影响。

(二) 对激发学生数学学习兴趣的效能分析

兴趣是指一种积极探究某种事物或从事某种活动的具有情绪色彩的心理倾向,是一种积极的稳定的促进学习的非智力因素。数学学习兴趣则是指建立在数学学科上的学习兴趣。俗话说"兴趣是最好的老师",如果学生对数学学习失去了兴趣,就容易上课走神、作业抄袭,出现应付主义的现象,甚至直接放弃数学学习等;反之,如果学生对于数学的学习兴趣非常强烈,那一定是对数学学习是有利的。因此,培养学生的学习兴趣非常重要,也是我们本次动感数学实践研究的首要目的。

在实践研究中,在上述文献分析、《学生相关因素调查表》的问卷调查、个人访谈的基础上,探究学生的学习兴趣。所有学生的问卷题目均相同,涉及六个题目,通过简要分析,得出了研究的结论,并提出了下阶段的推进策略。

第1题:你认为你对数学学习感兴趣吗?

A. 非常感兴趣　　B. 有时感兴趣　　C. 不太感兴趣　　D. 毫无兴趣

第2题:你认为数学有没有实用价值?

A. 很有实用价值　　B. 有实用价值　　C. 毫无意义　　D. 不确定

这两题用于了解学生对于数学学科的态度,将各年级的数据对比可见,明显实验组的学生比对照组的学生对数学学习的兴趣更大,究其原因,和传统的数学课堂相对比,动感数学课程具有以下优势:

(1) 动感数学课程的课堂气氛相对比较活跃,学生更有兴趣参与,对于学习困难的学生非常友好。

(2) 动感数学的课堂通常会使用一些平时鲜少接触到的工具,学生有新鲜感,探究欲望强烈,有时也会涉及一些非常有意思的情境或者视频,学生学习兴趣自然更大了。

(3) 动感数学的课堂给予学生操作和思考的空间比较大,会让学生在课后继续探究相关的数学问题,学生非常感兴趣。

在访谈过程中,很多学生也表示很喜欢这一数学课程,尤其喜欢去实验室上的专题课,会觉得数学很实用。在数学的实用价值方面,也是实验组的学生要明显优于对照组的学生,我们的很多专题实践课都与生活息息相关,或者是我们平时感兴趣的、想要探究的问题,学生自然会对问题的解决方法产生兴趣,实实在在体会到了数学是来源于生活,并且服务于生活的;而对照组的部分学生表示,常规的数学课堂只有在课堂引入和解决问题的时候才会感觉数学与生活相关,大部分时候都觉得学习数学是为了做题,且觉得做图形问题特别困难,未曾真正体会学习数学的意义,也就导致了两组学生对数学学科学习的态度差异。因此,动感数学课程的开展是非常有必要的。

第3题:课后时间,你会主动研究数学相关问题吗?

A. 每天都会　　B. 经常会　　C. 有时会　　D. 偶尔会

E. 基本不会

第4题:《时代学习报》上的数学类相关文章和拓展内容,你会主动阅读和探究吗?

A. 经常会　　B. 有时会　　C. 偶尔会　　D. 基本不会

第5题:老师布置的数学实验任务,你有认真完成吗?

A. 每次都完成　　B. 大部分完成　　C. 小部分完成　　D. 基本不完成

以上三题用于了解学生课后学习数学的情况。总体来看,实验组的学生更愿意探究数学相关问题,这与平时课堂上教师的引导是分不开的,学生已养成了良好的学习习惯,但这个问题影响因素还有班级风气、家长关注程度、学习压力程度、学生创新能力等,不可一概而论,在我们的访谈过程中,部分学生表示,自己有意课后探究,但是心有余而力不足,没有多余的时间,或者父母认为要把时间花在课内的学习上,想要课后进行数学问题探究的想法也就夭折了。其实我们可以从生活点滴做起,平时在分发课外学习材料时,引导学生拿到材料先看上面的文章和知识点,增加学生对数学史的了解,经历数学知识的延伸和拓展,慢慢养成热衷探究数学知识的习惯。知识重在每一天积累,实验组的授课教师会经常让学生整理每一节课印象最深的地方、自己的收获及疑问。相对而言,实验组学生就会更愿意继续探究,尤其是自己写的内容得到老师的肯定后,会更有动力。课外拓展内容对于每一位学生,一方面可以增加数学学科的课外阅读量,提高对数学的理解力,这是很多教师和家长忽略的一种能力;另一方面可以获得很多书本上未涉及的知识,再进行探究思考。对于老师布置的任务完成度,实验组和对照组差距不大,大部分学生可以明确自己作为一个学生的责任和义务,但凡是教师布置的作业和任务,基本上可以不折不扣地完成,差距其实在于学生完成的程度和认真的程度。在访谈过程中,我们发现实验组的学生更有自己的想法,他们会思考实验的目的、思考有没有更好的解决方法、可以得出什么结论、这个结论有什么作用,甚至一些优秀的同学会整理成文;而对照组的学生基本上仅限于完成任务,思考的相对比较少,这其实是缺少教师在日常教学中对这方面的引导导致的。

综上,我们认为动感数学课程的开设会提高学生数学学习兴趣,对学生的学习非常有利。当然,我们也要把握好一个度,在保证不怠慢课内学习任务的基础上,让动感数学的课程优点最大化。我们设想,如果条件允许,可以考虑让所有班级都参与到动感数学课程的教学中,将其融入每一节课的每个教学环节中,从知识的生成到知识的应用,让学生每节课都"多感官动起来",让学生都慢慢培养起学习数学的兴趣,养成自主探究的学习能力,这样对学生各科目学习都是有利的。

(三)对转变学生数学学习方式的效能分析

学习方式是指个体在进行学习活动时所表现出的具有偏好性的行为方式与行为特征。严格来说,每个学生都有自己独特的学习方式,学习方式是否科学?是否适合自己个性化发展?这些疑问要求学生在学习过程中不断调整学习方式。实施动感数学课程,其实是力争让每个学生找到最适合自己的学习方式,尽可能通过不断转变学习方法,达到最优状态。

在实践研究中,在上述文献分析、《学生相关因素调查表》的问卷调查、个人访谈的基础上,探究学生的学习方式。每份问卷题目均相同,共涉及12个问题,通过简要分析,得出了研究的结论,并提出了下阶段的推进策略。

第1题:对于接下来要学习的数学课程,你是否进行课前预习?

A. 经常安排,养成习惯了　　B. 老师要求就安排

C. 有时安排　　D. 没有安排

第2题:你是怎样进行预习的?

A. 认真读懂新知识,有问题就请教老师

B. 认真读懂新知识,并试着做课后练习

C. 认真看完整节知识,并把不懂的记下来

D. 浏览性看一遍,读下概念

以上两题用于了解学生课前预习工作的完成情况。两组数据对比可见,学生在动感数学课程的学习过程中,学习习惯养成得非常好,这主要得益于教师的引导和学生的努力,课堂上教师经常会让学生自己探索,课后学生也就养成了这个习惯,探索之前当然是先预习,做好准备。纵观三个年级的情况,实验组预习工作做得比较好。在访谈中,部分实验组的学生表示不管是动手操作还是小组讨论都需要一些知识素材积累,如果什么都不知道很难"动"起来,所以要提前预习,做好准备;另一方面,实验组的教师喜欢在课程结束时"卖关子",引出下节课的内容,这会引起他们极大的探索兴趣。

第3题:你最希望获得的学习数学的方式是怎样的?

A. 师生一起探究学习

B. 教师指导并讨论

C. 听教师讲授

D. 习题训练为主

第4题:在数学课堂探索或小组讨论问题时,你的表现怎样?

A. 认真思考,积极发言

B. 认真思考,有自己的见解,但发言不多

C. 听人家讨论,但很少发言

D. 基本不发言

第5题:(多选)你比较喜欢下列哪些知识的呈现方式?(此题目不计入分数

计算）

  A. 利用实物、模型等直观教具展示
  B. 利用板书或者数字化媒体手段展示
  C. 利用图形、图标等展示
  D. 学生动手操作后得出结论
  E. 教师直接讲授知识

  从以上三题的答题情况可以看出,在学习方式的选择上,大部分学生还是偏向师生一起探究学习,或者教师指导学生探究,这样可以让学生更容易融入课堂,探究也更有意义。但是在访谈的过程中,有教师表示,如果每节课都采用探究式学习是不切实际的,还要考虑到实际因素,要看课程具体内容再确定具体方法,这是需要教师把控的,要把控好每节课让学生"动"的时间和机会。在《学生相关因素调查表》中,我们也发现,第3题选择C选项和第4题选择C和D选项的同学,基本上是班里的"学困生",那如何调动这部分学生的课堂参与度呢,这是我们亟待解决的问题。虽然让学生集体"动"起来以后,部分"学困生"也跟着"动"了,但是依然有不动的,甚至捣乱的。

  大部分学生在课堂探索和小组讨论问题的时候会先认真思考,再发言,但是根据教师反馈,积极发言的学生人数随着年级增长而减少。与此同时,发言不多的学生人数随着年级增长而增加。在访谈过程中,被问及这个问题时,学生表示随着学科内容难度增加,很多时候不能马上确定正确答案,自然没有初一的时候积极,这可以理解,所以在课堂上凡是积极举手回答问题的同学,教师都应该予以鼓励。

  在课堂知识的呈现方面,动感数学倡导尽可能将知识以可视化呈现。第5题学生大部分都选择了选项A和D,这与学生的年龄特征相符合,也是因为初中阶段学生的思维能力还在不断提升中,教师在教学时利用一些直观教具和教学手段,可以加强教学的直观性,激发学生的数学学习兴趣,提高学生的数学素养。

  第6题:你是如何完成数学作业的?
  A. 先思考后独立完成,不会就第二天听讲评
  B. 先思考,不会就问同学或老师
  C. 先独立完成作业,再参考别人的作业
  D. 先思考,不会就手机搜题
  第7题:你在学习数学时碰到困难,希望找谁帮忙解决?
  A. 自己思考,想办法解决 B. 找老师帮助解决
  C. 找同学帮助解决 D. 等待,不解决

第8题：在问题解决的基础上，你是否会主动探索一种更为简单有效的方法？

  A. 大多数会　　　　B. 很少会　　　C. 基本不会

第9题：疑难问题解决后，你是否经常会进行反思，总结解题方法？

  A. 基本会　　　　B. 有时会　　　C. 很少会　　　D. 基本不会

  上述四题主要用于了解学生课后学习情况和学习习惯。从数据可见，大部分同学的学习习惯很不错，都可以独立完成作业，有不会做的再询问老师或同学，当然，我们还是鼓励学生自己多思考，思考后实在不会做，再和教师或者同学讨论。另外，在访谈过程中发现，遇到困难时，初一的学生会偏向于请教教师，初二和初三的学生则偏向于自己尝试解决，或与同学讨论，如果探讨无果再反馈给教师，可见学生的自主探究能力是在逐渐提升的，这是值得赞赏的。

  在问题解决后，是否会探索新的更为简单有效的方法，很多学生对此表示，初二初三作业较多，学习压力比较大，很多时候缺乏时间进行反思总结；再者，初三学习内容难度加大，学生对于寻找另外的简单有效的方法有些心有余而力不足，这是正常现象，但是教师还是要鼓励学生去尝试，并且及时反思，最后总结解题方法，只有这样才能把知识内化，才能不断进步。

第10题：你会经常梳理所学知识，形成知识网络吗？

  A. 经常梳理所学知识，形成知识网络

  B. 有时梳理所学知识，形成知识网络

  C. 偶尔梳理所学知识，形成知识网络

  D. 简单回顾，偶尔浏览

  E. 从不回顾

第11题：学完某一部分数学知识，你会做概念图，建立数学知识框架吗？

  A. 每次都会　　　　　　　B. 大部分时候会

  C. 小部分时候会　　　　　D. 基本不会

第12题：你有一套自己的学习数学的方法吗？

  A. 有　　　　　　　　　　B. 没有

  上述三题主要用于了解学生课后的复习、总结能力。从数据中不难看见，学生建立知识框架的能力虽然有所提高，但还有上升空间，很多同学表示无法将相关知识串联到一起，这需要教师加强指导。初中阶段的数学知识都是环环相扣的，一定要把知识前后结合起来。当然，将内容结构化和建立知识框架还需要教师从初一开始慢慢培养。另外，从初一到初三，建立属于自己的数学学习方法的学生人数比例明显增加，这是由于学生的探究能力和心理成熟度的提高。随着年龄的增加,学生各方面能力在不断提高,自主性越来越强,自己也会尝试寻求方法解决问题,教师在平时的教学中要和学生多沟通,及时帮助学生调整学习方法,以达到最优状态。

综上,学生在动感数学教学的熏陶下无论是课前预习、课堂参与,还是课后总结反思,都有很大的进步,学习方式逐渐科学合理,越来越适合自己。但是这个改进速度还有待加快,如教师可以在初一的时候慢慢引导学生如何预习、如何参与课堂讨论、如何进行反思整理,以及如何梳理章节框架,一步一步手把手引导,在后期学习过程中,也可以经常让一些做得较好的同学来分享自己的经验和成果,以便其他同学进一步学习,课堂学习只是学生学习过程的一部分,课后自己的主动学习更为重要,在这个过程中教师也应该及时鼓励学生,给他们加油打气。

(四) 对培养学生数学推理能力的效能分析

《义务教育数学课程标准(2022年版)》提出"推理能力主要指从一些事实和命题出发,依据规则推出其他命题或结论的能力……推理能力有助于逐步养成重论据、合乎逻辑的思维习惯,形成实事求是的科学态度和理性精神。"数学的思维推理能力是解决问题的必备能力,推理包括合情推理和演绎推理,动感数学探究问题的一般过程与方法,是"操作—观察—猜想—验证—表达—应用"。

在实践研究中,在上述文献分析、《学生数学学习情况反馈表》的答题情况、个人访谈的基础上,探究学生的数学推理能力。各年级学生的题目均不同,通过简要分析,得出了研究的结论,并提出了下阶段的推进策略。

初一年级的题目:

第1题:如果两个长方形的长与宽分别相等,那么它们的面积相等;若长方形 X 与长方形 Y 的面积相等,则必有 ( )

    A. 它们的长与宽一定分别相等   B. 它们的长与宽可能都不相等

    C. 它们的长一定相等   D. 它们的宽一定相等

第2题:若 $a=b$,则 $a^2=b^2$,下列选项正确的是 ( )

    A. 若 $a\neq b$,则 $a^2=b^2$

    B. 若 $a\neq b$,则 $a^2\neq b^2$

    C. 若 $a^2\neq b^2$,则 $a\neq b$

    D. 若 $a^2\neq b^2$,则 $a=b$

第3题:观察下列算式并回答问题:

$15 \times 15 = 1 \times 2 \times 100 + 25 = 225$

$25 \times 25 = 2 \times 3 \times 100 + 25 = 625$

$35 \times 35 = 3 \times 4 \times 100 + 25 = 1\ 225$

$45 \times 45 = $ _____

$55 \times 55 = $ _____

(1) 观察这组数并填空;

(2) 若用小写字母 n 表示一个正整数,请根据你发现的规律写出数学等式。

初二年级的题目:

第1题:小明说:"一个四边形,如果至少有两个角为 90°,则它至少有一组对边平行。"为了证明小明的说法是错误的,需要找到一个四边形,满足 (　　)

A. 只有一个角为 90°,且有一组对边平行

B. 没有 90° 的角,但有一组对边平行

C. 有两个角为 90°,且两组对边都不平行

D. 只有一个角为 90°,且两组对边都不平行

第2题:如图 6-1-1 所示,点 E 在线段 AB 上,$DE = CE$。

(1) 如图1,$AD \perp AB$,$BC \perp AB$,$\angle DEC = 90°$,猜想 AB、AD、BC 的数量关系,并说明理由;

(2) 如图2,$\angle A = \angle B = \angle DEC$,猜想 AB、AD、BC 的数量关系,并说明理由。

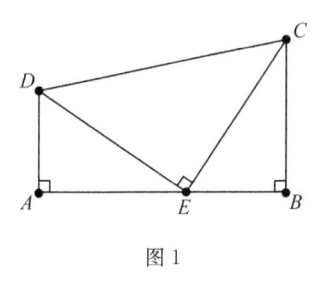

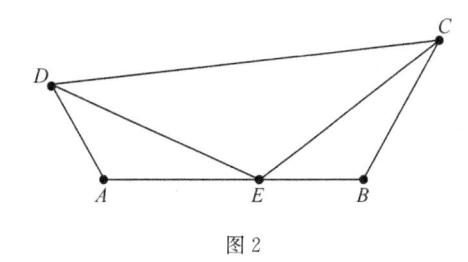

图1　　　　　　　　　　图2

图 6-1-1

初三年级的题目:

第1题:已知一个四边形是长方形当且仅当四个角都是直角,那么以下情况正确的是 (　　)

A. 一个四边形是长方形,它的四个角并非都是直角

B. 一个四边形不是长方形,它的四个角都是直角

C. 一个四边形不是长方形,它的四个角有可能都是直角

D. 一个四边形不是长方形,它的四个角并非都是直角

第2题:我们知道,三角形是平面图形中边数最少的多边形,而在空间中,四面体(图6-1-2)是面数最少的多面体,这两者的性质之间有一些共通之处,根据三角形中任意两边之和大于第三边这一性质,可以推断在四面体中 （ ）

A. 任意两个面的面积之和大于第三个面的面积

B. 任意三个面的面积之和大于第四个面的面积

C. 任意三个面的面积之和有可能等于第四个面的面积

D. 任意三个面的面积之和有可能小于第四个面的面积

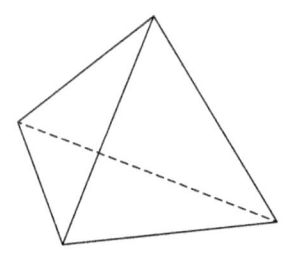

图 6-1-2

三个年级的题目均考察学生的数学逻辑推理能力,学生要先通过合情推理,即通过合乎情理的推理而得到结论,再进行演绎推理,即以一般命题引出特殊命题的推理方法,先发现问题,再解决问题。

初一年级三个题目两组数据差距不大,究其原因,一方面考察的都是基础知识,另一方面学生入学时间较短,动感数学课程的教学效果不是很明显,在访谈的过程中,很多同学反馈就是根据自己的实际经验进行猜想、推理,没有特别的技巧。另外,从第3题可以看出"用字母表示数"这部分内容学生掌握得不错,学生对于细节也把握得很好。

初二年级和初三年级的数据有很明显差距,原因之一是我们选择的题目大部分为几何图形类,学生本身在几何方面差距会比较大,原因之二是实验组学生在长期的动感数学课程理念熏陶下,数学素养提高得快。

初二年级的第1题,涉及了"反证法",访谈过程中实验组学生表示教师之前有提过用举反例的方法说明命题错误,并且进行了练习。因此,得分率相对较高也很正常。第2题是"一线三等角"模型,此模型学生掌握得比较好,问题(1)两组得分差距不大,问题(2)是变式练习,实验组相对得分率更高,实验组的学生平时有较多变式训练和自我探索的机会,学生举一反三的能力自然较强。

初三年级的第 1 题,实际上是在考查学生对于"当且仅当"的理解,显然还是考察定义学习及学生预习能力,实验组得分明显高于对照组,访谈时问及学生"两点确定一条直线"中的"确定"有什么含义,实验组的学生进行过类似的专题实践探究,印象深刻,解释也更为到位,实验组学生的语言表达能力也略胜一筹;第 2 题是考查学生的空间思维能力和举一反三的能力,实验组的得分非常高,原因主要是实验组的学生利用实物模型操作或应用数学软件接触立体图形数量更多且频率更高,平时教师也常会将几何从二维拓展到三维供学生继续探索,对照组相对弱一些。

综上可见,动感数学课堂教学对于学生数学推理能力的提高是有明显促进作用的。平时在条件允许的情况下,教师也可以让学生自己发现问题,想办法解决,在课堂分享;也可以由教师或学生提出问题,一同想办法解决,但是要给学生足够的思考和探索空间,充分发挥学生的潜能,不必拘泥于《数学实验手册(2015 年版)》或者网上的一些经典专题,学生即使推理错误也没有关系,其他同学可以反驳他,再次进行探究,这才是数学学习的意义,在这个过程中学生的学习兴趣也会不断提升。

(五) 对提升数学表达能力的效能分析

数学表达能力是指学生在解决数学问题时所表现出来的语言表述能力,包含口头表达能力和书面表达能力,书面表达能力又分为文字语言表达能力和符号语言表达能力。

在实践研究中,在上述文献分析、《学生数学学习情况反馈表》的答题情况、个人访谈的基础上,探究学生的数学表达能力。各年级学生的题目均不同,与数学的演绎推理能力一同考查,通过简要分析,得出了研究的结论,并提出了下阶段的推进策略。

初一年级题目:

第 1 题:喜羊羊的家、懒羊羊的家、学校与美羊羊的家依次位于一条东西走向的大街上,喜羊羊家位于学校西边 30 米处,美羊羊家位于学校东边 100 米处,喜羊羊从学校沿这条大街向东走了 40 米,接着向西走了 50 米到达懒羊羊家,试用数轴表示出喜羊羊家、学校、美羊羊家、懒羊羊家的位置。

第 2 题:如图 6-1-3 所示,$AB=DE$,$AC=DF$,$BE=CF$。求证:$AB//DE$,$AC//DF$。

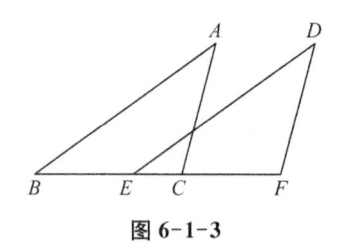

让数学"动"起来——动感数学的实践研究

图 6-1-3

第3题:观察下列等式,回答问题

$\frac{1}{1\times 2}=1-\frac{1}{2}$;$\frac{1}{2\times 3}=\frac{1}{2}-\frac{1}{3}$;$\frac{1}{3\times 4}=\frac{1}{3}-\frac{1}{4}$;$\frac{1}{4\times 5}=\frac{1}{4}-\frac{1}{5}$……

(1) 写出第6个等式;

(2) 猜想第 n 个等式($n\geq 1$,用 n 的代数式表示),并证明。

根据上述三个题目的反馈情况进行分析。第1题,用数轴表示位置,实验组和对照组的差距不大,相较而言实验组的作图更为细致,对于数轴的三要素细节把握得更好。访谈中学生也表示用数轴表示比文字更为清晰明了,说明学生喜欢形象直观的方式,也符合他们的年龄特征;第2题,实验组的得分略高于对照组,三角形全等这一块内容学生掌握度没有太大的区别,都掌握得很好,但是书写规范方面有一定的差距,这是与学习习惯和数学素养相关的;第3题,问题(1)找规律,两组得分差距不大,问题(2)证明,实验组的得分明显高于对照组,在访谈中,对照组的学生表示不知如何用数学语言表述。可见,虽然此时实验组比对照组仅多接触动感数学课程一年有余,在平时测验中还未体现出明显差距,但在数学表达能力方面的差距已经很明显了。另外,用字母表示等式的时候,对照组学生对于细节把握明显不如实验组。

初二年级题目:

第1题:阅读下面的解题过程:

分解因式:

$x^2-4x-12=x^2-4x+\left(\frac{-4}{2}\right)^2-\left(\frac{-4}{2}\right)^2-12=x^2-4x+4-4-12$

$=(x-2)^2-4^2=(x-2-4)(x-2+4)=(x-6)(x+2)$

请仿照上面的解法把下列各式分解因式:

(1) a^2+2a-8;(2) y^2-y-6。

第2题:如图 6-1-4 所示,在 △ABC 中,∠C=90°,D 是 BC 上一点(点 D 与点 C 不重合)。尺规作图,过点 D 作 BC 的垂线 DE 交 AB 于点 E,作 ∠BAC 的平分线 AF 交 DE 于点 F,交 BC 于点 H。

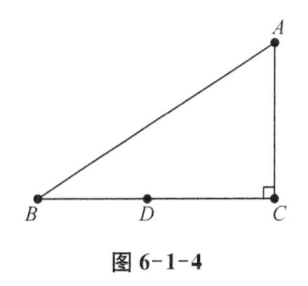

图 6-1-4

第 3 题:如图 6-1-5 所示,在△ABC 中,∠C＝90°,AD 是∠BAC 的平分线,DE⊥AB 于点 E,点 F 在 AC 上,BD＝DF,求证:CF＝EB。

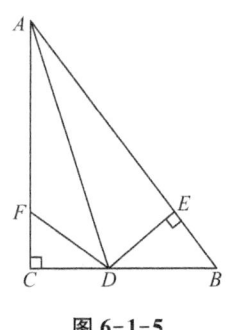

图 6-1-5

根据上述三个题目的反馈情况进行分析。第 1 题考查用配方法因式分解,是新定义类型的题目,平时在课堂上已涉及到。在调查过程中,我们发现实验组学生的解题速度明显快于对照组,可见学生在动感数学课程的熏陶下,对于新知识的接受程度和探索能力明显提高;第 2 题,考察的是尺规作图,两组的完成情况差距不大,学生将数学文字语言转化为图形语言,对于作角平分线 AF,得分率较高,而对于过点 D 作 BC 的垂线很多同学没有想到就是作一个平角的角平分线,得分率较低,且两组差距较大。在访谈过程中,当被问及这样作图的原因是什么,很多学生答不出来,可见尺规作图对于很多学生而言,只是记住了步骤,并没有理解作图的缘由,知识没有被内化;第 3 题是了解学生的演绎推理能力和书面表达能力,这是个经典题目,实验组得分率明显高于对照组,实验组选择的方法更为简单,书写更为准确,小错误也较少,学生的数学素养相对更高,对照组很多学生采用的方法较复杂,较浪费时间。

初三年级题目:

第 1 题:在因式分解中,有一类形如 $x^2+(m+n)x+mn$ 的多项式,其中常数项是两个因数的积,一次项系数恰是这两个因数的和,则我们可以把它分解成

$x^2+(m+n)x+mn=(x+m)(x+n)$,例如 $x^2+5x+6=x^2+(2+3)x+2\times 3=(x+2)(x+3)$;$x^2-5x-6=x^2+(1-6)x+1\times(-6)=(x+1)(x-6)$。

根据上述材料,用因式分解法解下列方程:

(1) $x^2+3x+2=0$; (2) $x^2-2x-3=0$

第2题:如图6-1-6所示,在△ABC中,∠B=2∠C,AD⊥BC于点D,求证:BC=AB+2BD.

小明利用条件AD⊥BC,在CD上截取DH=BD,连接AH,既构造了等腰△ABH,又得到BH=2BD,从而命题得证。

(1) 根据阅读材料,证明:BC=AB+2BD。

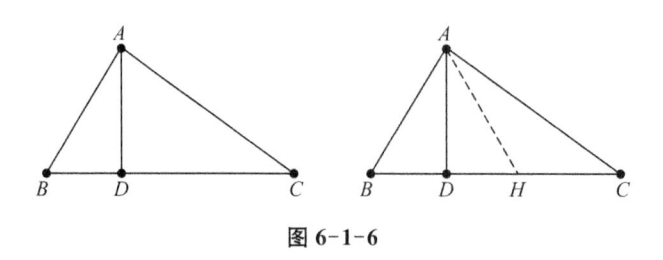

图6-1-6

(2) 参考小明的方法,解决下面问题:

如图6-1-7所示,在△ABC中,∠BAC=90°,∠ABD=∠BCE,∠ABC=∠DCE,请探究AD与BE的数量关系,并说明理由。

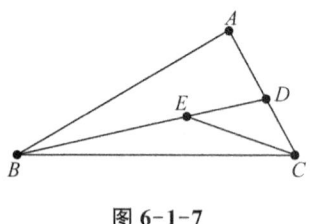

图6-1-7

第3题:如图6-1-8所示,已知CD是圆O的直径,点A为CD延长线上一点,BC=AB,∠BAC=30°。求证:AB是圆O的切线。

根据上述三个题目的回答情况进行分析。第1题,两组得分普遍比较高,学生对于因式分解的题目在不断练习中掌握得越来越好。从书写格式的规范程度上看,实验组的学生略胜一筹;第2题,需要添加辅助线,难度相对较大,两组学生得分率均较低,实验组学生的得分略高于对照组,问题(1)的题干已给出解题思路,但仍有同学的证明过程存在问题,这其实是符号语言表达能力有所欠缺的表现。问题(2)考查学生的举一反三能力,难度较大,对于这一题的回答,两组得

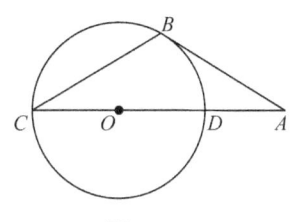

图 6-1-8

分存在差距的主要原因是实验组学生探索能力较强,教师也经常会在课后让学生进行相关练习;第 3 题,是学生刚接触的切线问题,两组得分差异较大,实验组得分明显高于对照组,且在书写格式上,实验组更为规范。访谈中,我们也了解到"圆"相关的专题实验课比较多,学生也比较感兴趣,初二的时候已经探究过"圆"的基础知识,因此在初三阶段上手更快,接受度更高。

综上,动感数学课程的开展,不仅可以提高学生的演绎推理能力,而且可以提升学生的数学表达能力,这种提升是不断积累的,学生之间这些能力的差距会从初一开始慢慢拉大。对于数学表达能力,可以通过提高学生的文字语言表达能力,更容易、更快速地提升符号语言表达能力。在访谈中,实验组的很多学生提到初中阶段比较重要的知识"函数",一次函数性质掌握得越好,应用性质解决问题就越顺畅,后续反比例函数和二次函数的学习会越容易。数学表达能力也是如此,掌握了文字语言和符号语言的转换后,可以自己探究很多问题,这是接下来我们要慢慢培养的,课堂上也要尽可能让学生做、想、说、写,以实现"多感官参与",引导学生长期坚持练习语言切换,图形学习也就没有那么困难。

(六)对提高问题解决能力的效能分析

提高学生的数学问题解决能力是建立在培养学生良好的数学思维方式、夯实学生的基础知识及选择合理有效的解题策略的基础上的。这应该贯穿在学生学习数学的始终,要求也较高。大部分学生会感觉解决实际问题的题目相对比较难,甚至无从下手,但学习数学的最终目的之一就是解决问题。

在实践研究中,在上述文献分析、《学生数学学习情况反馈表》的答题情况、个人访谈的基础上,探究学生的问题解决能力。各年级学生的题目均不同,通过简要分析,得出了研究的结论,并提出了下阶段的推进策略。

初一年级题目：

第1题：如图6-1-9所示，有两个全等的直角三角形硬纸片，它们的两条直角边长为2厘米和4厘米，用这两个纸片可拼出各种不同的凸四边形，请画出所有符合要求的凸四边形。

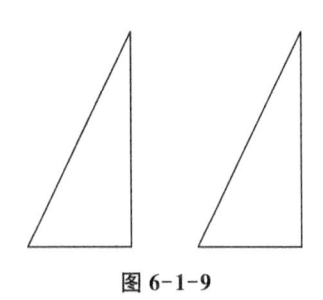

图 6-1-9

此题实验组和对照组学生的得分差距较大。从学生答题情况来看，原因如下，一是实验组的学生动手操作能力更强，很多学生用草稿纸剪裁了两个直角三角形进行实际操作，对照组学生基本上是凭空想象，显然学习方法差距较大；二是实验组学生画出的图形更为准确，还标注了长度，而对照组画的很多图形并非由这两个直角三角形组成，或者标注的数据有明显错误，可以看出实验组的学生已经慢慢养成了自我探索的习惯了，动手能力和思维能力都在快速提升中。

初二年级题目：

第1题：如图6-1-10所示，量得1个羽毛球高9厘米，若两个羽毛球叠在一起，则高为11.5厘米，现在把若干个羽毛球叠在一起装进一个圆包装桶里，桶盖厚度不计。

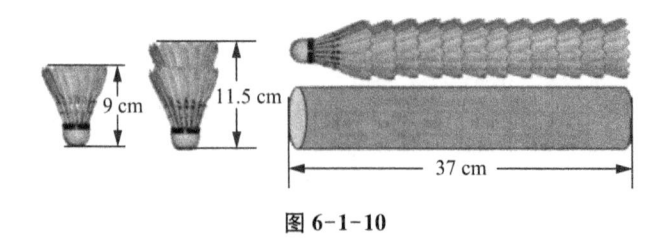

图 6-1-10

(1) 如果这个圆包装桶的长度为13.5厘米，桶内能否装下三个羽毛球，为什么？

(2) 如果这个圆包装桶的长度为37厘米，桶内最多能装几个羽毛球，为什么？

上述题目两组学生得分差距较大。对于此题实验组的学生做过一个类似的专题探究,所以对该题型更加熟悉。对问题(1)大部分同学都是计算出了三个羽毛球的长度后,与长度13.5厘米进行比较,对照组有不少同学则相反,计算了13.5厘米的桶可以装多少个羽毛球,但这个数并非整数,易造成错误,这应该是生活经验问题。问题(2)与问题(1)存在相同的问题,书写格式上部分对照组学生出现不规范的情况,侧面反映了对照组学生的数学文字表达能力有待提高,这个题目的解题思路应该是37厘米先去掉第一个羽毛球9厘米后计算剩余有多少个羽毛球,这也就导致了粗心的同学最后没把第一个羽毛球加上,造成错误。这一类解决实际问题的题目,实验组学生的得分会高很多,因为动感数学相关课程都是基于实际生活的,学生探究也较有经验。

初三年级题目:

第1题:如图6-1-11所示,图(1)所示的遮阳伞,伞柄垂直于水平地面,其示意图如图(2),当伞收紧时,点 P 与点 A 重合;当伞慢慢撑开时,动点 P 由 A 向 B 移动;当点 P 到达点 B 时,伞张得最开。已知伞在撑开的过程中,总有 $PM=PN=CM=CN=6.0$ 分米,$CE=CF=18.0$ 分米,$BC=2.0$ 分米。

(1) 求 AP 长的取值范围;

(2) 在阳光垂直照射下,伞张得最开时,求伞下的阴影(假定为圆面)面积 S(结果保留 π)。

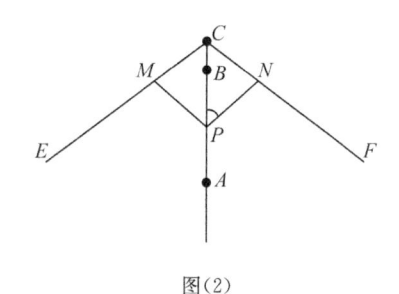

图(1)   图(2)

图 6-1-11

此题两组学生得分差距很大。首先,对照组空白卷非常多,很多同学表示无从下手,甚至没有经过尝试就放弃,可见对照组学生的探究能力比较弱。其次,实验组部分同学看到题目马上找到周围的伞打开,观察这个变化过程,这是一个相当不错的学习习惯,当然也有同学利用手中的几支笔进行模拟建模,非常不错,可见实验组学生的探索能力较强。最后,在解题过程中,明显可见,实验组的学生知道在图上找信息,把数据尽量标注到图上,这是一个有效的解题习惯;而对照组的大部分学生是盯着题目看,没有进行模拟或操作,继而放弃,这体现学生学习习惯养成的差异。这三点是导致两组分数差距的主要原因。

综上，动感数学课程对提高问题解决能力有显著成效，且随着课程推进时间变长，这种成效更为明显。这不难理解，本身动感数学选择的研究示例大部分来源于生活，尤其是一些专题课，素材都来源于生活，学生自然而然感兴趣，遇到问题也不会怕，因为在平时学习中学生已经有了自主探索的习惯，这种习惯会延续到其他问题解决中，甚至其他学科。再者，解决问题是数学学习的最终目的，是需要各方面能力和素养的，包括我们前面所说的数学兴趣、学习方式、数学推理能力及数学表达能力。简而言之，上述这些能力的提升都是为了解决问题铺垫的，因此，平时课堂教学中，有一些比较好、比较难的问题，可以让学生多探索、多分享，对比选出一个最科学合理的方法，让学生在探索中不断成长、不断进步。

第三节 动感数学对教师发展的影响研究

在动感数学课堂教学的实践研究中，除对学生进行长期的对比研究与访谈了解，也对区域内部分数学教师进行了追踪调查，调查结果印证了动感数学课程的实践效果是非常明显的，教师的各方面能力都得到提升，主要体现在动感数学课程的开设不断更新了教师的教学理念、提升了教师解读课程内容的能力、创新了教学设计、有效转变了教师的教学方式、进一步改善了师生关系以及提升了教师的专业发展。

本次调查对于调查对象基本信息的了解，主要涉及以下四个题目：

第1题：性别

A. 男　　　　　　　B. 女

第2题：年龄

A. 30 岁及以下　　B. 31—40 岁　　C. 41—50 岁　　D. 51 岁及以上

第3题：职称

A. 未定级　　　　B. 二级　　　　C. 一级　　　　D. 高级

E. 正高级

第4题：学历

A. 本科　　　　　B. 硕士　　　　C. 本科以下　　D. 硕士以上

通过调查研究,发现动感数学对教师发展有影响,具体效能分析如下。

(一) 对更新教师教学理念的效能分析

教学理念是教育工作者从事教学活动的信念,是对教学活动的基本看法和持有的态度、观念。在三年的动态研究过程中,教师的教学理念在不断更新,当然,这也得益于教师不断更新动感数学课程相关理念。教学理念的更新不仅体现在动感数学专题课程,更多的体现在每一节日常课程中。

此模块的调查涉及以下七个题目:

第1题:近一年一个班约上了多少节数学实验课:_____

第2题:你对动感数学的理解是什么?

A. 相当于物理、化学的实验课

B. 就是让学生动手操作

C. 既要让学生动手又要让学生动脑

D. 让学生眼、耳、手、口、脑"多感官动起来"

E. 没有必要

第3题:您对教材中"数学实验室"的教学处理

A. 几乎都引导学生动手操作　　　B. 经常会引导学生动手操作

C. 偶尔会引导学生动手操作　　　D. 从不引导学生动手操作

第4题:您对《数学实验手册》的使用频率

A. 全部使用　　　B. 经常使用　　　C. 偶尔使用　　　D. 没有使用过

第5题:您选择《数学实验手册》的原因

A. 与教材配套适合上课使用

B. 实验材料不需要另外准备,省时高效

C. 没有其他可以使用的资源

D. 其他:_____

第6题:(多选)您开展动感数学课程的做法

A. 融入数学课堂教学中

B. 利用《数学实验手册》进行专题教学

C. 带着学生到教室外开展数学实验

D. 让学生自己回家做数学实验

E. 自己另外设计相关课程

F. 其他：_____

第7题：(多选)您开展动感数学课程中遇到的困难有哪些？

A. 花费时间多，影响教学任务的完成

B. 缺少实验工具

C. 现有的内容可操作性不强

D. 教学任务繁重，没有时间设计和开展

E. 其他：_____

在这两次调查中，教师对于动感数学概念的理解情况如图6-2-1所示，针对此情况，在访谈中，很多教师也提到了自己对于动感数学的独特见解。最初，我们提出的理念是数学实验课，很多教师当时的理解便是类似于物理、化学的实验课，或者让学生动手操作即可，经过深入地了解学习后将理念更新为"多感官动起来"，即让学生动眼看、动耳听、动口说、动手做、动脑想、动情享，使数学内容与学生的思维有效协同，在下一步的研究中，可以根据实践结果继续深化。

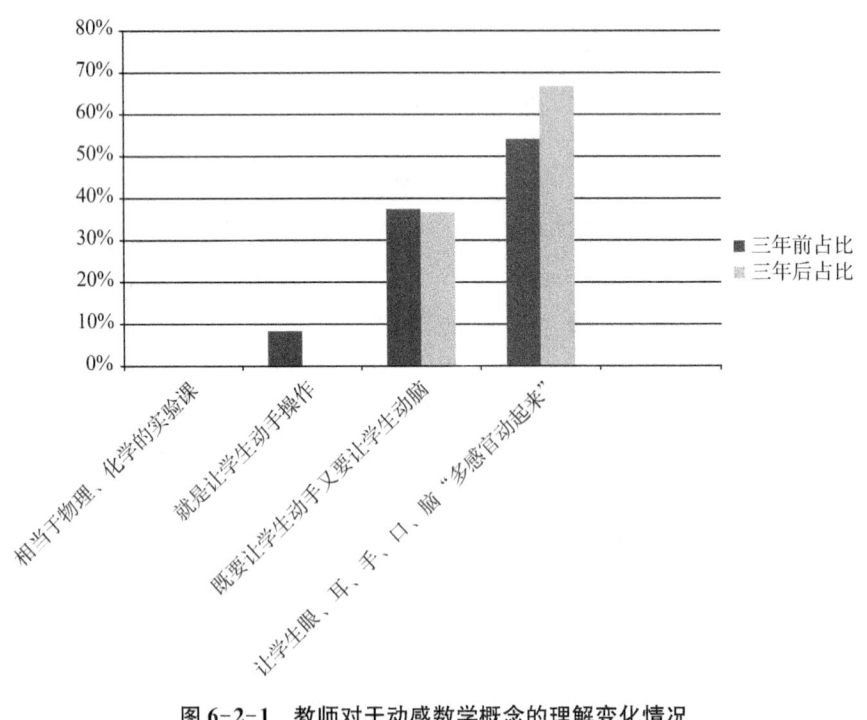

图6-2-1 教师对于动感数学概念的理解变化情况

那这种理念的更新来源于哪里呢？截至访谈结束，发现93.33%的教师都致力于将动感数学融入每一节数学课堂中，这是动感数学课程实践最重要的一步。动感数学的目标是培养学生的各种能力,所以唯有把"动"起来的理念融入每节课的每个环节中,才能事半功倍;83.33%的教师会实践教材上大部分的"数学实验室"栏目,比实践研究开始前增加了33.33%,有时是和学生一同探究,有时是作为课后拓展留给学生思考并探究,这都有利于发展学生的思维能力。目前有66.67%的教师会进行《数学实验手册》的专题教学,比实践研究开始前增加了41.7%,当被问及为何选择这本教材时,80%的教师认为是教材里的实验与书本配套,很适合平时使用。另外,部分实验材料书已经被准备好,实施相对方便。

在访谈中,也有部分教师表示课时充裕的时候会带学生到教室外开展数学实验专题课程,让学生自己回家进行操作与应用,或者自己另外设计相关课程,该部分教师所占比例均在30%~40%。然而大部分教师也提出了在开展动感数学课程中遇到的一些困难,比如:36.67%的教师反馈这类课程在第一轮实践期间不管是备课还是实际操作,花费时间较多,一定程度上会影响教学任务的完成,可以随后面的教学的推进进行优化;83.33%的教师反馈缺少实物模型和数学软件支撑,虽然我校是江苏省初中数学实验联盟成员学校,也配备了专门的动感数学活动室,但是要想满足教学对学具的需求,还是有困难,特别是一些一次性用具,成本较大。所以,发动学生自己制作学具就显得尤为必要;16.67%的教师反馈目前书本提供的内容可操作性不强,主要原因是目前学生的动手能力和自我探究能力不太理想,需要长时间的培养和习惯养成。针对上述情况,在后续的实践探索中,我们会加以重视,争取提供更好的策略。

综上,动感数学的课程开设对于教师更新教学理念的帮助非常大。从2021年平均每位教师一年开设1节动感数学实践课,到2023年平均每位教师一年开设45节动感数学实践课,并将动感数学课程理念带入每一节课堂的教学中。这样的课程设置不仅加深了教师与学生对动感数学的理解,还体现了数学学科育人价值,甚至让整个数学学科教师团队对学生学习能力培养都有更深的见解。在开展动感数学课程的研究过程中,我们尽力让学生和教师每节课都"动"起来,让数学"动"起来,尽管遇到了很多困难,但我们也解决了大部分困难。接下来,我们应针对依然存在的问题和困难,不断进行优化。

(二) 对提升教师解读能力的效能分析

教师的解读能力是教师的根本技能之一。开展动感数学相关课程会从以下几个方面提升教师的解读能力:首先,在传统课程的基础上,要加入动感数学的元素就要再次领会课程标准的理念和要求,这也是最重要的;其次,需要再次熟读教材,领会教材编写者的意图;再次,要在原有课程的基础上进行修改和创新,精心做好教学设计;最后,要通过评价检测实现教材解读能力再提高。

教师首先要解读的、最重要的就是《义务教育数学课程标准(2022年版)》(下面简称《课标》),它是数学教师教学的总纲领。在实践的过程中,《课标》也进行了一次更新,2022版和2011版对比,进行了理念上的更新,从整体大框架来看,新增了核心素养内涵、学业质量内涵、学业质量描述以及教学研究与教师培训等内容。核心素养是近年来提到频率较高的一个词,需要教师认真解读,《课标》提出了核心素养的构成包括三个方面:会用数学的眼光观察现实世界、会用数学的思维思考现实世界以及会用数学的语言表达现实世界;初中阶段核心素养主要表现在抽象能力、运算能力、几何直观、空间观念、推理能力、数据观念、模型观念、应用意识及创新意识。我们动感数学的理念正好贴合《课标》要求。

此模块的调查涉及以下两个题目:
第1题:您认为动感数学课程与课内教学的关系是怎样的?
  A. 相辅相成   B. 关系紧密   C. 稍有关系
  D. 相互独立   E. 其他_____
第2题:您认为动感数学与课程标准是紧密联系的吗?
  A. 非常赞同   B. 比较赞同   C. 有点赞同   D. 不赞同

2021年,接受调查的教师中有54.17%的教师认为动感数学的要求与课程标准是紧密联系的,2023年此比例达到了90%,这不仅是课程标准的要求在发生变化,而且教师的理念也发生了变化。虽然动感数学课程中加入了各种让学生"动"起来的元素,但其实是和课内教学相辅相成的,接受调查的所有教师均赞成这一点,专题实验课只是其中一种方式,更多的还是在日常教学中,让学生"多感官参与"数学活动,使知识呈现可视化,让学生享有完整的学习过程,归根结底是为了更好地服务于日常教学,发展学生核心素养,实现学科育人价值。

在目前的日常教学中,动感数学课程对教师解读课程内容的能力提升主要体现在以下几个方面:第一,教师将动感数学课程融入日常教学设计中,需要深入研究课程内容,挖掘其中的趣味元素,以激发学生的学习兴趣,更好地把握教学重点和难点;第二,教师实施动感数学课程,需要采用多种教学方法,还要根据学生的个性差异灵活调整,使学生更好地发展个性;第三,动感数学课程强调理论与实践相结合,教师需要在授课过程中注重培养学生的各种感官的能力,将理论内容与实际操作相结合,提高教学效果;第四,教师在授课的过程中需要关注学生的学习反馈，及时调整教学内容和方法，这样才能和学生更好地沟通，教学质量才会提高。

综上，不管是教师备课还是授课，动感数学课程对提升教师解读课程内容能力有很大促进作用，有助于提高教师的课程解读能力、教学策略调整能力、理论与实践相结合能力及与学生的沟通能力，提高教学质量，为培养具有思维能力和创新精神的优秀人才奠定基础，接下来我们应注重组内教师的交流，不断进行"头脑风暴"，继续完善动感数学课程体系。

（三）对教师创新教学设计的效能分析

教学设计是教师依据教育教学原理，教学艺术原理，为了达到教学目标，根据学生认知结构，对教学过程、教学内容、教学组织形式、教学方法和需要使用的教学手段进行的规划。要在课程中加入新的元素，就必须要创新教学设计，因此，开展动感数学相关课程是能促进教师创新教学设计的。

此模块的调查涉及以下两个题目：
第1题：您会因为开展动感数学相关课程创新教学设计吗？
A. 非常赞同　　　B. 比较赞同　　　C. 有点赞同　　　D. 不赞同
第2题：（多选）日常教学中，您经常会用到下列哪些知识的呈现方式？
A. 利用实物、模型等直观教具展示
B. 利用板书或者数字化媒体手段展示
C. 利用图形、图像等展示
D. 学生动手操作后得出结论
E. 教师直接讲授知识
F. 其他：＿＿＿＿＿＿

教师的教学设计需要不断更新，第1题结合访谈内容，在实践研究刚开始时，接受调查的教师中有54.17%的教师每天修改自己的教学设计，尽可能融入动感数学课程各种元素。目前，这个比例已达到93.33%，这部分教师表示，在设计的时候基本都会考虑为每节课加入动感数学相关元素，尽可能利用平时的每一次机会，让知识的呈现方式"动"起来，让学生的学习方式"动"起来，让数学内容"动"起来。这会增加很多工作量，但会使得学生的各项能力和数学素养得到提升，教师的教学也更有价值。

针对赞成为开展动感数学课程创新教学设计，但是未付诸实际行动的教师，我们也深入了解了原因：一部分是年纪比较大，对于一些新的技术、新的方法有些无力感；另一部分是身体情况不允许，只能在日常教学中尽量让学生多参与、多动手，这也是可以理解的。

在教学设计中，相对较重要的应该是知识的呈现，所以教师可以优先关注知识呈现的方式。2021年接受调查的教师中大部分都选择借助板书或者数字化媒体手段或者直接通过讲授来呈现知识。而2023年，教师的知识呈现方式更为多样化，教师往往会根据每节课的内容和学生的实际情况，合理选择方式，尽量让知识呈现可视化，让学生更易接受，这是一个非常大的改变。确实，动感数学课程鼓励教师采用多种教学手段和教学方法，例如情境教学、分组合作、分析讨论等，教师在授课的过程中，也要针对不同学生的特点和需求，灵活调整教学策略，从而更好地满足学生的个体化差异。

综上，动感数学课程的开展对教师创新教学设计是有益的，考虑到教师年龄跨度比较大、教学任务繁重，我们下阶段需要考虑资源共享，采取集体备课的方式，利用教研组交流平台分享课程设计的修改、创新过程，大家选择自己认为合适的方案，加入自己的教学设计中，用实践结果来证明这种设计的有效性。

（四）对转变教师教学方式的效能分析

教学方式是指为达到教学目的，实现教学内容，运用教学手段而进行的，由教学原则指导的一套方式组成的、师生相互作用的活动。常用的教学方式有：讲授法、讨论法、直观演示法、练习法、读书指导法、任务驱动法、参观教学法、现场教学法及自主学习法等。传统的课堂是以讲授法和练习法为主，而在动感数学课程的推进下，教师的教学方式在不断转变，越来越多样化，也越来越有利于学生的发展。

此模块的调查涉及以下一个题目：
第1题：您会因为开展动感数学课程转变教学方式吗？
  A. 非常赞同 B. 比较赞同 C. 有点赞同 D. 不赞同

加入动感数学的各种元素，会转变教师的教学方式，接受调查的全体数学教师均同意这点。其中，83.33%的教师认为这种转变非常大，和传统课堂有着很大差异，有16.67%的教师认为这种转变比较大，但不是每节课都让学生"动"。让数学"动"起来的教学方式其实与教学方式的转变和动感数学专题课程开展的频率是紧密相关的，有的教师每周都开展专题实验课，有的教师两到三周开展一次,实验课开展频率越高,教学方式的转变自然就越快,有的教师每节课都调动学生的各种感官"动"起来,动态呈现知识的发生、发展,有的教师可能偶尔会让学生"动"起来,那效果显然与前者有差异。

教学方式转变具体体现在哪里呢?在访谈中,大部分的教师都提到了以下几点:第一,课堂气氛活跃了,学生参与度更高,会经常拓展课外知识,助推教师进行动感数学课程的设计,并充分考虑趣味性和互动性;第二,有的时候学生经历动手操作或者小组讨论后,时间无法很好地把控,这对课堂教学预设提出了更高的要求,通常教师为一节课需要准备多种方案,动感数学课程的开展需要教师具备较高的课程解读能力和课堂调节能力,做到理论与实践相结合;第三,对于一些比较难的题目,教师会试图通过专题课解决,课后再布置一个同类型的题目,作为探究巩固作业,培养学生举一反三和应用知识解决问题的能力;第四,课堂上教师讲的内容在不断减少,而是让学生"多感官参与"课堂实践。在教师引导下,学生变成了课堂的主体,让学生展现其学习的主动性,动感数学课程确实会更加注重教师与学生的互动交流。

可见,动感数学课程带给教师教学方式的变化均符合《课标》的要求,这也反过来说明,提升教师解读课程内容的能力也有利于动感数学课程的开展,动感数学课程的开展进一步转变了教师的教学方式,进而影响学生的学习方式。课程标准和教学方式要求都是在不断变化的,但两者始终相辅相成。

(五) 对改善师生关系的效能分析

师生关系是教育过程中最基本的人际关系。它是在教育过程中通过教师与学生的交往而形成的相互认知的情感关系,教育对学生产生效能是由师生之间人际关系的有效程度来决定的。要想提高教育质量,从根源上讲,得先优化师生关系,只有师生之间互相默契,教学效果才能事半功倍。教师的教学理念和教学方式发生转变后,学生的学习兴趣也会逐渐增强,师生关系就会快速改善。

此模块的调查涉及以下四个题目:

第1题:您认为动感数学课程的开展会改善师生关系吗?
  A. 非常赞同   B. 比较赞同   C. 有点赞同   D. 不赞同
第2题:(多选)您认为动感数学适合的学生类型有哪些?
  A. 优等生   B. 中等生   C. "学困生"
  D. 所有学生   E. 都不适合

第3题：您认为学生对动感数学的态度

A. 非常喜欢　　　B. 比较喜欢　　　C. 一般　　　D. 不喜欢

第4题：您认为学生参与数学实验的情况

A. 非常好　　　B. 比较好　　　C. 不太好　　　D. 不好

在接受调查的教师中，在2021年有58.33%的教师赞成动感数学课程的开展会改善师生关系，2023年这个比例已达到96.67%。在实践研究的过程中，很多教师都明显感觉到学生对于动感数学课程非常感兴趣，会积极准备、乐于参与、善于反思，甚至有部分同学提出了自己的创新想法，并整理成了文章。另外，接受调查的教师中仅有60%的教师认为动感数学课程是适合所有学生的，不适合所有学生主要因为有的活动难度较大，对于"学困生"而言，确实会让他们觉得没有意思，甚至扰乱课堂。但是，随着动感数学课程教学的推进，"学困生"数量明显减少。由此可见，要发挥动感数学的作用，可以固定每周用一节课进行动感数学专题课程教学，让学生走出教室、走进活动室，突破班级授课制的束缚，并把学生按照能力进行"分层"，实现真正意义上的分层教学，学生与自己能力相近的同学一起探索，积极性更高涨，兴趣更加浓烈，这种兴趣也会延续到各科目学习中。

综上，动感数学课程的开展可以优化师生关系，教师的理念和思维在发生变化，学生的参与度在不断提高，师生关系自然更加和谐。所以我们应该利用好这个和谐的关系，将学生根据学习能力和学习兴趣分组，让教师选择适合学生探究的动感数学课程内容进行教学，把这门课程发展成一门社团类型的课程，这样也会让动感数学课堂教学事半功倍。在学生和教师交流互动的过程中，教师也要及时关注学生的学习反馈，及时调整教学内容和方法，及时帮助学生转变学习方式和学习思维，更好地与学生沟通，提高教学质量。

（六）对教师专业发展的效能分析

教师的专业发展是一个不断学习和成长的过程，需要教师保持积极的学习态度和持续的学习动力，其范围非常广，包括：教育理论和教学研究、教育法律与政策、教育心理学和学生发展、教学设计和评估、教师个人素质和职业发展、教师与家长合作、教师间的合作与交流等。动感数学课程元素的加入，会使得教师在以上这些方面不断努力提高自己的能力和水平。

此模块的调查主要涉及教师的个人素质提升和专业发展，包含以下五个

题目:
第1题:您认为开展动感数学课程会促进个人专业发展?
A. 非常赞同　　　　B. 比较赞同　　C. 有点赞同　　D. 不赞同
第2题:您近一年论文发表情况
昆山市_____篇,苏州市_____篇,江苏省_____篇,全国_____篇
第3题:您近一年论文获奖情况
昆山市_____篇,苏州市_____篇,江苏省_____篇
第4题:您近一年进行的课题研究情况
昆山市_____项,苏州市_____项,江苏省_____项
第5题:您近一年的公开课开展情况
昆山市_____节,苏州市_____节,江苏省_____节

对教师的专业发展,接受调查的教师中有96.67%的教师认为开展动感数学课程会促进教师个人专业发展。在本模块的访谈中发现:在论文发表和获奖方面,2021年和2023年的差距不大;而课题研究和公开课的开展情况差异较大,这也和数学教师的长短板有关。总体来说,教师的科研能力还有待提高。

以昆山市葛江中学全体数学教师为调查对象。

首先,2021年,学校数学学科全年共有五篇论文在昆山市获奖、三篇论文在苏州市获奖;2023年,学校数学学科一共有六篇论文在昆山市获奖、五篇论文在苏州市获奖、一篇论文在江苏省获奖。为何说差距不大呢?因为2021年学校是以老教师为主,在论文获奖方面确实是有所欠缺,而这三年新进了许多青年教师,随着青年教师专业发展的需求,获奖数增多也是情理之中的。

其次,2021年学校数学学科一年共有两篇论文在市级刊物发表、两篇论文在省级刊物发表,2023年学校数学学科一共有三篇论文在市级刊物发表、十二篇论文在省级刊物发表,这个数据有显著的提升。访谈过程中,了解到近一年随着《课标》的更新,对教师数学素养的要求提高了,很多教师都有了自己的教学成果,再加上学校动感数学课程的开设,自然会有一些成果展现,这其实也得益于学校的动感数学课程的开设。

再次,2021年学校数学学科共有两项昆山市课题在研、一项苏州市课题在研,2023年学校数学学科一共有五项昆山市课题在研、两项苏州市课题在研、三项江苏省课题在研,这个成果是可喜可贺的,是所有数学教师共同努力取得的。本次研究也倾注了各个年级组教师的心血,也体现出了学校教师的协作精神。

最后,2021年学校数学学科一共开展了二十四节昆山市公开课;2023年学校数学学科一共开展了四十二节昆山市公开课和九节苏州市公开课,还没有开

让数学"动"起来 ——动感数学的实践研究

设江苏省的公开课,这也是接下来的努力目标。

动感数学课程研究,不仅让教师的科研能力在这三年里得到了很大提升,而且使教师的教学能力提升有目共睹,我们开展了很多动感数学相关课程,甚至我们把这一门课程的教学理念渗透到其他学科,在校级层面、集团内部开展了体验教育尝试,后面也力求往学科融合方面发展。相信通过区域内数学教师的共同努力,教师的教学能力也会不断提升。

综上,通过数据对比,我们可以明显感受到动感数学课程的开展在不断促进教师的各方面发展,归根结底是理念的更新促进了教师对于课程标准的解读和教学设计的更新,让数学"动"起来的教学样态,使得师生关系更和谐,课堂氛围更活跃,这些积极因素影响教师的教学理念,在这种良性循环下,教师的专业发展得到了质的飞跃。

参考文献

[1] 中华人民共和国教育部.义务教育数学课程标准(2011年版)[M].北京:北京师范大学出版社,2012:1-9.

[2] 中华人民共和国教育部.义务教育数学课程标准(2022年版)[M].北京:北京师范大学出版社,2022:5-11,86-89.

[3] 董林伟,赵维坤等.初中数学实验的课程开发与实施[M].南京:江苏凤凰科学技术出版社,2018:11.

[4] [美]波利亚.怎样解题[M].阎育苏,译.北京:科学出版社,1982:21.

[5] 董林伟.数学实验:促进初中生数学学习的一种有效方式[J].中国数学教育,2012,(5):2-5.

[6] 陈柏良.数学认知理解的三个层次[J].数学通报,2012,(6):9-10.

[7] 丁银杰.思想立意 发展素养——基于GeoGebra的实验探究[J].中学数学月刊,2019,(12):29-31.

[8] 崔群,孙朝仁.初中数学实验实物类工具开发的基本原则[J].中学数学,2015,(18):67-69.

[9] 冀付军,何克抗.数学教学支撑软件的研究设计与模型建构——以小学数学相遇问题探究工具的开发为例[J].中国电化教育,2008,(3):98-102.

[10] 王晓静.让"数学猜想"贯穿数学学习的生命线[J].数学学习与研究,2012,(5):70+72.

[11] 马娟娟.加强数学知识生成过程的教学[J].中学数学,2012,(11):65+67.

[12] 陈莉红.如何做好初中数学"探究"教学[J].江西教育,2016,(11):67-69.

[13] 杨云春.小学数学解决问题教学中的思维训练[J].云南教育(小学教师),2017,(Z1):22-23.

[14] 潘霞.让"数学文化"润泽学生生命[J].江苏教育(小学教学),2014,(29):42.

[15] 吴海宁.体悟数学——寻找"数学好玩"与"玩好数学"的黄金分割点[J].中学数学杂志,2017,(4):15-17.

[16] 池庆凤.浅谈生活情境教学法在小学数学教学中的应用策略[J].天天爱科学(教育前沿),2023,(11):135-137.

[17] 吴春燕.新课改背景下数学教学观的更新[J].天津师范大学学报(基础教育版),2013,

14(3):37-40.

[18] 邱玲.问题式教学法在初中数学课堂中的运用策略分析[J].读写算,2020,(15):133.

[19] 高娟.学案导学范式背景下小学数学前置性作业的有效设计研究[J].新课程,2023,(1):145-147.

[20] 张扬,王宗信.变化基本图形生长关键能力——通过数学实验变化四边形进行单元教学的尝试[J].数学通报,2022,61(1):33-35.

[21] 王华.强化活动预设 凸显教学价值——以"频率与概率"教学为例[J].中学数学教学参考,2018,(32):9-13.

[22] 潘金城,蔡雪梅.基于教材的限制性尺规作图问题的探究[J].中学数学教学参考,2023,(8):35-37.

[23] 朱桂凤,孙朝仁.拼图:"因式分解"教学的另类尝试——一节数学实验课的设计、实践与思考[J].中学数学,2013,(18):69-72.

[24] 葛善成,李明树.拼图 直观 思考——以数学实验"玩转方块纸"为例[J].中学数学2023,(2):42-44.

[25] 赵维坤,董林伟.初中数学实验工具的开发与利用[J].数学通报,2018,57(11):5-8.

[26] 董林伟,魏玉华.浅析初中数学实验的基本类型[J].中学数学教学参考(中旬),2013,(6):4-7.

[27] 崔群,孙朝仁.实物类实验工具的设计思想、制作及使用方法[J].中国数学教育(初中版),2016,(7-8):49-51.

[28] 戚晓明.浅谈初中数学实验实物类工具开发的基本原则[J].数理化解题研究,2020,(11):28-29.

[29] 蒋余希,李明树.基于GeoGebra的深度学习教学设计与思考——以苏科版八年级上册"一次函数的图象(1)"为例[J].中学数学月刊,2023,(1):58-61.

[30] 徐阳.GeoGebra助力初中数学可视化教学——以函数教学为例[J].理科考试研究,2023,30(14):28-31.

[31] 关杰.GeoGebra在初中数学教学中的应用[J].数理天地(初中版),2023,(13):92-94.

[32] 王蕙伊,杨同华.网络画板在初中数学课堂中的应用设计研究[J].中国教育技术装备,2021,(5):4-6,12.

[33] 王舒琳.网络画板与数学教学深度融合的实践案例[J].四川教育,2023,(6):57.

[34] 吴冠男.智用网络画板 助推实验课堂[J].中学教研(数学),2023,(11):8-11.

[35] 王晓燕.数学专用教室建设的几点思考[J].课程教育研究,2015,(12):180-181.

[36] 李晓宁.中学数学实验室建设探索[J].中国教育技术装备,2018,(5):13-14,18.

[37] 赵维坤,马敏.初中数学实验室建设的若干思考[J].数学教育学报,2015,24(1):29-32.

[38] 于成艳.也来谈谈课堂教学评价原则[J].新课程(教育学术),2012,(5):133.

[39] 周振华,叶军."以学论教"的初中理化课堂评价实践性研究[J].广西教育,2010,(32):

14-18.

［40］奚亚英.深度学习视域下"三学三展"课堂教学模式的实践建构[J].江苏教育研究，2020,(31):41-46.

［41］陈安琪,关丹丹.几种增值评价方法的对比分析及实证研究[J].中国考试,2022,(9):54-62.

［42］王莹.浅谈教学中的教学评价[J].科技信息,2011,24:695.

［43］高臻,张杰.现代课堂教学评价研究[J].中国石油大学胜利学院学报,2012,26(3):77-80.

［44］周雪兵.基于质量监测的初中学生逻辑推理发展状况的调查研究[J].数学教育学报,2017,26,(1):16-18.

［45］魏玉华.初中数学实验的理论探索与教学设计研究[D].南京:南京师范大学,2014.

［46］王树莲.初中生数学逻辑推理能力的现状及影响因素研究——以天津市L校为例[D].天津:天津师范大学,2020.

［47］秦瑶.初中数学合情推理课程教学研究——以"苏科版"教材为例[D].苏州:苏州大学,2021.

［48］杨向东.基础教育学业质量标准的研制[J].全球教育展望,2012,41(5):32-41.

［49］刘颖超.初中生数学推理能力现实样态调查研究[D].天津师范大学,2023.

［50］李景棋.拉萨市初中生数学语言书面表达能力现状调查研究[D].西藏大学,2021.

［51］高晶.初中生数学推理能力现状调查研究——以S市某中学为例[D].沈阳师范大学,2020.

［52］兰娇.八年级学生数学推理能力及其影响因素的调查研究[D].赣南师范大学,2020.

［53］侯懿伦.农村初中生数学语言书面表达能力调查研究——以辽宁省某市农村初中为例[D].沈阳师范大学,2020.

［54］袁茹.民族地区初中生数学语言表达能力的现状调查研究——以阿克苏市两所中学为例[D].西北师范大学,2019.

后记

本书是江苏省基础教育前瞻性教学改革实验项目"让数学'动'起来：提升学生数学思维力的教学实践"的成果，也是苏州市教育教学成果奖《让数学"动"起来：提升初中学生思维力的 15 年探索》的后续。

源于《义务教育数学课程标准（2011 年版）》提出的"通过数学学习，学生获得适应社会生活和进一步发展所必需的数学基础知识、基本技能、基本思想、基本活动经验。"昆山市葛江中学杨丽娟提出"让数学'动'起来"的教学主张，着力解决学生盲目模仿、机械做题的传统数学学习方法的弊端。基于此，2023 年申报了江苏省基础教育前瞻性教学改革实验项目"让数学'动'起来：提升学生数学思维力的教学实践"，并成功立项。项目邀请省内高校教授及数学学科专家、一线教师组成研究共同体，旨在系统进行理论建构和实践探索，在理论基础、课程内容、教学模型、资源建设、评价框架等方面均取得成果，实现了教师教学理念的提升、学生学习路径的创新。

参加本项目研究的有：杨丽娟、周小明、徐建英、范莉、周晓秋、贾未蕾、王瑜、陈煜、王奇彦、王明、金英、陆欢、郭骁安、刘晓君、王雷、唐凡、洪文质、李凌虹、汤陆梅、凌健、蒋乐、薛丽萍、陈超等，以及 22 所省级联盟校相关教师，实施"区域联动→典型带动→内化行动"推进路径：以改与守、强与弱、强与强等联合方式进行区域推进；依托省名师工作室、省培育站、学科基地等项目，进行典型带动；从项目研究、发展规划、经验增值、情感激发等层面，帮扶师生内化行动。

本书由杨丽娟等著，第一章由杨丽娟执笔，第二章由范莉执笔，第三章由周晓秋执笔，第四章由徐建英执笔，第五章由周小明执笔，第六章由贾未蕾执笔。

全书由杨丽娟负责统稿与修改，河海大学出版社谢业保等老师为本书的编写出版付出了辛勤的劳动，在此表示衷心感谢！

由于编者的经验和水平所限，书中的疏漏和错误在所难免，敬请广大读者批评指正。

2024 年 7 月